W0055204

Uwe A. Oster
Die Frauen Kaiser Friedrichs II.

Uwe A. Oster

Die Frauen Kaiser Friedrichs II.

Mit 21 Abbildungen auf Tafeln

Piper
München Zürich

Mehr über unsere Autoren und Bücher:
www.piper.de

ISBN 978-3-492-04899-6
© Piper Verlag GmbH, München 2008
Satz: Uwe Steffen, München
Druck und Bindung: CPI – Clausen & Bosse, Leck
Printed in Germany

Inhalt

Anhang

Einleitung

Keinem anderen Herrscher des Mittelalters wurde so viel Bewunderung – und so viel Hass – entgegengebracht wie Friedrich II. von Hohenstaufen (1194–1250): Den einen galt er als »Leuchte der Gerechtigkeit« und »Herr der Welt«, den anderen als »Antichrist«, der mitsamt seinem staufischen »Natterngezücht« ausgelöscht werden sollte.

Die Faszination, die Friedrich II. ausstrahlt, geht zuerst auf seine Herkunft zurück: Aufgewachsen im sizilianischen Palermo als Sohn Kaiser Heinrichs VI. und seiner Frau Konstanze de Hauteville, der Erbin des Königreichs Sizilien, zog er 1212 im Alter von 16 Jahren mit Elefanten und orientalischer Begleitung über die Alpen, um das Erbe seines verstorbenen Vaters anzutreten und Deutscher König zu werden. Den Menschen am Bodensee, in Frankfurt oder Mainz muss der junge Staufer wie ein Wesen aus einer anderen Welt erschienen sein. Es lag auch an dieser Exotik, dass sich ihm in Deutschland bald alle Türen öffneten. Heimisch gefühlt hat sich Friedrich nördlich der Alpen nicht. Er sehnte sich zurück in den Süden, nach Sizilien und Apulien. Als König von Sizilien und Römisch-Deutscher Kaiser vereinte er eine ungeheure Machtfülle in seiner Person – eine Machtfülle, die vor allem dem Papst in Rom bedrohlich erscheinen musste.

Dass Friedrich ein hochgebildeter Mann war, mussten selbst seine Gegner anerkennen. Doch stellten sie auch seine Wissbegierde in ein dunkles Licht. So entstand die bekannte – eher auf antistaufischer Propaganda denn auf Wahrheit beruhende – Legende von den Säuglingen, die Friedrich ihren Müttern wegnehmen und ohne jeden menschlichen Kontakt aufziehen ließ. Und dies nur, um herauszubekommen, welches die Ursprache der Menschheit sei. Natürlich sollen die Kinder bei diesem grausamen Experiment gestorben sein, ohne jemals ein Wort gesprochen zu haben. Wahr ist, dass sich Friedrich um die Förderung der Wissenschaft verdient machte. 1224 gründete er die Universität von Neapel; er selbst betrieb intensive Naturstudien, war sprachbegabt, widmete sich mathematischen, philosophischen, medizinischen und astronomischen Fragen. Darüber tauschte er sich auch mit arabischen Gelehrten aus – Berührungsängste kannte er nicht. In seinem Palast in Lucera war er von sarazenischen Leibwachen umgeben, die dort, zum Leidwesen des Papstes, frei ihre Religion ausüben durften. Dennoch blieb Friedrich bis an sein Lebensende ein gläubiger Christ, egal, wie viele ihn wegen seines Verhaltens zum Ketzer stempelten.

Seine politischen Ziele verfolgte der Staufer mit großer Zielstrebigkeit. Dabei schreckte er vor grausamer Verfolgung seiner Gegner oder jener, die er als solche erachtete, nicht zurück. Davon nahm er weder seinen ältesten Sohn noch seinen engsten Berater aus. Königliche »milte«, wie sie von einem mittelalterlichen Herrscher eigentlich erwartet wurde, war für Friedrich ein Fremdwort.

In diesem Buch soll der Staufer einmal aus einer ungewohnten Perspektive betrachtet werden: aus jener der Frauen, die in seinem Leben eine Rolle gespielt haben – von der Mutter über die Ehefrauen und die Geliebte bis hin zur Enkelin. Doch haben sie überhaupt eine Rolle gespielt? Im Falle seiner Mutter ist diese Frage leicht zu beantworten. Ihr, Konstanze de Hauteville, verdankte Friedrich den sizilianischen Königsthron; sie war es, die sein Erbe nach dem frühen Tod des Vaters gesichert hat. Doch bei den Ehefrauen und der Geliebten ist diese Frage schon schwerer zu beantworten. Das liegt auch daran, dass im Mittelpunkt der zeitgenössischen Quellen natürlich Friedrich stand und sich die Lebensgeschichte der Frauen oft nur in mühsamer Kleinarbeit aus wenigen Hinweisen oder indirekt über die Biografie des Kaisers erschließen lässt.

Um Friedrich habe es keinen Boden gegeben, in dem eine Frau hätte wurzeln können, meinte der Historiker Ernst Kantorowicz (1895–1963), einer der besten Kenner Friedrichs II., dessen Biografie des Staufers (1927) sich noch immer mit Gewinn lesen lässt. Doch waren seine Ehefrauen tatsächlich nur Spielbälle im Ringen um die Macht und seine Geliebten nur Gespielinnen zum eigenen Vergnügen? War der Staufer so kalt, wie ihn seine Feinde zeichneten? Natürlich wurden Friedrichs Ehen aus politischem Kalkül geschlossen, wie dies im Mittelalter und noch bis ins 19. Jahrhundert hinein in Herrscherhäusern üblich war. Und natürlich war Friedrich daran interessiert, aus diesen Verbindungen möglichst großen politischen Nutzen zu ziehen. Auch diesen Hintergründen nachzugehen ist ein Schwerpunkt dieser biografischen Porträts der Frauen um Friedrich II. Doch gräbt man unter der Oberfläche, dann stößt man auch auf Hinweise von Zuneigung und Mitgefühl. Auch manche Schauergeschichten über Friedrichs Verhältnis zum anderen Geschlecht entstammen eher der Gerüchteküche oder der päpstlichen Propaganda, als dass sie in den Quellen belegt werden könnten. Eines aber bleibt: Seinen Frauen dürfte der Staufer ein ähnliches Rätsel geblieben sein wie den meisten seiner Mitmenschen.

Die Mutter
Konstanze de Hauteville

»Friedrich II. König von Sizilien und Jerusalem. Kaiser. Genie auf allen Gebieten der Wissenschaft. Wurde nach einer alten Überlieferung hier auf diesem Platz unter einem Zelt am 26. Dezember 1194 geboren.«

In vier Sprachen kündet heute eine Gedenktafel auf der »Piazza Federico II« in Iesi von der Geburt des Mannes, den schon die Zeitgenossen »stupor mundi«, Staunen der Welt, nannten. Der künftige Herrscher des Römisch-Deutschen Reichs und Siziliens kam in einer kleinen Provinzstadt in den italienischen Marken, in der heutigen Provinz Ancona, zur Welt. Friedrich selbst hat den Ort seiner Geburt in kaum überbietbarer Form verherrlicht:

»Wenn die Stätten der Geburt von allen ohne Unterschied durch einen angeborenen Trieb des Willens besonders geliebt werden, wenn die natürliche Liebe zur Heimat mit ihrer Süßigkeit jeden leitet und nicht zulässt, dass er seiner selbst uneingedenk sei, so werden auch wir von dem gleichen Triebe unserer Natur geleitet und gehalten, Iesi, der Marken edle Stadt, unseres Ursprungs erlauchten Anbeginn, wo unsere göttliche Mutter uns zum Lichte brachte, wo unsere Wiege erglänzte, mit innigster Liebe zu umfangen, auf dass diese Stätte nicht aus unserem Gedächtnis entschwinden könne und unser Bethlehem, die Heimat und Ursprungsstätte des Kaisers, unserer Brust umso tiefer eingewurzelt bleibe. Und so bist du, Bethlehem, Stadt der Marken, nicht die Geringste unter den Fürsten unseres Geschlechts. Denn aus dir ist der Herzog hervorgegangen, der Fürst des Römischen Reichs, auf dass er über dein Volk herrsche und es schirme und nicht gestatte, dass es länger Fremden untertan sei.«

Friedrich schrieb diese Sätze im März 1239, kurz nachdem er von Papst Gregor IX. exkommuniziert, also aus der kirchlichen Gemeinschaft und vom Zugang zu den kirchlichen Sakramenten ausgeschlossen worden war. Der Kirche mag diese Gleichsetzung von Iesi mit Bethlehem und Friedrichs Mutter mit der Gottesmutter Maria daher als Blasphemie erschienen sein, später dann als Beleg dafür, dass Friedrich tatsächlich nur der Antichrist sein konnte, als den ihn die Kurie darstellte. Allerdings wurden solche aufwendigen, blumigen Formulierungen damals nicht unbedingt wörtlich genommen, sondern dienten vielmehr der besonderen Auszeichnung und Hervorhebung, so befremdlich sie vor allem auf heutige Leser wirken mögen.

Wer war die von Friedrich in solche Sphären gehobene Mutter, und wie kam es überhaupt dazu, dass der Staufer in Iesi zur Welt gekommen ist? Konstanze de Hauteville war eine Tochter König Rogers II. von Sizilien. Doch hat Konstanze ihren Vater niemals kennengelernt. Er starb im Februar 1154, kurz vor der Geburt seiner Tochter. Ihre Mutter war die dritte Ehefrau Rogers, Beatrix, die aus dem Grafenhaus von Rethel, nordöstlich von Reims, stammte. Von 1154 bis 1185, dem Jahr ihrer Verlobung mit dem späteren Kaiser Heinrich VI., schweigen die Quellen über die sizilianische Prinzessin weitgehend. Sie soll als Nonne im Kloster S. Maria in Palermo gelebt haben. Darüber hat schon Dante Alighieri (1265–1321) in seiner *Göttlichen Komödie* geschrieben, in der er Konstanze im Paradies ansiedelte:

> »Auch sie war Nonne, auch ihr rissen sie der heiligen Binde Schatten von dem Haupt; doch ward sie auch der Welt zurückgegeben, dem Willen zuwider, gegen guten Brauch, des Herzens Schleier ward ihr nie entrissen. Denn dieses ist Konstanzes Licht, der Großen. Dem zweiten Wettersturm aus Schwaben gebar den dritten sie, den letzten Mächtigen.«

Mit dem »zweiten Wettersturm« meinte Dante ihren Ehemann Kaiser Heinrich VI., mit dem dritten ihren Sohn Friedrich II. Ein zweiter italienischer Dichter, Giovanni Boccaccio (1313–1375), schrieb gleichfalls über das Klosterleben Konstanzes, allerdings in einem ganz und gar nicht freundlichen Ton: Die »fürchterlichste Pest der Welt«, ja eine »Bestie« nannte der Dichter Konstanze und schilderte ihr Leben mit förmlichem Abscheu. Sie sei bereits ein »runzliges altes Weib« gewesen, als man sie aus dem Kloster geholt habe.

Belegt ist das Klosterleben Konstanzes damit nicht, denn Dante Alighieri hat seine Lobpreisung Konstanzes immerhin im Abstand von über 100 Jahren zu den Ereignissen verfasst. Und noch viel später, um 1362, entstand Boccaccios *Buch von den berühmten Frauen (De claris mulieribus)*. Als historische Quellen im eigentlichen Sinne können beide Dichter daher nicht dienen, zumal Boccaccio nicht nur beim Alter Konstanzes mächtig daneben lag.

14

Doch selbst wenn Konstanze bei ihrer Hochzeit tatsächlich erst 30 Jahre zählte und sicher kein »runzliges altes Weib« war – im Mittelalter war dieses Alter bei der Eheschließung einer vornehmen Frau aus königlichem Haus eher unüblich. Es war allerdings keineswegs selten, dass adlige Nonnen oder Mönche das Kloster verließen, wenn die Familienpolitik es erforderlich machte. Die Erwähnung Konstanzes als Nonne beschränkt sich im Übrigen nicht auf die beiden Dichter. In einer anderen Quelle wird sogar darauf verwiesen, dass es großer Mühe bedurft habe, sie zu der Ehe zu überreden. Sie sei fest zu ihrem Gelübde gestanden; auch habe sie sich wegen ihres vergleichsweise hohen Alters gesträubt.

Ein Chronist aus dem Kloster Monte Cassino berichtet, Konstanze habe »von der Wiege an« im Kloster gelebt und die ewigen Gelübde abgelegt, ja, sie sei sogar Äbtissin gewesen. Abgesehen davon, dass diese Quelle nicht wirklich zeitgenössisch ist, kann sie jedoch auch inhaltlich gegen die Klostertheorie verwendet werden: Dass eine Äbtissin dem Kloster den Rücken kehrt und heiratet – das wäre denn doch einer Sensation gleichgekommen und sicher bereits von den Zeitgenossen mit großer Neugier und Verwunderung aufgenommen worden.

Die Randnotiz in einer anderen Quelle spricht ebenfalls gegen ein Leben hinter Klostermauern. So schreibt der Chronist Riccardo da San Germano (um 1195 – um 1244), dass Konstanze vor ihrer Heirat im königlichen Palast von Palermo – und damit nicht in einem Kloster – gelebt habe. So kann die lange Ehelosigkeit eben auch ganz andere Gründe gehabt haben: etwa, dass kein Kandidat die Ansprüche des Hauses Hauteville erfüllte oder politische Hintergründe potenzielle Bewerber ausschlossen.

Das Geschlecht der Hauteville stammte ursprünglich aus Nordfrankreich, genauer von der Halbinsel Cotentin in der Normandie. Zu Beginn des 11. Jahrhunderts kamen sie als kampfeslustige Abenteurer in den Süden Italiens, wo sie im Auftrag des Papstes gegen die muslimischen Araber kämpften, die die Region zuvor von den Byzantinern erobert hatten. Bis 1091 hatten die Hauteville es geschafft: Ganz Sizilien war in ihrer Hand. Auch auf dem süditalienischen Festland, wo Byzanz seine letzten westeuropäischen Stützpunkte hatte, konnten sich die Hauteville durchsetzen. 1128 wurde Graf Roger II. von Papst Honorius II. mit der Herrschaft über Apulien und Kalabrien belehnt. Der Aufstieg der normannischen Grafen schien unaufhaltsam: Zwar wurde Roger nur dank einer päpstlichen Bulle zum König von Sizilien, und gekrönt wurde er erst am 25. Dezember 1130 durch den Erzbischof von Palermo, doch all dies störte den Normannen de facto nur wenig. Wem er seine Krone tatsächlich zu verdanken glaubte, zeigt ein Mosaik in der Kirche La Martorana von Palermo: Christus selbst ist es, der Roger hier krönt.

Der Vater Konstanzes machte aus Sizilien ein straff verwaltetes Reich. Nach byzantinischem Vorbild erhob er sich als Herrscher weit über alle Sterblichen, die ihn fast gottgleich zu verehren hatten. Kunst und Wissenschaft blühten im Sizilien König Rogers II., die religiöse Toleranz schützte auch Muslime und Juden. Dem 1154 gestorbenen Roger folgte mit seinem Sohn Wilhelm I. ein Bruder Konstanzes. In den Quellen wird er als »Wilhelm der Böse« bezeichnet. Tatsächlich waren ihm die Schuhe des Vaters zu groß, und er zog es vor, sich in seinen prächtigen, orientalisch anmutenden Lustschlössern zu vergnügen und die Herrschaft seinen Beamten zu überlassen. Einen Aufstand der Barone schlug er 1155 zwar mit Macht nieder, die Opposition aber blieb. Nur knapp entging Wilhelm I. 1160 einem Mordanschlag. 1166 starb dieser glücklose König, dem sein damals erst 13-jähriger Sohn als Wilhelm II. auf dem Thron folgte, ein Neffe Konstanzes, dem die Nachwelt den Beinamen »der Gute« verliehen hat. Zwar schätzte auch Wilhelm II. orientalischen Prunk nicht weniger als sein Vater, doch scheint er persönlich anziehender gewesen zu sein. Mit seinem Namen ist ein schließlich fehlgeschlagener Versuch verbunden, in den Jahren 1185/86 das damals geschwächte Byzantinische Reich zu erobern.

Zwei Jahre zuvor, im Winter 1183/84, war eine Delegation des Römisch-Deutschen Kaisers Friedrich I. Barbarossa nach Sizilien gekommen. Die Gesandten aus dem Norden sollten die Chancen für eine Ehe zwischen dem Kaisersohn Heinrich und Wilhelms Tante Konstanze sondieren. Das Verhältnis zwischen den Herrschern des Römisch-Deutschen Kaiserreichs und der Familie Hauteville war nicht immer das beste gewesen. Die Römisch-Deutschen Kaiser betrachteten in der Nachfolge der antiken römischen Kaiser ganz Italien mit Ausnahme des sich wie ein Streifen durch die Mitte des »Stiefels« ziehenden Kirchenstaats als zu ihrem Reich gehörend. In diesem Reich war kein Platz für andere Könige. Nachdem es Lothar III. von Süpplingenburg nicht gelungen war, die Normannen 1137 zu besiegen, herrschte eine trügerische Ruhe. Vor allem Friedrich I. Barbarossa verlor nie das Ziel aus den Augen, Sizilien mit dem Reich zu vereinen. Im großen Streit Barbarossas mit Papst Alexander III. standen die Normannen auf päpstlicher Seite, war ihnen dies doch die beste Garantie, ihr Inselkönigreich zu behalten. Denn die Päpste mussten es als politischen Selbstmord empfinden, sich von den Staufern im Norden und im Süden förmlich zerdrücken zu lassen. Nach dem militärischen Fehlschlag seines fünften Italienzugs 1175 sah sich Barbarossa dazu veranlasst, einen diplomatischen Ausweg aus der verfahrenen Situation zu suchen. So kam es am 24. Juli 1177 zum Abschluss des Friedens von Venedig zwischen Papst und Kaiser, die ihre gegenseitigen Beleidigungen zu den Akten legten: Der Papst nahm den Kaiser wieder in den Schoß der Kirche auf, und Barbarossa verpflichtete sich, die besetzten päpstlichen Besitzungen herauszugeben und der Kirche von seinen Steuereinnahmen in Italien zehn Prozent abzugeben.

Die Beziehungen zum Geschlecht der Hauteville hatte Barbarossa bereits in den 1160er-Jahren freundlicher gestalten wollen – damals noch mit antipäpstlicher Stoßrichtung –, doch aus der angestrebten Heirat seiner Tochter Beatrix mit Wilhelm II. von Sizilien war nichts geworden, weil sich die Normannen damals einen derartigen Affront gegenüber Papst Alexander III. nicht leisten konnten und wollten. Nach dem Ausgleich zwischen Papst und Kaiser war eine neue Situation eingetreten, und König Wilhelm II. von Sizilien war nicht minder an einer Verbindung mit den Staufern interessiert. Dies hat in der Forschung zu einer Kontroverse darüber geführt, von wem die Verlobung zwischen Heinrich und Konstanze letztlich ausgegangen ist. Wilhelm II. von Sizilien war 1184 bereits seit sieben Jahren verheiratet – und die Ehe noch immer kinderlos. Zwar war seine Frau, Johanna von England, noch sehr jung und auch Wilhelm selbst damals erst 31 Jahre alt, doch gibt es Anzeichen dafür, dass Wilhelm nicht mehr daran geglaubt hat, Kinder bekommen zu können. Konstanze war zu diesem Zeitpunkt die einzige legitime Erbin der sizilianischen Krone. Ansprüche meldete aber auch Tankred von Lecce an, ein illegitimer Enkel Rogers II.

Vor diesem Hintergrund musste Wilhelm II. daran gelegen sein, die Erbfolge seiner Tante Konstanze zu sichern, indem er sie mit einer Familie verband, der er zutraute, nicht nur mit Tankred von Lecce, sondern auch mit all den anderen aufsässigen Baronen fertig zu werden und die Einheit des Königreichs Sizilien zu gewährleisten. Und darüber hinaus käme ein verbündeter Staufer zu Lebzeiten Wilhelms II. nicht auf die Idee, ihm die Krone vom Kopf zu nehmen. Trotz des Ausgleichs zwischen Staufern und Papst wagte es Wilhelm aber nicht, von sich aus eine solche Verbindung anzubahnen. Er wäre sonst in einen ernsthaften Konflikt mit dem Papst geraten. Daher wandte sich Wilhelm an seinen Schwiegervater, den englischen König Heinrich II. Plantagenet (1133–1189), und bat diesen um Vermittlung. Da traf es sich gut, dass dieser seinerseits Verbündete gegen Frankreich brauchte und dazu bereit war, seine alten Animositäten gegenüber den Staufern zu begraben. Das klingt alles etwas kompliziert, aber die Politik ging auch im 12. Jahrhundert bisweilen verworrene Wege. Sehr viel einfacher erklärt ist das staufische Interesse am Zustandekommen der Ehe. Friedrich I. Barbarossa sah darin die große Chance, einen Fuß in das Königreich Sizilien zu setzen.

Die Berater des sizilianischen Königs waren sich uneinig, wie sie auf die Avancen des Kaisers reagieren sollten. Wilhelms Kanzler Matteo d'Aiello sah darin eine Gefahr für die Unabhängigkeit des Königreichs. Auch fühlte er sich von Heinrichs Persönlichkeit abgestoßen: Dieser sei ein anderer Mensch als sein Vater, weder liebenswürdig noch wohlwollend. Die Sizilianer verdankten ihre Unabhängigkeit der normannischen Tapferkeit; diese Unabhängigkeit aber werde – mitten im Frieden – verloren gehen, man gerate in die Gewalt von Barbaren, aus den Händen eines geliebten Königs in jene eines deutschen Fürsten, den das Volk schon jetzt hasse. Für die Hochzeit Konstanzes mit Heinrich sprach sich Walter de Mill aus, der Erzbischof von Palermo: Nur die Unterstützung durch eine starke Hand könne Konstanze den Thron sichern, sollte König Wilhelm ohne eigenen Erben sterben. Nur auf diesem Weg könnten Unruhen und fremde Eindringlinge abgewehrt werden.

Anscheinend konnten sich die Befürworter der Ehe durchsetzen, denn die Gespräche der staufischen Delegation in Palermo verliefen zufriedenstellend – ebenso zufriedenstellend, wie sich die Gespräche zwischen Kaiser Friedrich I. und dem neuen Papst Lucius III. in Verona anließen. Doch der Kaiser hatte sich zu früh gefreut: Unter dem Einfluss der stauferfeindlichen Kardinäle lehnte es Lucius schließlich doch ab, Barbarossas Sohn Heinrich zum Mitkaiser zu krönen. Das wäre die Voraussetzung dafür gewesen, dass Heinrich Sizilien nicht nur als Ehemann Konstanzes erben würde, sondern auch durch die Inanspruchnahme des »ius imperii«, des traditionellen Anspruchs der Römisch-Deutschen Kaiser auf Süditalien. Trotz dieses Missklangs liefen die Vorbereitungen für die Vermählung von Konstanze und Heinrich auf Hochtouren. Bei einem Hoftag verkündete der Kaisersohn am 29. August 1184 im bischöflichen Palast zu Augsburg seine Verlobung mit Konstanze de Hauteville.

Bis zur eigentlichen Hochzeit verging jedoch noch über ein Jahr. Im Sommer 1185 verließ Konstanze Palermo. Im apulischen Troia hatte Konstanzes Neffe, König Wilhelm II., die Adligen seines Reichs zu einem Hoftag eingeladen. Es war ein denkwürdiger Tag, der die Geschichte Italiens verändern sollte: Wilhelm ließ die Adligen einen Eid auf Konstanze und deren zukünftigen Ehemann als gemeinsame Thronfolger leisten, sollte er selbst keine Kinder mehr bekommen.

Der Hoftag in Troia muss ein gewaltiges Fest, eine Zurschaustellung all der Pracht gewesen sein, den das sizilianische Königshaus zu entfalten wusste und nach byzantinischem Vorbild zelebrierte. Denn Wilhelm und Konstanze waren nicht gerade mit kleinem Gefolge von Sizilien aufgebrochen. 150 Maultiere waren notwendig, um die Mitgift der Königstochter zu tragen: Gold, Silber, Edelsteine, kostbare Gewänder aus Samt, Seide und Pelzen … Auch diese das vereinbarte Maß weit übersteigende Mitgift war ein Signal: Konstanze war eine Partie, die des künftigen Kaisers würdig war. Bis nach Salerno wurde Konstanze von ihrem Neffen und zahlreichen Adligen aus ihrer Heimat begleitet. In Rieti, an der Grenze des Römisch-Deutschen Reichs zum Kirchenstaat, rund 80 Kilometer nordöstlich von Rom, wurde sie von Gesandten Heinrichs und zahlreichen Adligen willkommen geheißen. Eine Inschrift am Dom von Rieti erinnert bis heute an dieses Ereignis.

Von Rieti aus zog der Tross weiter nach Mailand, wo die Hochzeit stattfinden sollte. Auf den ersten Blick scheint kaum ein Ort dafür weniger geeignet gewesen zu sein. 1161 hatte Friedrich Barbarossa die Lombardenmetropole dem Erdboden gleichgemacht, und 25 Jahre danach war der Wiederaufbau noch lange nicht abgeschlossen. Doch die stolze Stadt war notgedrungen zur Verbündeten des Kaisers geworden und hatte sich daher selbst für diese Feier angeboten. Umgekehrt konnte der Kaiser den neu gewonnenen Frieden in der Lombardei an keinem anderen Ort so eindrucksvoll unter Beweis stellen wie in Mailand. Ende Oktober war Konstanze in der Stadt eingetroffen, doch musste sie sich noch eine ganze Weile gedulden, ehe sie ihren zukünftigen Ehemann und dessen Vater zum ersten Mal sehen solle. Erst nach Weihnachten trafen die beiden, aus dem traditionell kaisertreuen Pavia kommend, in Mailand ein.

Am 27. Januar 1186 fand die Hochzeit statt, »mit königlichem Glanz und großer Machtentfaltung«, wie in der Chronik des Bischofs Otto von Freising berichtet wird. Schauplatz der prachtvollen Zeremonie war nicht der Dom, denn der lag nach der Zerstörung der Stadt durch den Kaiser noch immer in Trümmern, sondern die altehrwürdige, auf einen frühchristlichen Bau des 4. Jahrhunderts zurückgehende Abteikirche Sant' Ambrogio. Zumindest in Teilen hat sich der bauliche Zustand der Kirche seit der Hochzeit Heinrichs und Konstanzes bis heute nicht verändert; sogar das berühmte vergoldete Altarantependium aus dem 9. Jahrhundert hat alle Stürme überdauert. So mag man sich an dieser Stätte gerne in jene Zeit zurückdenken: Die Kirche muss von weltlichen und geistlichen Würdenträgern überfüllt gewesen sein. Adlige aus allen Teilen des Deutschen Reichs, aus der Lombardei und natürlich auch aus Sizilien waren gekommen, um bei diesem Ereignis von weltgeschichtlicher Bedeutung dabei zu sein. Dass auch fast alle lombardischen Städte, die nur wenige Jahre zuvor noch erbitterte Gegner des Kaisers gewesen waren, Vertreter geschickt hatten, zeugt von der neuen politischen Ordnung im Norden Italiens. Lediglich zwei geistliche Herren fehlten – der Erzbischof von Köln wollte es nicht auf die Überprüfung des Gerüchts ankommen lassen, nach dem ihn sein alter Widersacher Friedrich Barbarossa in Mailand vergiften wolle, und es fehlte auch der Erzbischof von Mailand. Uberto Crivelli war im November 1185 zum Papst gewählt worden und nannte sich nun Urban III. Trotz dieser neuen Würde blieb er weiterhin Metropolit von Mailand. Doch da er dieser sizilianisch-schwäbischen Ehe so gar nichts abgewinnen konnte, lag es ihm natürlich fern, der Verbindung seinen Segen zu geben. Umso mehr, als in Sant' Ambrogio auch politisch vollendete Tatsachen geschaffen wurden. Goffredo da Viterbo berichtet:

»Der Patriarch von Aquileja, namens Gotofredo, assistiert von einigen Prälaten und dem Klerus der ambrosianischen Basilika, gab der Ehe seinen Segen und krönte Heinrich und Konstanze mit der eisernen Krone [der Lombarden], die eigens aus Monza herbeigebracht worden war. Ein deutscher Bischof krönte die neue Königin im Namen des Deutschen Reichs; der Erzbischof von Vienne im Namen jenes von Arles [Burgund].«

Zwar ist nicht unumstritten, ob diese Krönungen tatsächlich so stattgefunden haben, doch es geschah ohnehin noch mehr an diesem denkwürdigen Tag: Wie ein antiker römischer Imperator erhob Friedrich Barbarossa seinen Sohn in Mailand zum »Cäsar«, zum Mitregenten und potenziellen Nachfolger als Kaiser. Dieser Rückgriff auf die Antike war die Antwort des Staufers auf die päpstliche Weigerung, seinen Sohn zum Mitkaiser zu krönen. Im Anschluss an die Zeremonien in Sant' Ambrogio fand auf einer Wiese vor den Toren der Stadt ein rauschendes Fest statt. Gefeiert wurde in einem eigens für diesen Zweck errichteten hölzernen Festsaal. Das war damals nicht unüblich, auch hätte es in dem erst teilweise wieder aufgebauten Mailand keinen Bau gegeben, der alle Festgäste hätte aufnehmen können.

Die Hochzeit Heinrichs und Konstanzes soll Anlass sein, sich an dieser Stelle den beiden Hauptpersonen anzunähern. Es ist generell schwierig, sich den Charakter und das Erscheinungsbild mittelalterlicher Menschen vorzustellen. Es gibt keine Fotografien, und die wenigen bildlichen Darstellungen entsprechen kaum den heutigen Vorstellungen von Porträts als Abbildern der Wirklichkeit. Also muss man sich behelfen, etwa mit den Beschreibungen von Chronisten, die aber häufig die Interessen einer Partei vertraten. Einem stauferfreundlichen Chronisten wäre es nie in den Sinn gekommen, ein Mitglied dieser Familie als hässlich zu beschreiben, wohingegen papsttreue Geschichtsschreiber eher dazu neigten. Es ist also Vorsicht geboten. Wenn aber bis auf eine einzige zeitgenössische Ausnahme, in der sie als »hinkend und schielend« beschrieben wird, die Erscheinung Konstanzes de Hauteville in den Quellen geradezu hymnisch gepriesen wird (»über die Maßen auffallend schön«), so mag daran etwas mehr als das berühmte Körnchen Wahrheit sein. Allerdings waren auch diese Beschreibungen programmatisch: Konstanze war bei ihrer Hochzeit fast 32 Jahre alt, Heinrich erst 21. Wenn Konstanze als attraktive Frau geschildert wird, dann steckt dahinter unausgesprochen die Schlussfolgerung: Eine solche Frau kann noch Kinder – sprich Erben – bekommen! Die späteren Zweifel, ob Friedrich II. tatsächlich Konstanzes Sohn gewesen sei, auf die im Folgenden noch eingegangen werden muss, könnten auf staufischer Seite mit dem Hinweis auf Konstanzes Attraktivität und Jugendlichkeit entkräftet worden sein.

Im Grundsatz gilt das für Konstanze Gesagte auch für Heinrich VI. Der Kaiser wird in den Quellen häufiger beschrieben und dargestellt als seine Frau. Heinrich soll »im Antlitz recht anmutig, aber eher mager« gewesen sein, »die Gestalt mittelgroß, der Körper zart und schwach«. Eine hagere Erscheinung also, mit bleichem Gesicht, ganz sicher kein Mann, der auf den ersten Blick anziehend gewirkt hat.

Wie steht es um die intellektuellen Fähigkeiten dieses ungleichen Paares? Konstanze de Hauteville hat am wissenschafts- und kunstfreundlichen sizilianischen Königshof eine umfassende Ausbildung erhalten. Die Atmosphäre in Palermo, die religiöse Toleranz mit einschloss, prägte die junge Prinzessin. Ebenso aber auch die eingangs geschilderte fast heiligenmäßige Verehrung, die das Königshaus von seinen Untertanen in byzantinischer Tradition eingefordert hat. Einerlei, ob Konstanze nun einen Teil ihres Lebens hinter Klostermauern verbracht hat oder nicht: Sie war geprägt von dem orientalischen Luxus, der am palermischen Königshof herrschte. Die zukünftige Kaiserin war von Kindesbeinen an einen verfeinerten Lebensstil gewohnt, wie er nördlich der Alpen keineswegs üblich war, auch nicht in den Pfalzen der Staufer. Konstanze war eine gebildete Frau, die sich ihres eigenen Wertes bewusst war und ihre Herkunft als der ihres Mannes durchaus ebenbürtig empfand. Gleichwohl behielt Konstanze den Sinn für das augenblicklich Machbare. Um dies zu erreichen, war sie auch zu – zeitweiligem? – Verzicht bereit.

Auch Heinrich war ein gebildeter junger Mann, der Lateinisch sprach, sich im römischen Recht und in der Philosophie auskannte. Von Zeitgenossen wird er als »klug und beredt« beschrieben. Doch war ihm auch ein Hang zur Grübelei, zum steten Nachdenken, eigen. Das gewinnende Wesen seines Vaters ging ihm völlig ab, ein Hauch von Eiseskälte ging von diesem asketischen Staufer aus, der meist erst am Abend daran dachte, dass er vielleicht noch etwas essen sollte. Doch der Mann, der seine wahren und vermeintlichen Feinde später mit unvorstellbarer Grausamkeit verfolgen sollte, hatte zugleich eine andere, weichere Seite: Der verschlossene Staufer dichtete. Drei Lieder von ihm sind überliefert; sie dürften genau in der Zeit zwischen der Verlobung und der Hochzeit mit Konstanze de Hauteville entstanden sein:

Ich grüeze mit gesange die süezen

Ich grüeze mit gesange die süezen
die ich vermîden niht will noch enmac.
deich si réhte von munde mohte grüezen,
ach leides, des ist manic tac.
swer disiu liet nu singe vor ir
der ich gár unsenfteclîchen enbir,
ez sî wîp oder man, der habe si gegrüezet von mir.

Mir sint diu rîche und diu lant untertân
swenn ich bî der minneclîchen bin;
unde swénne ab ich gescheide von dan,
sost mir ál mîn gewalt und mîn rîchtuom dâ hin;
senden kúmber den zele ich mir danne ze habe:
sus kan ich an vröuden ûf stîgen joch abe,
unde brínge den wehsel, als ich wæn, durch ir liebe ze
    grabe.

Sît deich si sô herzeclîchen minne
unde sí âne wenken alzît trage
beid in dem herzen und ouch in sinne,
underwîlent mit vil maniger klage,
waz gît mir dar umbe diu liebe ze lône?
dâ biutet si mirz sô wol und sô schöne:
ê ich mích ir verzige, ich verzige mich ê der krône.

Er sündet sich swer des niht geloubet,
ich möhte geleben mangen lieben tac,
ob joch níemer krône kæme ûf mîn houbet;
des ích mich ân si niht vermezzen enmac.
verlüre ich si, waz hette ich danne?
dâ töhte ich ze vröuden noch wîbe noch manne
unde wære mîn bester trôst beidiu zâhte und zu banne.

Neuhochdeutsche Übertragung:

Ich grüße mit meinem Gesang die holde Frau,
die ich nicht lassen will noch kann.
Daß ich sie mündlich in geziemlicher Weise grüßen konnte,
das ist – ach zu meinem Leid! – schon manchen Tag her.
Wer immer nun diese Strophen singt vor ihr,
die ich so schmerzlich entbehre,
es sei Mann oder Frau, der habe sie damit gegrüßet von mir.

Mir sind die Reiche und Länder untertan,
wenn immer ich bei der liebreizenden Herrin bin.
Wenn immer ich jedoch von dannen scheide,
dann ist meine ganze Macht und Herrschaft dahin.
Nur Sehnsucht und Kummer, die betrachte ich dann als
      mein eigen.
So kann ich auf den Stufen der Freuden auf- und
niedersteigen,
und aus Liebe zu ihr, wird mir das Schwanken wohl bleiben
      bis ans Grab.

Nachdem ich sie so sehr von Herzen liebe
und sie ohne Wanken alle Zeit
in Herz und Sinn trage
– manchmal allerdings unter vielen Klagen –
was gibt mir dafür die Geliebte zum Lohn?
Sie macht mich immer wieder vollkommen glücklich.
Ehe ich auf sie verzichte, verzichte ich eher auf die Krone.

Der versündigt sich, der das nicht glaubt,
daß ich lange Zeit angenehm leben könnte,
auch wenn wirklich niemals die Krone auf mein Haupt
      käme,
wozu ich mich ohne sie nicht erkühnen kann.
Verlöre ich sie, was bliebe mir dann?
Da taugte ich weder Frauen noch Männern zur Freude,
und es wäre mein bester Helfer in Acht und Bann.

Natürlich dachte Heinrich niemals daran, wegen irgendeiner Liebsten auf seine Krone zu verzichten. Es geht in diesem Lied auch um keine konkrete Frau, sondern um das Idealbild, das der Minnesänger Heinrich verehrte und für das er – wiederum nur in der idealen Welt des Minnesangs – alles aufzugeben bereit war.

Welchen Heinrich lernte Konstanze de Hauteville kennen – den bei aller Formelhaftigkeit doch zarte Gefühle ausdrückenden Minnesänger oder den kalten Machtpolitiker? Und wie war überhaupt das Verhältnis der jungen Eheleute? Dazu muss bedacht werden, dass eine Ehe unter mittelalterlichen Königskindern nicht der bürgerlichen Vorstellung unserer Zeit entsprochen hat. Zwar mussten beide Partner de jure der Verbindung zustimmen, doch hatte de facto weder Heinrich noch Konstanze eine andere Wahl. Trotzdem werden sie das nicht als Zumutung empfunden haben. Das soll nicht heißen, dass mittelalterliche dynastische Ehen stets gefühllos, ohne menschliche Nähe geblieben sind. Friedrich Barbarossa und Beatrix von Burgund etwa verband aufrichtige Zuneigung – eine Zuneigung, wie sie zwischen Heinrich und Konstanze niemals zustande gekommen ist. Das mag an den unterschiedlichen Charakteren, am Altersunterschied, durchaus an politischen Differenzen, aber auch an dem schlichten Umstand gelegen haben, dass die beiden kaum jemals über einen längeren Zeitraum zusammen lebten.

Die Trennung begann schon unmittelbar nach der Hochzeit. Heinrich zog im Auftrag seines Vaters mit einem großen Heer durch Italien, um dem Papst die staufische Macht vor Augen zu führen und ihm klarzumachen, dass ihm keine andere Wahl als eine Verständigung mit dem Kaiser blieb. Doch Urban III. blieb stur, und Heinrich kehrte Ende 1186 nach Norditalien zurück, wo Konstanze wohl die ganze Zeit geblieben war. Ein knappes Jahr später sorgten zwei Ereignisse für ein politisches Erdbeben: Am 4. Juli 1187 hatten die Kreuzfahrer bei Hattin im Heiligen Land eine vernichtende Niederlage gegen den muslimischen Sultan Saladin erlitten, und drei Monate später, am 20. Oktober, starb Urban III., dem der stauferfreundliche Gregor VIII. als Pontifex Maximus folgte und noch im selben Jahr starb. Musste das Christentum jetzt nicht zusammenstehen? Um das weitere Vorgehen mit seinem Vater persönlich zu besprechen, zog Heinrich Ende 1187 über die Alpen. Im Februar ist seine Anwesenheit in Koblenz bezeugt, auch die Anwesenheit Konstanzes in Deutschland. Schon bald zeigte die Sizilianerin, dass sie sich nicht mit einer Rolle als stumme Begleiterin zufriedengeben würde. Als sich Graf Balduin V. von Hennegau 1188 um die Belehnung mit der Markgrafschaft Namur bewarb, trat Konstanze als seine Fürsprecherin auf.

Am 11. Mai 1189 brach Friedrich Barbarossa zum dritten Kreuzzug auf – und ließ seinen Sohn Heinrich als Regenten zurück. Für den alten Widersacher des Kaisers, Heinrich den Löwen, war dies das Zeichen, in seine Heimat zurückzukehren und die lange Geschichte der Auseinandersetzungen zwischen Staufern und Welfen um ein weiteres Kapitel zu verlängern.

Welfen und Staufer stammen ursprünglich aus Schwaben. Dort waren sie bereits direkte Konkurrenten im Kampf um die Macht gewesen. Diese Gegnerschaft setzte sich bei den Königswahlen im 12. und 13. Jahrhundert fort. Verwandtschaftliche Verbindungen brachten nur zeitweise Entspannung in das Verhältnis der verfeindeten Familien. Dies gilt auch für Heinrich den Löwen, der ein Vetter Friedrich Barbarossas war und als Herzog von Bayern und Sachsen einer der mächtigsten Fürsten des Reichs. Die Auseinandersetzung zwischen Welfen und Staufern wurde nicht nur in Deutschland leidenschaftlich geführt; in Italien waren die Anhänger der Ghibellinen (Waiblinger = Staufer) und der Guelfen (= Welfen) nicht minder verfeindet.

Tatsächlich gelang es dem jungen Regenten nicht, das welfische Braunschweig zu erobern. Ausgerechnet während dieses Feldzugs starb am 18. November 1189 König Wilhelm II. von Sizilien. Unmittelbar darauf brachen im gesamten Königreich tumultartige Unruhen aus. Für Heinrich bedeutete dies eigentlich: so schnell wie möglich nach Sizilien aufzubrechen, um dessen Erbe anzutreten. Doch die Abwesenheit seines Vaters und der alles andere als glückliche Feldzug gegen Heinrich den Löwen sprachen dagegen.

Es gibt keinen Hinweis darauf, wie Konstanze auf den frühen Tod ihres Neffen reagiert hat. Nüchtern betrachtet, bot ihr sein Ableben die Krone Siziliens. Konstanze fühlte sich in Deutschland niemals wohl und wurde auch mit den Menschen im hohen Norden nicht warm. Sie wusste, dass es auf Sizilien Widerstände gegen die Thronfolge ihres Mannes gab. Und die Gegner der Staufer handelten rasch: Schon am 18. Januar 1190 wurde Graf Tankred von Lecce zum König von Sizilien gekrönt – versehen »mit dem Segen und dem Beifall« des Papstes. Tankred von Lecce war zwar ein Enkel Rogers II., doch er hatte einen entscheidenden Makel: Er entstammte einer unehelichen Beziehung seines Vaters und war daher nicht erbberechtigt. Gleichwohl war Tankred am Königshof in Palermo aufgewachsen. Schon 1156 und 1161 hatte er sich an Verschwörungen beteiligt, damals gegen König Wilhelm I. Um ihn ruhigzustellen, hatte ihm die damalige Königinwitwe Margarete 1169 die Grafschaft Lecce übertragen. Doch Tankred war zu ehrgeizig, um sich damit zufriedenzugeben. Und die Adelsopposition auf Sizilien sah in ihm den geeigneten Mann, die Herrschaft der Staufer zu verhindern. Auch Tankred hatte sich 1184 in Troia dazu verpflichtet, die eventuelle Erbfolge Konstanzes anzuerkennen. Doch davon wollten jetzt weder er noch die sizilianischen Barone etwas wissen. Und am allerwenigsten Matteo d'Aiello, der sich schon immer gegen die Staufer ausgesprochen hatte und nun die treibende Kraft von Tankreds Wahl war.

Entscheidend für das Gelingen der Usurpation Tankreds war die päpstliche Unterstützung. Zwar hatte der neue Papst Klemens III. nach dem Aufbruch Friedrich Barbarossas zum Kreuzzug zugesagt, Heinrich endlich zum (Mit-)Kaiser zu krönen. Der offene Streit zwischen Papst und Kaiser war einem latenten Misstrauen gewichen. Doch die Chance, die Vereinigung Siziliens mit dem Reich zu verhindern, war für den Papst so verlockend, dass auch er alle rechtlichen Bedenken hintanstellte. Lediglich in Apulien, das ebenfalls zum Königreich Sizilien gehörte, gab es größeren Widerstand gegen die Wahl Tankreds. Kein Freund des Usurpators war erwartungsgemäß auch Erzbischof Walter von Palermo. Doch als er sah, dass Widerstand zwecklos war und der Papst den Grafen von Lecce unterstützte, entschied er sich für das kleinere Übel und krönte Tankred am 18. Januar 1190 zum König von Sizilien.

Doch die Wahl Tankreds war nicht die einzige Hiobsbotschaft für Konstanze und Heinrich in diesem Jahr: Am 10. Juni 1190 starb Kaiser Friedrich I. Barbarossa während des Kreuzzugs; nicht im Kampf gegen die »Ungläubigen«, sondern bei einem Bad im Fluss Saleph in Kleinasien. Es dauerte gut zwei Monate, bis Heinrich die Nachricht vom Tod seines Vaters erhielt. Nun musste es schnell gehen: Der König musste vom Papst so rasch wie nur irgend möglich die Kaiserkrone erhalten – um den Übergang der Herrschaft im Reich zu sichern, aber auch, um sich im Kampf um Sizilien eine bessere Ausgangsbasis zu verschaffen.

Tatsächlich wurde Heinrich an Ostern 1191 von Papst Cölestin III. zum Kaiser gekrönt – und mit ihm Konstanze, »unter Zustimmung aller Römer«, wie die *Marbacher Annalen* aus dem elsässischen Augustinerchorherrenstift Marbach berichten. Ein prunkvolles Fest beschloss die Krönung. Doch allzu lange wollte sich Heinrich nicht in Rom aufhalten. Er hoffte auf die Eroberung des Königreichs Sizilien, das ihm »nach uraltem Reichsrecht, aber auch durch das Erbe der Kaiserin Konstanze« gehörte. Auf ihrem Kriegszug in Neapel angekommen, trennte sich die Kaiserin von ihrem Mann und nahm eine Einladung der Stadtväter von Salerno an, das Ende der Kämpfe in den Mauern der Stadt abzuwarten. Auch wollte sie sich hier von den berühmten Ärzten der Stadt behandeln lassen. Eilfertig breiteten ihr die Stadtväter den roten Teppich aus, konnten sie doch damit zugleich ihre Treue zu dem neuen Herrscherpaar unter Beweis stellen. Als die Kaiserin Salerno betrat, »nahm sie allerdings Treue zu Tankred wahr. Viele flüstern davon mit gedämpfter Stimme.« Solange das Vorhaben ihres Mannes noch Erfolg versprechend verlief, musste sich Konstanze keine weiteren Gedanken machen – niemand würde einen offenen Aufstand wagen. Zudem hatte Heinrich die Stadt dazu verpflichtet, Geiseln zu stellen, wohl wissend, dass der Erzbischof von Salerno ein Anhänger Tankreds war.

Doch Heinrichs VI. Vorhaben entwickelte sich vor den festen Mauern von Neapel bald zum Desaster. Die Eroberung gelang nicht, und unter den Belagerern breiteten sich Ruhr und Malaria aus. Auch der Kaiser selbst erkrankte schwer. Der Erzdiakon von Salerno, der als Geisel im Feldlager vor Neapel war, traf ihn »von schwerem Fieber geschüttelt« an, Farbe, Schönheit und Blut seien aus seinem

Antlitz gewichen. Heinrich blieb nichts anderes übrig, als den mit so großen Hoffnungen begonnenen Feldzug vorerst abzubrechen. In Salerno übernahmen daraufhin sofort die Anhänger Tankreds die Macht. Sogar die Nachricht vom Tod des Kaisers machte die Runde. Und mitten in diesem Hexenkessel befand sich Konstanze. Vor dem Palast, in dem die Kaiserin untergebracht war, kam es zu einem Auflauf – von Gegnern und Anhängern des Kaisers. Die deutschen Ritter fühlten sich bedroht und warfen Steine auf die Menge. Konstanze versuchte, sich Gehör zu verschaffen, und forderte freien Abzug. Die Situation eskalierte, die Anhänger Tankreds griffen zu den Waffen und versuchten, den Palast zu stürmen. Im Inneren, so überliefert es der staufertreue Chronist Petrus de Ebulo in seinem *Liber ad honorem Augusti (Buch zu Ehren des Kaisers),* betete Konstanze – um Rache: Gott möge die Eidbrüchigen strafen, die angreifenden Rebellen vernichten.

Doch Gott erhörte dieses Gebet der Kaiserin nicht, noch nicht. Letztlich hatten ihre deutschen Ritter keine Chance gegen die feindliche Übermacht. Immerhin gelang es Konstanze, den freien Abzug ihrer adligen Gefolgsleute zu erreichen. Sie selbst aber musste den schweren Weg in die Gefangenschaft gehen. Sie tat dies mit dem Selbstbewusstsein, als Gemahlin des Kaisers die »Herrin der Welt« zu sein: »Ich werde nach Palermo kommen«, ließ sie Tankred ausrichten, »doch nicht, um Deine Gnade zu erflehen.« Und genauso aufrecht soll sie Tankred gegenübergetreten sein: Sie sprach ihm jedes Recht zur Herrschaft ab und forderte ihre »väterlichen Rechte«. »Ich bin die Erbin des Königs, ich rechtmäßiges Kind meiner Mutter! Das Gesetz des Vaters und der Mutter verleiht mir, was Du hast. Du hast das Königreich …, aber es ist usurpiert.« Dieser direkte Hinweis auf seine illegitime Abstammung muss Tankred zur Weißglut gebracht haben; doch dürfte er sich kaum auf sein Bett geworfen und geweint haben, wie der Konstanze geradezu hymnisch verehrende Petrus de Ebulo abfällig schreibt. Allerdings war Tankred auch klar, dass er seine Tante nicht wie eine beliebige Gefangene behandeln konnte: Sie gehörte zur Königsfamilie und war die Frau des Kaisers; ein wertvolles Faustpfand zwar, aber ein riskantes. Vielleicht hegte er die Hoffnung, im Tausch gegen ihre Freilassung die Anerkennung seiner Herrschaft durch Heinrich VI. erreichen zu können.

Konstanze wurde zunächst in Messina untergebracht, später schickte Tankred sie in die Obhut seiner Frau Sibylle nach Palermo. Dass es in der Stadt bei ihrem Einzug zu Sympathiebekundungen gegenüber der Tochter des verehrten Königs Roger gekommen sein soll, mag auch staufische Propaganda sein; doch steht es außer Frage, dass Konstanze zahlreiche Sympathien in der Bevölkerung galten. Dagegen erscheint die romantische Legende, Heinrich habe seiner Frau über einen aussätzigen Bettler einen Brief zukommen lassen, tatsächlich dem Reich der Dichtung zu entstammen. Auch bei dem Hinweis Petrus' de Ebulo, Tankreds Frau habe ihrem Mann geraten, Konstanze beseitigen zu lassen, ist Vorsicht angebracht. Das hätte Tankred beim Papst in Rom politisch unmöglich gemacht. Allerdings waren die Sympathien für Konstanze in Palermo der Auslöser dafür, dass sie in das Castel dell'Ovo in Neapel – quasi ein mittelalterliches Hochsicherheitsgefängnis – gebracht wurde. Zudem konnte Tankred davon ausgehen, dass die Neapolitaner der sizilianischen Königstochter eher gleichgültig gegenüberstanden. Konstanze war übrigens nicht die erste hochrangige Gefangene an dieser Stätte. Im Vorgängerbau dieses hochmittelalterlichen Kastells hatte der Westgotenkönig Odoaker im Jahr 476 den letzten weströmischen Kaiser Romulus Augustulus gefangen gehalten.

Tankreds Hoffnung, Heinrich VI. für die Freilassung seiner Frau zu irgendeiner Gegenleistung bewegen zu können, war von vornherein illusorisch. Niemals wäre der Kaiser auf einen solchen Handel eingegangen. Im Gegenteil: In einem Brief forderte Heinrich den Papst zur Absetzung des Usurpators auf, ohne Konstanzes Gefangenschaft überhaupt zu erwähnen. Verhandlungen Tankreds mit der Kurie führten schließlich zur Freilassung Konstanzes. In Gegenzug erreichte er im Juni 1192 die offizielle Anerkennung seiner Herrschaft durch den Papst. Ob Heinrich VI. den Heiligen Vater doch noch um Vermittlung in der heiklen Angelegenheit gebeten hat, worauf einige Quellen hindeuten, ist nicht eindeutig zu belegen. Allerdings hatte Cölestin zunächst die Absicht, die Kaiserin unter seinem »Schutz« in Rom zu beherbergen. Wer weiß, wofür eine Kaiserin gut sein konnte … Als Konstanze auf ihrem Weg nach Rom jedoch zufällig auf den von deutschen Rittern begleiteten stauferfreundlichen Abt Roffrid von Montecassino traf, schloss sie sich diesem an, sodass der Papst vergeblich auf seinen hohen Gast wartete. In Begleitung Roffrids und der deutschen Ritter zog sie dann über die Alpen nach Norden.

Die Freilassung der Kaiserin war Heinrichs einziger Erfolg in dieser Zeit: Im Reich sah er sich einer wachsenden Fürstenopposition gegenüber, mit dem Papst war er wegen der Besetzung der Bischofsstühle in Köln und Lüttich im Streit. Da kam ihm ein Zufall zu Hilfe: Auf der Rückkehr vom Heiligen Land zog der englische König Richard Löwenherz durch das Gebiet Herzog Leopolds V. von Österreich, mit dem dieser sich auf dem Kreuzzug heillos zerstritten hatte. Der Herzog ließ den König im Dezember 1192 kurzerhand gefangen setzen und lieferte ihn schließlich an Heinrich VI. aus, der mit Richard Löwenherz wegen dessen Unterstützung für Tankred und die deutsche Fürstenopposition ebenfalls noch eine Rechnung offen hatte. Heinrich stellte klar, dass er den englischen König lediglich für ein gewaltiges Lösegeld und die Bereitstellung von englischen Schiffen zur Eroberung Siziliens wieder freilassen würde – und erreichte dies schließlich auch. Die Engländer bezahlten für ihren König, und im Februar 1194 konnte er endlich die Heimreise antreten. In einer englischen Quelle wird berichtet, dass er zuvor im elsässischen Hagenau Kaiserin Konstanze getroffen habe. Doch wirklich verbürgt ist das nicht.

Mit dem englischen Lösegeld hatte der Kaiser endlich die finanziellen und logistischen Mittel, um seinen – und Konstanzes – Traum zu verwirklichen: die Eroberung Siziliens. Dabei kam ihm ein weiterer Zufall glücklich zu Hilfe: Am 20. Februar 1194 war Tankred von Lecce gestorben. Die Last der Herrschaft im Königreich Sizilien lag nun auf den Schultern von Tankreds Witwe Sibylle, Tankreds Sohn Wilhelm war zu diesem Zeitpunkt erst drei Jahre alt.

Von der Burg Trifels in der Pfalz brach Heinrich VI. am 12. Mai 1194 in Begleitung Konstanzes nach Italien auf. Das Pfingstfest feierte das kaiserliche Paar »ruhmvoll in Mailand«, wo einst die Trauung der beiden stattgefunden hatte. Nun ging es Schlag auf Schlag: Im August besetzte Heinrich dank der Seeunterstützung aus Pisa und Genua das feindliche Neapel. Ohne die Unterstützung dieser beiden Seemächte hätte er Sizilien kaum erobern können; diese hofften im Gegenzug auf kaiserliche Privilegien. Das nahe gelegene Salerno wurde am 17. September 1194 erstürmt. Die Stadt bekam als erste die Rache Heinrichs VI. zu spüren – für ihren Abfall von seiner Herrschaft und vor allem für die Gefangennahme Konstanzes. »Wie ein schwerer Blitz« sei der Kaiser über die Stadt gekommen, berichtet Petrus de Ebulo.

Die Kaiserin befand sich zu diesem Zeitpunkt nicht mehr im Tross ihres Mannes. Schon bei der Abreise aus Deutschland war Konstanze schwanger gewesen. Ihr Zustand ließ es bald nicht mehr zu, dass sie mit dem Tempo des staufischen Vormarsches Schritt hielt. Nur langsam zog sie weiter in Richtung Süden. So war sie auch nicht dabei, als ihr Mann am 20. November kampflos und im Triumph in Palermo einzog. Sibylle und ihrem kleinen Sohn hatte er zuvor die Grafschaft Lecce und das Fürstentum Tarent als Lehen in Aussicht gestellt und damit den Widerstand von Tankreds Witwe endgültig gebrochen. Sie sah ein, dass sie keine echte Chance mehr hatte, ihrem Sohn das Königreich Sizilien zu erhalten. Am 25. Dezember 1194 habe Heinrich VI., so heißt es in einer Urkunde, im Dom von Palermo erstmals die Krone von Sizilien getragen. Ob eine förmliche Krönung stattgefunden hat oder Heinrich darauf bewusst verzichtete, weil er sich bereits seit dem Tod Wilhelms II. als rechtmäßiger König fühlte und dieser Anspruch nun nur noch bestätigt wurde, ist in der Forschung umstritten.

Nur einen Tag später gebar Konstanze in Iesi dem Kaiser den so lange ersehnten Thronfolger – so lange ersehnt, dass nicht nur Gegner Heinrichs ihre Zweifel hatten. War Konstanze nicht schon 40 Jahre alt, waren Heinrich und die sizilianische Königstochter nicht schon neun Jahre verheiratet, ohne dass sich Nachwuchs eingestellt hatte? Diese Fragen führten schon bald zu Zweifeln an der Legitimität des am 26. Dezember 1194 von Konstanze geborenen Kindes, das Friedrich Roger genannt wurde, zu Ehren seiner Großväter Friedrich Barbarossa und Roger von Sizilien – eine Namenswahl, die den Anspruch auf die Herrschaft in Sizilien und im Römisch-Deutschen Reich signalisierte. Konstanze soll ihrem Sohn zunächst den Namen Konstantin zugedacht haben – nach sich selbst, vielleicht auch in Erinnerung an Kaiser Konstantin den Großen. Hinweise auf eine ursprüngliche Namensgebung finden sich bei dem norddeutschen Mönch und Geschichtsschreiber Albert von Stade (Ende des 12. Jahrhunderts – nach 1264) sowie in den Annalen Reiners von Lüttich. Sollten beide nicht nur ein Gerücht wiedergegeben haben, müsste Konstanze den Namen ihres Sohnes bald darauf den staufischen Interessen angepasst haben.

Gerüchte spielten in diesem Zusammenhang ohnehin eine große Rolle. So griffen die Gegner der Staufer gern zu dem beliebten Mittel, die Kaiserin älter zu machen, als sie tatsächlich war. Deshalb schreibt Albert von Stade, dass Konstanze »bereits eine 60-Jährige« gewesen sei, als sie Heinrich geheiratet hatte: »Man fürchtete daher, sie werde unfruchtbar bleiben.« Die Ärzte hätten »ihre Gebärmutter durch Arzneien« allmählich so anschwellen lassen, »dass der Kaiser fest glaubte, sie sei schwanger. In der Mitte der Zeit aber sahen sich die Ärzte nach einem Kinde um, sodass von verschiedenen Frauen, die zur Zeit der Niederkunft Konstanzes gebären mussten, nach einem streng geheimen Plan ein Kind geraubt wurde, um zur Zeit der Niederkunft Konstanzes in den Palast an ihr Bett getragen zu werden … Man sagte, es sei zweifelhaft, ob jener Knabe der Sohn eines Arztes oder eines Müllers oder eines Falkners war; aber die Leute behaupten wahrhaftig, er sei der Sohn eines dieser drei gewesen.« Als ob das nicht genug wäre, legte der italienische Chronist Salimbene da Parma (1221 – nach 1288) nach:

> »Iesi ist die Stadt, in der Kaiser Friedrich geboren wurde. Dort ging das Gerücht von ihm, er sei der Sohn eines Fleischers aus Iesi, weil die Kaiserin Konstanze schon in vorgerücktem Alter war, als Kaiser Heinrich

sie heiratete, und weil sie weder einen Sohn noch eine Tochter außer ihm gehabt haben soll.«

Glaubt man anderen Chronisten, sollen auch Papst Innozenz III. und Heinrich selbst Zweifel daran gehabt haben, dass Friedrich der Sohn Konstanzes sei: Innozenz habe die Kaiserin gezwungen, ihre Mutterschaft zu beeiden, und Heinrich habe erst durch Abt Joachim von Fiore, dem hellseherische Fähigkeiten nachgesagt wurden, überzeugt werden können. Der Reichstruchsess Markward von Annweiler soll nach dem Tod Konstanzes gegenüber Papst Innozenz III. geäußert haben, dass dieser bei der Erbfolge in Sizilien keine Rücksicht auf Friedrich nehmen müsse, sei dieser doch überhaupt nicht der Sohn Konstanzes. Wenn Friedrichs Feinde ihn später mit dem »Antichristen« identifizierten, dann belegten sie dies ebenfalls mit einem Hinweis auf seine Geburt: War nicht vorhergesagt, dass der Antichrist von einer Nonne geboren werde – und war Konstanze nicht einst Nonne gewesen?

Auch wenn die Zweifel an der Legitimität Friedrichs hauptsächlich aus dem päpstlichen oder welfischen Lager überliefert sind, wird man davon ausgehen können, dass es sie tatsächlich gegeben hat. Jedenfalls arbeitete die staufische Gegenpropaganda mit Nachdruck daran, die legitime Geburt des Thronfolgers offensichtlich und über jeden Zweifel erhaben zu machen. Vor diesem Hintergrund ist die Nachricht zu sehen, dass Konstanze ihren Sohn – halböffentlich – in einem Zelt auf dem Marktplatz von Iesi zur Welt gebracht habe. Schriftlich überliefert wird diese Nachricht allerdings erstmals in der Weltchronik des Giovanni Villani (1280–1343) zu Ende des 13. Jahrhunderts:

»Als die Kaiserin Konstanze mit Friedrich schwanger war, erregte es … in Sizilien und im ganzen apulischen Reich Verdacht, dass sie in ihrem hohen Alter schwanger sein konnte. Als die Zeit ihrer Niederkunft kam, ließ sie daher ein Zelt auf dem Marktplatz … aufstellen und gab öffentlich bekannt, dass jede Frau, die dies wollte, kommen sollte, sie zu sehen; und viele kamen und sahen zu. So wurde der Verdacht zerstreut.«

Giovanni Boccaccio schreibt, dass der Kaiser »alle die edelsten Frauen des Königreichs Sizilien« nach Foligno berufen habe, um Zeugen bei der »seltsamen Geburt« zu sein. Der Kreis dieser Zeugen wurde mit dem Abstand zum tatsächlichen Geschehen immer größer. So berichtet ein Chronist im 14. Jahrhundert gar, dass Konstanze »allen Adligen, Männern und Frauen« erlaubt habe, »herbeizukommen und sie gebären zu sehen, damit jeder wisse, dass es kein untergeschobenes Kind sei«.

Tatsache ist, dass Friedrich in Iesi zur Welt gekommen ist. Würde die Geschichte mit dem Marktplatz stimmen, hätte gewiss Petrus de Ebulo als zeitgenössischer stauferfreundlicher Chronist davon berichtet. Er tat es nicht. Dafür überhöhte er das Neugeborene als Helden eines zukünftigen Goldenen Zeitalters, nicht ohne sich zuvor ebenfalls zu dem viel diskutierten Thema der späten Schwangerschaft Konstanzes zu äußern:

»Es hatte die Zeitläufte des irdischen Lebens zum Seufzen gebracht, dass die Palme [Konstanze] ihre Früchte zurückgehalten hatte. Je später er zum Ertrag gelangt, desto beständiger trägt der Baum schließlich Früchte wie die fruchtbare Olive.«

Doch dann begann Petrus de Ebulo seine Lobpreisung des Kindes von Iesi:

>O willkommener Knabe, Epoche der Erneuerung der Ära, von jetzt an wirst Du Roger, von jetzt an Friedrich sein. Für größer als Deine Ahnen muss man Dich halten, unter besserem Stern geboren, der Du, kaum geboren, mit Deinem Vater die Ahnen übertriffst. Mit Dir beginnt der Frieden, weil wir durch Deine Geburt gezeugt werden, durch Deine Geburt sind wir, was fromme Gebete erflehen. Durch Deine Geburt verbirgt der Tag das Himmelsgestirn nicht, durch Deine Geburt haben die Gestirne ihr eigenes Licht, durch Deine Geburt wird die Erde mit Ähren beladen, und der Baum gibt die Reichtümer der sorgenvoll erwarteten Zeit zurück, die Berge haben Überfluss, und die trockene Erde wird fett, das Feld gibt mit vielfältigem Ertrag das ihr anvertraute Saatgut zurück. Wolkenloser Sonnenschein, Knabe, der Du niemals eine Finsternis erleben wirst, den ein königlicher Tag im Rund der Sonne gebar ...<

Wahrlich hohe Erwartungen an ein kleines Kind – und seine Mutter! Unverkennbar auch die Anklänge an messianische Heilserwartungen, die zugleich Konstanze in die Rolle der Mutter des neuen Messias rückten – eine Rolle, die ihr Friedrich selbst später zugedacht hat, wie das eingangs erwähnte Zitat zeigt. Sehr viel nüchterner teilte Heinrich VI. die Nachricht von der Geburt Friedrichs Erzbischof Walter von Rouen in einem Brief mit:

>Zur Vermehrung unseres Glückes hat Unsere Gemahlin Konstanze, die erhabene Kaiserin der Römer, am Tag des heiligen Stephan, des ersten Märtyrers, Uns

einen Sohn geboren. Freue Dich daher mit an Unserem Glück …«

Nur wenige Tage nach der Geburt Friedrichs spielten sich auf Sizilien dramatische Szenen ab. Ein Mönch soll dem Kaiser Schriftstücke übergeben haben, die belegten, dass eine Verschwörung gegen seine Herrschaft auf Sizilien geplant und Tankreds Witwe Sibylle daran beteiligt sei. Ob es eine solche Verschwörung wirklich gegeben hat oder die Nachricht nur fingiert war, um Heinrich die Möglichkeit zu geben, alle potenziellen Gegner unschädlich zu machen, konnte bis heute nicht geklärt werden. Jedenfalls ließ Heinrich Tankreds Witwe, deren Kinder und zahlreiche sizilianische Adlige daraufhin nach Deutschland deportieren. Den kleinen Wilhelm ließ der Staufer zuvor blenden; er starb in der Gefangenschaft. Tankreds Leichnam wurde demonstrativ aus dem Grab gerissen, seiner königlichen Kleider beraubt und enthauptet.

Diese Verschwörung hatte unmittelbare Auswirkungen auch auf das weitere Schicksal Konstanzes und Friedrichs. Selbst wenn die Verschwörung erfunden war, zeugt dies doch von der nach wie vor bedrohten Herrschaft Heinrichs in Palermo. Die Anwesenheit Konstanzes war vor diesem Hintergrund umso dringlicher. Zugleich aber ließ es die unsichere Lage im Königreich Sizilien nicht zu, den einzigen Erben der Gefahr einer Verschwörung auszusetzen. So blieben Mutter und Sohn nur wenige Monate zusammen. An Ostern 1195 war die Kaiserin bereits in Bari, wo ihr Mann einen Hoftag abhalten wollte. Ihren Sohn hatte Konstanze in die Obhut der Herzogin von Spoleto gegeben. Bei Petrus de Ebulo ist das Geschehen in einem Bild festgehalten: Wer möchte, kann im Antlitz Konstanzes die Trauer über die frühe Trennung von ihrem Sohn herauslesen. Doch das mag bei den stilisierten Gesichtern auch moderne Überinterpretation sein.

Konrad von Urslingen, der 1176 zum Herzog von Spoleto ernannt worden war, und seine Frau residierten in Foligno bei Perugia. Das Herzogtum Spoleto hatte Heinrich einst seinem treuen Mitstreiter übertragen, und so hoffte er, dass sein Sohn dort sicher sei. Zugleich bot sich Foligno auch geografisch an, lag es doch an der Grenze zwischen dem Römisch-Deutschen Reich und dem Kirchenstaat, auf halbem Weg zwischen dem deutschen Kernland und Sizilien, also zwischen den beiden Reichen, die der kleine Friedrich einst erben sollte.

Die Gefühle Konstanzes bei ihrer Ankunft in Bari dürften sehr zwiespältig gewesen sein: Heinrich VI. hatte den gesamten sizilianischen Krönungsschatz auf 150 Saumtieren aus Palermo wegbringen lassen. Beim Hoftag in Bari sollte er die kaiserliche Macht demonstrieren und danach über die Alpen nach Deutschland gebracht werden. Konstanze muss diese Plünderung einen tiefen Stich versetzt haben: Münzen, Gold- und Silberschmiedearbeiten, Edelsteine, ja die Ausstattung ganzer Paläste hatte Heinrich mitgenommen. Unter den Preziosen war auch der prachtvolle sogenannte Krönungsmantel Rogers II., der seither zu den Reichskleinodien der Römisch-Deutschen Kaiser zählt und heute in der Wiener Hofburg aufbewahrt wird.

Wenn Heinrich die sizilianischen Schätze nach Deutschland, größtenteils auf die Burg Trifels in der Pfalz, bringen ließ, dann nicht nur, weil er sie dort sicherer verwahrt glaubte als in Palermo. Welchen Eindruck musste all diese Pracht auf die Menschen nördlich der Alpen machen? Wie mächtig musste ein Herrscher sein, der solche Schätze besaß? Und wie viele Möglichkeiten eröffneten diese Schätze, wenn man sie richtig einsetzte?

Heinrich erlebte in diesen Monaten jene Zerreißprobe, wie sie spätere Römisch-Deutsche Herrscher immer wieder durchstehen mussten, wenn sie in Italien waren: Die Gefahr, dass die Königsmacht nördlich der Alpen durch die Abwesenheit des Herrschers ins Wanken geriet, war immens. Doch auch die Macht in Italien und erst recht im fernen Sizilien stand und fiel mit der An- oder Abwesenheit des Königs. Hier hatte Heinrich allerdings einen unschätzbaren Trumpf: Konstanze! Sie allein war aufgrund ihrer Herkunft imstande, die Herrschaft über Sizilien zu sichern. Die Übertragung der Regentschaft im Königreich Sizilien auf seine Frau war daher ein kluger politischer Schachzug, der zugleich dafür spricht, dass Heinrich Konstanze damals vertraute. Zum Vikar des Königreichs ernannte er Konrad von Urslingen, den Herzog von Spoleto; das Amt des Kanzlers übernahm Walter von Pagliara, der Bischof von Troia in Apulien. Das sieht ein wenig nach zwei Aufpassern für seine Frau aus, doch ist Konrad von Urslingen während der Regentschaft Konstanzes überhaupt nicht in Sizilien gewesen. Und auch Walter von Pagliara ist während Konstanzes Regentschaft nachweislich nur einmal auf Sizilien in Erscheinung getreten. Ein dritter Mann ist an dieser Stelle noch zu nennen: Konrad von Querfurt, der Bischof von Hildesheim. Ihn hatte Heinrich zum Generallegaten für die gesamte italische Halbinsel und Sizilien ernannt, doch er war hauptsächlich in Apulien mit der Vorbereitung des geplanten Kreuzzugs beschäftigt.

Konstanze hatte sich in Bari nach nur wenigen gemeinsamen Tagen wieder von ihrem Mann getrennt und war in ihre Heimat Sizilien weitergereist. Zur Residenz bestimmte sie den Königspalast zu Palermo, und ihr Amt als Regentin nahm Konstanze ausgesprochen ernst. Sie bestätigte nach den vorangegangenen Wirren die Besitzrechte

44

und Privilegien von Kirchen, Klöstern und Städten, griff in Besitzstreitigkeiten ein und erlaubte Heiraten. Dabei urkundete sie als »Constantia dei gratia [oder »divina favente clementia«] Romanorum imperatrix et regina Sicilie semper augusta« – »Konstanze, von Gottes Gnaden Kaiserin der Römer und Königin von Sizilien, allzeit Mehrerin des Reichs«. In ihrer Titulatio hat Konstanze demnach stets als Kaiserin und Königin gehandelt, auch der Zusatz »semper augusta« bzw. »augustus« war fester Titelbestandteil der Römisch-Deutschen Kaiser(innen).

Von dem festen Willen Konstanzes, die Herrschaft über Sizilien auch de facto auszuüben, zeugt ein Brief, der uns im Wortlaut erhalten geblieben ist. Die Kaiserin verfasste das Schreiben am 3. Oktober 1195 in Palermo, Adressat war Papst Cölestin III. Konstanze beschwerte sich darin über drei Einmischungsversuche des Pontifex in ihrem Königreich, die sie keinesfalls hinnehmen wollte. Der erste Streitpunkt war die Ernennung eines päpstlichen Legaten für Apulien und Kalabrien. Das entsprach vordergründig dem 1156 zwischen Konstanzes Vater und Papst Hadrian IV. geschlossenen Vertrag von Benevent. Doch stattete Cölestin diesen Legaten mit einer zeitlich unbegrenzten Generalvollmacht aus, eine Stellung, die – nach Konstanzes Meinung – sich keinesfalls mit den Vertragsabsichten ihres Vaters deckte. Mit Konstanze selbst hat Cölestin über dieses neue Amt niemals verhandelt.

Ebenso überging der Papst die Königin mit seiner Einmischung in die Wahl des Abtes im Kloster San Giovanni degli Eremiti in Palermo. Dieses Kloster lag genau gegenüber dem königlichen Palast – ein papsttreuer Abt war das Letzte, was die Königin hier gebrauchen konnte, war doch San Giovanni eine Gründung ihres verehrten Vaters gewesen und von diesem mit zahlreichen Freiheiten und Stiftungen versehen worden. Einem dieser Privilegien zufolge wurden die Mönche des Klosters sogar aus der Küche des königlichen Palastes versorgt. Einen »Spion« des Papstes durchfüttern, das konnte nun wirklich keiner von ihr verlangen. Zumal Cölestin und die Mönche des Klosters auch in diesem Fall den Vertrag von Benevent missachtet hatten. Denn die Einschaltung des Papstes hätte eine vorhergehende entsprechende Bitte des Königs – in diesem Fall der Regentin – vorausgesetzt. Und Konstanze hat den Pontifex ganz sicher nicht gebeten, sich einzumischen.

Der dritte Streitpunkt betraf die Weihe Hugos von Troia zum Erzbischof von Siponto in Apulien. Auch hier wäre gemäß dem Vertrag von Benevent die Zustimmung der Königin notwendig gewesen. Konstanze schleuderte dem Papst in ihrer ganzen Wut entgegen: Niemals werde Hugo von Troia sein Amt antreten können! Natürlich wusste Cölestin über den Inhalt der Beneventer Vereinbarungen genau Bescheid. Doch für ihn war ein anderer Vertrag maßgeblich, nämlich jener, den Tankred 1192 in Gravina mit dem Papst abgeschlossen hatte. Tankred war dringend auf dessen Unterstützung angewiesen gewesen und der Kirche daher weit entgegengekommen. Da Konstanze den Thronräuber Tankred nie als König anerkannt hatte, fühlte sie sich auch nicht an das Konkordat von Gravina gebunden. Zumindest vorerst musste offen bleiben, wer sich in dieser Frage letztlich durchsetzen würde. Konstanze aber hatte einmal mehr gezeigt, dass sie nicht bereit war, ihre königlichen Rechte beschneiden zu lassen – auch nicht vom Stellvertreter Gottes auf Erden. In einem Brief an Heinrich VI. beschwerte sich der Papst über Konstanze, doch der Kaiser stellte klar, dass er hinter den Entscheidungen seiner Frau stehe.

Im Sommer 1196 kehrte Heinrich VI. nach Italien zurück. In Deutschland hatte er versucht, die Fürsten von seinem Erbreichsplan zu überzeugen. Das Römisch-Deutsche Reich sollte nach seiner Vorstellung künftig keine Wahl-, sondern eine Erbmonarchie sein und die Herrschaft der staufischen Dynastie dauerhaft gesichert werden. Im Gegenzug bot er den Reichsfürsten die Erblichkeit ihrer Lehen in männlicher und weiblicher Linie an. Doch der Widerstand gegen diesen Plan war zu groß; lediglich die Wahl des jungen Friedrich zum Deutschen König und damit zum Nachfolger seines Vaters sagten ihm die Fürsten zu. Wenn Heinrich noch vor der tatsächlichen Wahl Friedrichs nach Italien zog, so hatte dies vor allem mit seinem Erbreichsplan zu tun, über den er mit Papst Cölestin III. verhandeln wollte. Doch an der Kurie blieb dem Kaiser ein nachhaltiger Erfolg gleichfalls versagt: »Der Kaiser wartete drei Wochen bei der Stadt Tivoli, Boten gingen des Öfteren hin und her, und vom Kaiser wurden dem Papst kostbare Geschenke übersandt; aber da die Sache nicht so ausging, wie der Kaiser wollte, brach er sehr unwillig nach Sizilien auf«, heißt es dazu in den *Marbacher Annalen.* »Die Sache«, das war neben dem Erbreichsplan Heinrichs auch der Wunsch gewesen, dass der Papst seinen Sohn taufen möge. Friedrich war demnach zu diesem Zeitpunkt noch nicht getauft, und Cölestin hat auch diesem Ansinnen des Kaisers offensichtlich nicht entsprochen! Wahrscheinlich wurde die Taufe zu einem späteren Zeitpunkt in kleinerem Rahmen nachgeholt.

Die Kreuzzugsvorbereitungen erhielten durch das denkbar schlechte Klima zwischen Papst und Kaiser gleichfalls einen Dämpfer. Vielleicht hat es Heinrich getröstet, dass er bei diesem Italienzug seinen kleinen Sohn wiedersah. Bis dahin hatte er ihn erst ein einziges Mal in Augenschein nehmen können, als er im Sommer 1196 nach Deutschland zurückgekehrt war. Petrus de Ebulo beschreibt die Symbolik des neuerlichen Treffens:

»Ein Iberer … präsentierte einen Fisch, der eines geborenen Kaisers würdig war. Der Knabe nahm ihn entgegen, und unter kundiger Lenkung seines Lehrers zerteilte er ihn. Und nachdem er ihn dreigeteilt hatte, behielt er zwei Teile für sich zurück, was noch übrig war, schickte der Knabe … seinem Vater, womit er ein bedeutendes Zeichen des kommenden Lebens setzte: Was er für sich behielt, wird Westen und Osten sein. Der dritte Teil … bezeichnet, dass mit Waffengewalt der dritte Teil der Welt vom Vater beherrscht werden wird. Lebe, Knabe, Zier Italiens, neues Zeitalter … Lebe, Glanz der Sonne, die in Ewigkeit herrscht.«

Zu all dem politischen Ungemach kamen beunruhigende Nachrichten aus Sizilien. Es brodelte in Heinrichs südlichem Königreich. Dafür war nicht die Herrschaft Konstanzes verantwortlich, sondern die vergiftete Atmosphäre zwischen den deutschen Rittern, die der Kaiser in Sizilien mit großen Lehen ausgestattet hatte, und den einheimischen Adligen. Heinrich war fest entschlossen, für Ordnung zu sorgen.

Bei einem Hoftag an Weihnachten 1196 im apulischen Capua wurde über einen Mann stellvertretend Gericht gehalten – sein Schicksal sollte den Sizilianern zeigen, wie der Kaiser und König jeden Aufstand im Keim ersticken würde. Angeklagt war Graf Richard von Acerra, der Schwager des gestürzten Königs Tankred, der ohne Zweifel einer der vehementesten Gegner Heinrichs gewesen war. Doch die Grausamkeit, mit der der Kaiser ihn bestrafte, übertraf selbst die Maßstäbe eines Zeitalters, das grausame Strafen gewohnt war. Zunächst wurde der Graf an ein Pferd gebunden und durch die Straßen von Capua geschleift, dann wurde er lebend mit dem Kopf nach unten aufgehängt und schließlich zur Belustigung

48

des Kaisers noch ein schwerer Stein an die Zunge des – wie Heinrich es sah – Verräters gebunden. Der Tote wurde an einem Galgen aufgehängt, von dem ihn niemand abnehmen durfte –»eine gerechte Entwürdigung für die gefangene Kaiserin«, fand der Chronist Otto von Sankt Blasien (1146–1209), galt doch Richard als Drahtzieher der Gefangennahme der Kaiserin 1192. Abt Joachim von Fiore (um 1130/35–1202) verglich Heinrich mit einem »Hammer der Erde, der die Halsstarrigen zermalmt«. Und der spätere Papst Innozenz III. beschrieb, was viele Menschen im Süden Italiens damals gedacht haben mögen: »Die Wut des Nordwinds durchfuhr die kalabrischen Berge wie ein raues Erdbeben, brauste durch die Ebenen Apuliens und fegte den Bewohnern den Staub wirbelnd durch die Augen.« Allerdings entsprach diese Grausamkeit eher der »Tradition« seiner normannischen Vorgänger als dem viel zitierten »furor teutonicus«, der vermeintlich deutschen Raserei. Es war aber ohnehin nicht ausschließlich Heinrichs Grausamkeit, die viele Menschen zum Widerstand brachte. Als der Kaiser in Capua gleich noch eine neue Steuer für das Königreich Sizilien ausschrieb, mag dies erst der Tropfen gewesen sein, der das Fass zum Überlaufen brachte.

In Palermo wartete die Regentin Konstanze auf die Ankunft ihres Mannes. Ihr dürfte klar gewesen sein, dass er fest dazu entschlossen war, das Heft wieder in die Hand zu nehmen und Sizilien mit der Hilfe seiner deutschen Berater zu regieren. Doch sollte das die Zukunft des Königreichs Sizilien, ihres Königreichs Sizilien sein? Viel ist darüber gerätselt worden, ob Konstanze von dem nun folgenden und dieses Mal nicht fingierten Aufstand gegen Heinrich VI. gewusst, ja ihn vielleicht unterstützt oder sogar insgeheim an seiner Spitze gestanden hat. Vor allem in Deutschland traute man ihr nicht über den Weg; vielsagend heißt es in der *Kölner Königs-chronik*:

>»Im Jahre 1197 seit der Menschwerdung des Herrn ver-weilt der Kaiser in Apulien. Hier lässt er einige Fürsten, welche sich zu seiner Ermordung verschworen haben, durch verschiedene Strafen hinrichten. Das Gerücht verbreitete dabei von ihm und der Kaiserin Konstanze mancherlei: Er werde nämlich an manchen Erfolgen gehindert und befinde sich oft sogar in Lebensgefahr, und man munkelte, dass dies stets auf Anstiften der Kaiserin geschehe«.

Noch deutlicher werden die *Marbacher Annalen*:

>»Während der Kaiser in Sizilien war, fachte die Kai-serin, wie gesagt wurde, aus Feindschaft, die zwischen ihnen entstanden war, eine Verschwörung von allen Städten und Burgen Apuliens und Siziliens an, in dem Wissen auch der Lombarden, Römer und selbst, wenn man das glauben darf, des Papstes Cölestin ...«

Die Frage nach der Beteiligung Konstanzes lässt sich letzt-lich nicht mit Gewissheit beantworten. Dass Konstanze von der deutschen Präsenz in Sizilien nichts gehalten hat, sollte sich bald zeigen. Doch andererseits hat Konstanze die Legitimität von Heinrichs sizilianischem Königtum niemals angezweifelt; damit hätte sie nur an ihrem eigenen Stuhl gesägt. Dass sie vorhatte, nach der geplanten Ermor-dung des Kaisers den Anführer der Rebellen zu heiraten und mit ihm über das Königreich Sizilien zu herrschen, ist keinesfalls glaubhaft. Dass sie aber die Motive der Auf-ständischen nachempfinden konnte, vielleicht sogar Ver-ständnis für sie aufbringen konnte, das ist nachvollziehbar.

Rund 30 000 Mann sollen sich damals laut den *Marbacher Annalen* gegen die staufische Herrschaft erhoben haben – ein Aufstand, der langer und sorgfältiger Vorbereitung bedurft hat. Sollte Konstanze davon wirklich nichts mitbekommen haben? Es war der Verrat eines Verschwörers, der die Rebellion aufgedeckt und es Heinrich ermöglicht hat, Gegenmaßnahmen zu ergreifen. Auch profitierte der Kaiser von den zunehmend im Land eintreffenden deutschen Kreuzfahrern, die sich auf seine Seite stellten.

Heinrich scheint nach diesen Geschehnissen nicht frei von Misstrauen gegenüber seiner Frau gewesen zu sein, was ihre Mitwisserschaft an dem Aufstand betraf. Zu weit, das wusste er, durfte er nicht gehen. Noch immer stand und fiel seine Herrschaft auf Sizilien mit Konstanze; allein auf seinen Anspruch als Kaiser konnte er sein sizilianisches Königtum nicht bauen. Aber er konnte Konstanze unmissverständlich warnen. Mit den Verschwörern rechnete Heinrich unbarmherzig ab. Sollte an dem Ruf der Grausamkeit, der ihm vorausgeeilt war, noch jemand gezweifelt haben, wurde er nun eines Schlimmeren belehrt: Zahlreiche Rebellen starben einen langsamen, qualvollen Tod. Sie wurden erhängt, verbrannt oder einfach ins Meer geworfen. Dem Burgherrn von San Giovanni, der als Anführer der Aufständischen galt, bereitete er ein besonders grausames Ende: Er ließ eine glühende Krone auf seinem Kopf festnageln. Heinrich war selbst Augenzeuge dieser Folterung und Hinrichtung – und er zwang Konstanze, ebenfalls zuzuschauen. Niemand sollte es fortan wagen, Heinrich die Krone Siziliens streitig zu machen. Das abschreckende Schicksal der Verschwörer sollte allen eine deutliche Warnung sein – auch Konstanze?

Heinrich VI. stand nun auf dem Gipfel seiner Macht. Nun sollte sich vollenden, was Petrus de Ebulo Jahre zuvor prophezeit hatte:

»Mit siegreicher Lanze wirst Du alle Teile zum Ganzen vereinigen und das Reich wiederherstellen, wie es einst gewesen ist. Wieder wirst Du das Gebäude der Kirche und des Reichs bis zu den Gestirnen aufrichten und, wenn es keinen Feind mehr gibt, neben Jupiter das Ruhelager aufschlagen.«

Tatsächlich: Was oder wer sollte diesem Herrscher noch entgegentreten können? Der Kaiser von Byzanz war ihm tributpflichtig, die Kreuzzugsvorbereitungen liefen ohne Schwierigkeiten, »die Reichtümer Apuliens, Kalabriens und Siziliens, fruchtbar an Bergwerken, kostbaren Steinen und der Herrlichkeit verschiedener Gemmen«, machten den »wunderbaren Triumph« des Kaisers, wie Otto von Sankt Blasien schrieb, perfekt – was würde als nächstes folgen: Nordafrika, die Balearen?

Konstanze war nach der Rückkehr des Kaisers wieder ins zweite Glied zurückgetreten. Wir wissen nicht, ob sie ihren Mann auf dem Jagdausflug Anfang August 1197 nach Patti an die Nordküste Siziliens begleitet hat, bei dem ihn heftiger Schüttelfrost auf das Krankenbett warf, wahrscheinlich ein Malariaanfall. Von seinen Begleitern wurde der Kaiser in das rund 60 Kilometer entfernte Messina gebracht. Dort verbesserte sich sein Gesundheitszustand tatsächlich so weit, dass er an eine Rückkehr nach Palermo dachte. In Messina ist die Anwesenheit der Kaiserin bezeugt, und so war sie auch dabei, als den Kaiser »ein plötzlicher Rückschlag befiel« und eine Diarrhö den Körper noch weiter schwächte. »Nach guter Beichte und mit zerknirschtem Herzen« schied Heinrich VI. am 28. September 1197 im Alter von erst 32 Jahren »aus dieser Welt«. Zwar machte schon bald das Gerücht die Runde, Konstanze habe den Kaiser vergiftet, doch hielten die zeitgenössischen und wenig später schreibenden Chronisten diese Theorie noch nicht für glaubwürdig: »Viele versicherten, er sei an Gift gestorben, und seine Gemahlin habe es besorgt, und zwar deshalb, weil er ihre Neffen umgebracht habe; jedoch ist das nicht wahrscheinlich, und alle, die ihm zu jener Zeit nahestanden, leugneten es«, berichtet Propst Burchard von Ursperg, der darüber aus erster Hand erfahren haben will, nämlich »von Herrn Konrad, der … damals … ein Angehöriger der kaiserlichen Kammer« war.

Zu einer »Tatsache« mutierte diese Einschätzung erst später, etwa bei Abt Albert von Stade, der schlicht schreibt: »Heinrich VI. wurde von seiner Frau vergiftet.« Doch dazu hatte Konstanze keinen Anlass. Die erfahrene Politikerin konnte sich nur allzu gut vorstellen, wie schwer es nun werden würde, sich in einer Welt von Feinden zu behaupten: Während der Chronist Otto von Sankt Blasien dazu aufrief, den Tod des Kaisers in alle Ewigkeit zu beweinen, jubelten die in Italien sehr viel zahlreicheren Gegner des Kaisers: Alles freue sich mit dem Papst über den Tod des Tyrannen, frohlockten die *Annales Ceccanenses*: »Die Geißel Italiens, die Quelle allen Unheils, die böse Schlange ist tot.«

Egal, von welcher Warte aus man es betrachtet: Der frühe Tod Heinrichs VI. war ein epochales Ereignis, das die Welt förmlich durcheinandergewirbelt hat. Durch den völlig unerwarteten Tod des jungen Kaisers entstand eine völlig unklare politische Lage, da die Nachfolgefrage nicht geklärt war; alte Grabenkämpfe brachen wieder auf. In Italien sah der Papst die Gelegenheit gekommen, die Einkreisung des Kirchenstaats durch die Staufer aufzubrechen; im Norden sahen die Welfen die Chance, endlich den Thron besetzen zu können.

Auch für den jungen Kaisersohn Friedrich, der noch immer in Foligno unter den Fittichen der Herzogin von

Spoleto als Ersatzmutter lebte, waren dies entscheidende Tage: Nach der Niederschlagung des sizilianischen Aufstands hatte Heinrich VI. seinen Bruder Philipp von Schwaben damit beauftragt, das Kind nach Deutschland zu bringen, um ihn in Aachen zum Römischen König und damit zum potenziellen Nachfolger seines Vaters krönen zu lassen. Philipp war bereits in der Nähe von Viterbo, als ihn die Nachricht vom Tod seines Bruders erreichte. Der Hass, der daraufhin auch in Mittelitalien gegen die ungeliebte staufische Herrschaft losbrach, zwang Philipp dazu, sofort wieder kehrtzumachen, um sein eigenes Leben zu retten. Er sei den »Nachstellungen verschiedener Leute« kaum entkommen, heißt es in der Chronik Ottos von Sankt Blasien.

Noch auf dem Totenbett hatte Heinrich VI. Anweisungen dafür gegeben, wie die politischen Verhandlungen nach seinem Ableben zu führen seien. Mochte er zuvor dem Cäsarenwahn bisweilen bedenklich nahe gewesen sein – selbst wenn er sicher nicht nach einer wie auch immer gearteten Weltherrschaft gestrebt hat –, zeigte er sich nun als kühl kalkulierender Staatsmann, so rational und scheinbar nachgiebig gegenüber der Kurie, dass noch immer daran gezweifelt wird, dass dieses »Testament« den letzten Willen des mächtigsten Mannes der Welt enthielt. Zu denken gibt in der Tat, dass die Verfügungen Heinrichs nur fragmentarisch, nur in einer einzigen und überdies auch noch päpstlichen (also fälschungsverdächtigen) Quelle überliefert sind. Die ursprüngliche Ausfertigung seiner »letzten Gedanken« hatte der Kaiser an Markward von Annweiler gegeben, den er damit – modern ausgedrückt – zu einer Art Testamentsvollstrecker gemacht hat. Mit dieser Rolle begründet Markward auch seine späteren Ansprüche, in der sizilianischen Politik in vorderster Linie mitzumischen. Erst Jahre später, nach der Niederlage Markwards in der Schlacht von Monreale, gelangte das »Testament« in die Hand des Papstes, der Fragmente daraus abschreiben ließ. Lediglich diese Fragmente sind es, die bis heute überliefert sind.

Selbst wenn wir annehmen, dass die letzten Verfügungen Heinrichs weitgehend korrekt überliefert sind, kann nicht von einer Preisgabe der Herrschaft in Sizilien oder im Reich die Rede sein. Er wollte beides für seinen Sohn sichern, war aber Realist genug, zu erkennen, dass er dies nicht ohne Konzessionen an den Papst würde durchsetzen können. Drei Punkte sollten Cölestin das Entgegenkommen schmackhaft machen: Erstens sollten Konstanze und Friedrich dem Papst »einen Sicherheitseid leisten, wie ihn die Könige von Sizilien dem Papst und der römischen Kirche zu leisten pflegten« – sie sollten also bereit sein, dem Papst für Sizilien jenen Lehenseid zu leisten, den Heinrich stets beharrlich und konsequent verweigert hatte. Zweitens würde das Königreich Sizilien an den Papst fallen, sollte »unser Sohn ohne Leibeserben sterben«. Und drittens überließ Heinrich dem Kirchenstaat große Gebiete in Mittelitalien – allerdings unter der Voraussetzung, dass der Papst und die römische Kirche den jungen Friedrich im »Imperium und im Königreich«, also im Römisch-Deutschen Reich und in Sizilien, bestätigten. Markward von Annweiler sollte als »Testamentsvollstrecker« versuchen, diese Punkte mit der Kurie auszuhandeln.

Doch es kam anders, als Heinrich verfügt hatte. Zur entscheidenden Persönlichkeit wurde in diesen chaotischen Tagen Konstanze. Für sie stand im Vordergrund, ihren Sohn jetzt unter allen Umständen nach Palermo zu holen, denn in Foligno war er nach dem Tod des Kaisers nicht mehr sicher. Friedrich sollte zwar wie seine Vorfahren mütterlicherseits über Sizilien herrschen. Indem sie

Friedrich aber als »römischen und sizilischen König« bezeichnete, wahrte sie zugleich dessen Anspruch auf die römisch-deutsche Königskrone, selbst wenn es zu diesem Zeitpunkt keine reelle Chance gab, diesen Anspruch durchzusetzen. Daran änderte auch Friedrichs Wahl zum Römischen König im November 1196 nichts.

Auch Konstanze hatte sich stets als Kaiserin und Königin bezeichnet und die Verbindung von Imperium und Königreich propagiert. Vordringlich war aber angesichts der realpolitischen Umstände jetzt die Sicherung der Herrschaft in Sizilien. Ihr dürfte auch eine der ersten Maßnahmen Konstanzes gedient haben: »Frau Konstanze … belohnte alle deutschen Ritter, die ihr Mann in Sizilien um sich gehabt hatte, mit Geschenken und schickte sie nach Deutschland zu Herrn Philipp zurück, dem Bruder des Kaisers.« Konstanze hat also etwas nachgeholfen, wenn einzelne der in Sizilien mit schönen Lehen ausgestatteten deutschen Ritter partout keine Lust dazu verspürten, den sonnigen Süden gegen den kalten Norden einzutauschen. Auch Markward von Annweiler verließ damals die Insel Sizilien. Er ließ sich zunächst in der ebenfalls noch zum Königreich Sizilien gehörenden Grafschaft Molise bei Monte Cassino nieder, die ihm Heinrich VI. verliehen hatte, und schwor für diese Grafschaft dem jungen König Friedrich auch den Treueid. Allerdings zog er alsbald weiter in seine mittelitalienischen Besitzungen, um sie vor dem Zugriff des Papstes zu schützen. Konstanze musste er versprechen, keinesfalls mehr ohne ihre Erlaubnis einen Fuß in das Königreich zu setzen. Die Kaiserin dachte nicht daran, Markwards Funktion als »Testamentsvollstrecker« ihres Mannes irgendeine Bedeutung beizumessen.

Mit dieser Maßnahme kam Konstanze der antideutschen oder wenigstens antistaufischen Stimmung im

Land entgegen. Die Chancen ihres Sohnes auf die Nachfolge im Römisch-Deutschen Reich erhöhte sie dadurch nicht, sondern nährte womöglich eher noch die Zweifel an ihrer Integrität. Ein so erfahrener Haudegen wie Markward von Annweiler war zudem nur schwer zu ersetzen. Wie ernst sie es gerade ihm gegenüber meinte, zeigte sich jedoch wenig später. Als sie hörte, dass Markward auf dem Weg nach Sizilien sei, ließ sie ihn zum »Reichsfeind« erklären.

Vielleicht auch, um den Gerüchten entgegenzutreten, sie sei verantwortlich für den Tod des Kaisers, setzte Konstanze alle diplomatischen Hebel in Bewegung, um eine würdige Beisetzung ihres Mannes in Palermo zu erreichen, und das war nicht leicht: Seit der Gefangennahme von Richard Löwenherz – eines von der Kirche geschützten Kreuzfahrers – galt der Kaiser als gebannt. Eine kirchliche Beisetzung, noch dazu an herausgehobener Stelle, war ihm deshalb verwehrt. Der Leichnam des Kaisers erhielt zunächst eine provisorische Ruhestätte in Messina. Cölestin III. verspürte keinerlei Neigung, in dieser Frage Entgegenzukommen zu zeigen. Erst wenn das für Richard Löwenherz bezahlte Lösegeld zurückerstattet würde, sei an eine Aufhebung der Exkommunikation zu denken, ließ der Papst Erzbischof Berard von Messina wissen, den die Kaiserin nach Rom geschickt hatte, um über alle anstehenden Fragen zu verhandeln. Konstanze blieb gleichfalls hartnäckig: Sie hatte Heinrich ihre Würde als Kaiserin zu verdanken – und sie war Realistin genug zu wissen, dass sie in Sizilien zwar als Erbin ihres Vaters, aber auch dank der Waffen des Kaisers herrschte, wie sie Papst Cölestin schrieb. Eine würdige Ruhestätte für Heinrich war zugleich eine Bestätigung ihrer eigenen Legitimation.

Neben der Frage der Bestattung des verstorbenen Kaisers war auch die Krönung des kleinen Friedrich zum

König von Sizilien Thema der Beratungen zwischen Konstanzes Unterhändler und dem Papst, der sich in dieser Frage zwar durchaus entgegenkommend zeigte, aber seine Entscheidung vom Urteil der Kardinäle abhängig machen wollte. Der englische Chronist Roger von Hoveden berichtet zudem, dass Konstanze einer weiteren Bedingung des Papstes Folge geleistet und einen Eid auf die Heilige Schrift geschworen habe, dass Friedrich tatsächlich der Sohn ihrer legitimen Ehe mit dem Kaiser sei.

Am wichtigsten war es für Konstanze jetzt aber, dass es gelang, Friedrich von Foligno nach Palermo kommen zu lassen. Möglicherweise war er bereits im Oktober 1197 auf dem Weg in die Heimat seiner Mutter, denn in einem Privileg für die Johanniterritter auf Sizilien gab Konstanze damals ihrer Hoffnung Ausdruck, »dass Gott die Unversehrtheit unseres gesegneten Sohnes Friedrich, des erlauchtesten Königs der Römer und von Sizilien, bewahren möge«. Diese Zeilen wurden von Historikern jedenfalls dahin gehend interpretiert, dass Konstanze sie in der Sorge um ihren heimkehrenden Sohn geschrieben habe. Spätestens Ende Dezember 1197 ist Friedrich dann nachweislich und wohlbehalten auf Sizilien angekommen: Ein Privileg für das Zisterzienserkloster Santa Maria della Sambucina ist erstmals von Konstanze auch im Namen ihres Sohnes unterzeichnet. Ausgestellt wurde diese Urkunde allerdings nach wie vor von Konstanze allein als Kaiserin-Königin. Sie verstand sich nicht als Regentin für ihren Sohn, sondern als rechtmäßige Königin und Herrscherin über Sizilien. Dass sie nicht gewillt war, sich von jemandem hineinreden zu lassen, zeigte sich, als sie den noch von Heinrich ins Amt gesetzten Kanzler Walter von Pagliara zeitweise sogar einkerkern ließ.

»O weh, der Papst ist zu jung«, klagte noch später der Minnesänger Walther von der Vogelweide (um 1170 bis um 1230) über Innozenz III., der am 8. Januar 1198 zum neuen Pontifex gewählt wurde. Tatsächlich war Lothar von Segni bei seiner Wahl erst 37 Jahre alt und damit wirklich bedeutend jünger als sein im biblischen Alter von 92 Jahren verstorbener Vorgänger Cölestin III. Innozenz III. war ein brillanter Kopf, ein ebenso guter Jurist wie Theologe. Das Papsttum führte er auf einen Gipfel seiner weltlichen Macht. Schon vor seiner Wahl hatte er seine Überzeugung vom Petrusamt unmissverständlich kundgetan: »Der Mensch ist ein elendes und ganz auf die Gnade Gottes angewiesenes Geschöpf; der Papst jedoch ist geringer als Gott, aber größer als der Mensch.« In späteren Predigten und Schriften wiederholte er diese Einschätzung und gründete darauf den päpstlichen Anspruch, über den Fürsten zu stehen, »weil er [der Papst] den vertritt, dessen die Erde ist und alle ihre Herrlichkeit, der Erdkreis und alle, die auf ihm wohnen«. Der Papst sei »über das Haus Gottes gesetzt, damit meine Stellung alles überrage. Mir ist gesagt vom Propheten: Ich will Dich über Völker und Königreiche setzen. Von mir heißt es beim Apostel: Ich will Dir des Himmelreichs Schlüssel geben. Der Knecht, der über das ganze Haus gesetzt wird, ist der Stellvertreter Christi, er ist in die Mitte gestellt zwischen Gott und die Menschen …«

Mit diesem über alle Maßen von seinem göttlichen Auftrag überzeugten und selbstbewussten Mann musste also Konstanze rechnen, wenn sie das Königreich Sizilien für sich und ihren Sohn sichern wollte. Denn ohne Rückendeckung durch die Waffen und die Macht eines Kaisers war ein Ausgleich mit dem Papsttum unumgänglich. Doch das wurde schwierig: Heinrich VI. und Konstanze hatten dem Papst niemals den Lehenseid für Sizilien geschworen. Auch blieb die Vereinigung Siziliens mit dem Reich eine stete Horrorvorstellung für das Papsttum.

Dazu kam eine ganz persönliche weitere Schwierigkeit Konstanzes: Sie scheint niemals zur Königin von Sizilien gekrönt worden zu sein. Als ihr Mann Heinrich VI. die Krone des Königreichs empfing (ob nun mit feierlicher Krönung oder nicht), gebar sie gerade in Iesi Friedrich II. Nirgends wird berichtet, dass die Krönung zu einem späteren Zeitpunkt nachgeholt worden wäre. Zu Lebzeiten Heinrichs und auch aufgrund des eigenen Selbstverständnisses als Erbin Rogers II. dürfte ihr dieses potenzielle Manko kaum Kopfzerbrechen bereitet haben. In den Diskussionen, die es nun mit Innozenz III. zu führen galt, konnte die fehlende, aber aus der Sicht der Kirche durchaus notwendige Legitimierung durch die Krönung zu einem Problem werden.

Schon Cölestin III. hatte sich beharrlich geweigert, Heinrich VI. und Konstanze als König und Königin von Sizilien zu bezeichnen. Und Innozenz III. hatte nicht vor, dies zu ändern: Erstmals wandte sich der neue Papst am 9. Februar 1198 in einem Brief an Konstanze, die er darin als »Illustri Romanorum imperatrici et semper auguste« anspricht, also mit der klassischen Grußformel für eine Römische Kaiserin. Mit keinem Wort aber wird sie als Königin von Sizilien tituliert. Wie ihr Vater, so empfand sich Konstanze auch ohne Belehnung durch den Papst als Königin. Die Belehnung, das war in den Augen der stolzen Normannin eine nachträgliche Zustimmung, aber keine Voraussetzung für die Thronbesteigung. Das sah Innozenz anders. Für ihn war der Lehenseid die Voraussetzung für die Anerkennung als rechtmäßiger Herrscher. Die Vereinbarungen, die Tankred einst in Gravina geschlossen hatte, waren für den Papst maßgeblich, ja er ging teilweise sogar darüber hinaus. Zudem forderte er einen Lehenseid, der alle anderen Bindungen ausschloss. Man kann sich gut vorstellen, dass Konstanze dazu nicht bereit war.

Dementsprechend zogen sich die Verhandlungen zwischen Rom und Palermo in die Länge. Umso mehr, als Innozenz III. klarmachte, dass er eine Einmischung der weltlichen Obrigkeit in Bischofswahlen nicht mehr hinzunehmen gedachte.

Ein solcher Fall war auch der Grund für seinen Brief an Konstanze gewesen. So hatte der Papst die »durch laikale Gewalt« erfolgte und eigenmächtige Einsetzung eines Erzbischofs von Santa Severina in Kalabrien für nichtig erklärt. Die »laikale Gewalt«, das war kein anderer als Heinrich VI. gewesen, der einen stauferfreundlichen Oberhirten an die Spitze der Diözese gesetzt hatte. Auch andere Maßnahmen und Entscheidungen des verstorbenen Kaisers versuchte Innozenz rückgängig zu machen. So trug er, ebenfalls noch im Februar 1198, den Erzbischöfen und weltlichen Fürsten in Deutschland auf, die Witwe Tankreds von Lecce, ihre Kinder und alle anderen sizilianischen Gefangenen aus der Haft zu entlassen. Im Weigerungsfalle drohte er den Verantwortlichen geistliche Strafen an. Konstanze soll von der Rückkehr der Deportierten übrigens nichts gehalten und diese zunächst verhindert haben. Wahrscheinlich sah sie in ihnen nach wie vor unliebsame Konkurrenten oder zumindest Störenfriede.

Um allen Gefahren, von welcher Seite auch immer, vorzubeugen, schuf Konstanze schließlich Fakten: Am 17. Mai 1198, einem Pfingstmontag, ließ sie ihren noch nicht einmal vierjährigen Sohn im Dom von Palermo zum König von Sizilien wählen. Dies geschah im Rahmen einer prunkvollen Feier nach dem Vorbild des byzantinischen Hofzeremoniells. Konstanze griff bei diesem Akt also wiederum bewusst auf die Tradition ihrer normannischen Vorfahren zurück, die einst in ihrem Königtum Byzanz nachzueifern versucht hatten. Das Volk von Palermo rief damals dem neuen Herrscher zu: »Christus ist Sieger, Christus ist

König, Christus ist Kaiser« – diese traditionelle Akklamation zierte fortan auch das Siegel des jungen Herrschers. Im selben Monat, in dem sie ihren Sohn zum König krönen ließ, überführte Konstanze den Leichnam ihres Mannes nach Palermo, wo er in einem Porphyrsarkophag bis heute im Dom ruht.

Zur Zukunftsplanung Konstanzes für ihren Sohn gehörte bereits im Sommer 1198 die Suche nach einer geeigneten Ehefrau. Das mag aus heutiger Sicht befremdlich klingen, bedenkt man, dass Friedrich damals noch keine vier Jahre alt war, doch kamen im Mittelalter zumindest die Vorgespräche über mögliche Verbindungen durchaus schon in diesem zarten Alter vor. Eine förmliche Verlobung war bereits mit sieben Jahren möglich. Im Blick hatte Konstanze eine der Schwestern des jungen Königs Peter II. von Aragonien. Wie weit die Verhandlungen gediehen sind, lässt sich nicht mehr feststellen. Doch wurde der Plan zehn Jahre später tatsächlich wieder mit Erfolg aufgegriffen.

Vom Zeitpunkt der Krönung Friedrichs zum König von Sizilien an verzichtete Konstanze darauf, ihren Sohn zusätzlich als »Römischen König« zu bezeichnen. Von nun an galt alle Konzentration ausschließlich Sizilien. Den Gedanken, Friedrich womöglich auch in Deutschland an die Macht bringen zu können, hatte Konstanze damit wohl endgültig aufgegeben. Dies mag ihr persönlich gar nicht so unrecht gewesen sein, und es kam letztlich auch dem päpstlichen Wunsch entgegen, die Vereinigung der beiden Reiche – im Norden und im Süden – zu verhindern, selbst wenn Innozenz in dieser Frage anscheinend keinen Druck auf die Kaiserin ausübte und sich alle Optionen offenhielt. Der Verzicht auf den römischen Königstitel war in jedem Fall realistisch – nicht zuletzt vor dem Hintergrund der Geschehnisse nördlich der Alpen. Dort war es nach dem Tod Heinrichs VI. zu einem Machtvakuum gekommen, in dem weiterhin die Staufer gegen die Welfen standen. Heinrichs Bruder Philipp von Schwaben verstand sich nach dem Tod Heinrichs zunächst nur als Sachwalter seines minderjährigen Neffen Friedrich, den er als legitimen Nachfolger betrachtete. Doch Philipp musste einsehen, dass es keine Chance gab, die Erbfolge des fernen Kindes durchzusetzen, und so willigte er schließlich ein, selbst die Krone zu tragen. Am 8. März 1198 ließ er sich zum König wählen, am 8. September wurde er in Mainz gekrönt. Im Juni hatte allerdings die welfische Partei ihren Kandidaten Otto von Braunschweig zum König gewählt und im Juli in Aachen mit einer Nachbildung der Reichskrone gekrönt – fortan stritten zwei Prätendenten um die Krone des Römisch-Deutschen Reichs.

Währenddessen gingen im Süden die Verhandlungen um die Anerkennung der sizilianischen Königskrone Konstanzes und Friedrichs durch den Papst weiter. Die Ereignisse in Deutschland hatten der Königin klargemacht, dass ihr Sohn von dort bis auf weiteres keine Unterstützung erwarten konnte. Im Juni 1198 schickte sie daher erneut hochrangige Gesandte nach Rom: den Erzbischof Anselm von Neapel, den Erzdiakon Aimericus von Catania, den Justitiar Thomas von Gaeta und den Richter Nicolaus von Bisceglie. Diese hochrangigen Diplomaten sollten den Papst dazu bewegen, die Privilegien des Konkordats von Benevent zu bestätigen. Aber auch dieses Mal dachte Innozenz nicht daran. An dieser Haltung änderten selbst die Geschenke Konstanzes nichts, die der Papst zwar dankend annahm – sich aber nicht umstimmen ließ. Thomas von Gaeta brachte die Antwort des Pontifex nach Sizilien. Immerhin war der Ton des päpstlichen Schreibens freundlich. Auch er, Innozenz, wünsche eifrig das Gelingen der Verhandlungen. Konstanze möge angesichts der Schwierigkeiten, in denen sie stecke, nicht verzagen, sondern auf Gottes Hilfe vertrauen.

Mit dieser Freundlichkeit war der Kaiserin-Königin in Palermo nicht geholfen. Ihr blieb nichts anderes übrig als einzusehen, dass Innozenz III. die besseren Karten hatte. Sie musste in fast allen Punkten nachgeben, wollte sie die Krone für ihren Sohn retten. Und so gab sie dem triumphierenden Papst über den neuerlich nach Rom geschickten Thomas von Gaeta zu verstehen, dass sie bereit war, den geforderten Lehenseid zu leisten und auf nahezu alle königlichen Sonderrechte gegenüber der sizilianischen Kirche zu verzichten. Anscheinend erregte sie damit bei ihrem Schwager Philipp von Schwaben höchsten Ärger.

Die Freude im Lateranpalast konnte dagegen größer nicht sein. Schnell machte sich der päpstliche Apparat daran, die notwendigen Unterlagen zusammenzustellen. Bischof Oktavian von Ostia sollte damit nach Palermo reisen und dort stellvertretend für den Heiligen Vater den Treueid entgegennehmen. Innozenz III. gab sich kaum Mühe, mit seiner Freude über diesen Coup hinter dem Berg zu halten: Sizilien, so der Papst, sei ein Erbe, das ihm vor allen anderen ganz besonders am Herzen liege, schrieb er den Erzbischöfen, Bischöfen, Äbten, Prioren und sonstigen Prälaten des Königreichs Mitte November 1198 in einem Brief, in dem er das Kommen des Bischofs von Ostia ankündigte. Und weil er Sizilien so zugetan sei, schicke er einen Legaten, »den wir unter allen unseren Brüdern mit besonderer Liebe schätzen«. Die Würdenträger werden in dem Schreiben angewiesen, den Anordnungen des päpstlichen Legaten zu gehorchen, dessen Vollmachten sich – natürlich – auf das ganze Königreich erstreckten.

Doch es kam anders, als sich dies alle Beteiligten ausgemalt hatten: Oktavian von Ostia ist niemals nach Palermo aufgebrochen, das so sorgfältig ausgearbeitete Vertragswerk ist nie in Kraft getreten. Am 27. November 1198 ist Konstanze de Hauteville – Kaiserin der Römer und Königin von Sizilien – im Alter von 44 Jahren gestorben. Mit noch nicht einmal vier Jahren war Friedrich zum Vollwaisen geworden. Da ein Kind keinen Lehenseid leisten konnte, waren alle Verhandlungen, die zwischen Palermo und Rom darüber geführt worden waren, mit einem Schlag obsolet geworden.

Der Tod traf Konstanze nicht völlig unvorbereitet; sie hatte sich in den Wochen zuvor sehr schlecht gefühlt. Ihr blieb noch Zeit, testamentarische Verfügungen zu treffen. Zwar ist das Original dieses Testaments nicht erhalten. Doch ist der Inhalt in anderen Quellen wohl weitgehend überliefert. Konstanzes Überlegungen hatten ein einziges Ziel: das Königreich Sizilien für ihren Sohn zu retten. Doch wer sollte das garantieren? Ihr Schwager Philipp von Schwaben würde dazu kaum in der Lage sein, hatte er doch im Thronstreit mit seinem welfischen Rivalen Otto IV. genug Schwierigkeiten am Hals. So blieb nur ein Mann übrig: Papst Innozenz III. Ihn bestellte Konstanze zum Vormund für ihren Sohn und zugleich – das ist allerdings nicht eindeutig gesichert – zum Verweser des Königreichs Sizilien. Das war ein letzter kluger Schachzug Konstanzes, denn damit verpflichtete sie den Pontifex auf die Unterstützung ihres kleinen Sohnes. Umgekehrt konnte auch Innozenz mehr als zufrieden sein: Der mit dem Tod Konstanzes eingetretene vertragslose Zustand blieb dank des Testaments der Königin ohne Folgen. Und der Papst konnte darauf einwirken, dass der junge Staufer gar nicht erst auf den Gedanken kam, irgendwann einmal auch noch nördlich der Alpen Ansprüche anzumelden. Zumindest in der Theorie schien dies eine glänzende Ausgangslage zu sein, die es dem Papst ermöglichte, direkten Einfluss auf Sizilien zu nehmen, mehr als es ihm mit Konstanze – auch nach einem Lehenseid – jemals gelungen wäre. Zugleich durfte Innozenz hoffen, dass mit seiner Vormundschaft ein Keil zwischen Friedrich und seinen Onkel Philipp von Schwaben getrieben würde, der keinesfalls gewillt war, Italien dem Papst zu überlassen.

Neben Innozenz als Vormund benannte Konstanze in ihrem Testament einer normannischen Tradition folgend vier »Familiaren«, die sich um Friedrich kümmern und das Königreich verwalten sollten. Es waren dies die Erzbischöfe von Palermo, Monreale, Capua und Troia. Besonders der letzte Name mochte überraschen, denn Erzbischof von Troia war kein anderer als Walter von Pagliara, den Konstanze vor nicht allzu langer Zeit noch gefangen gesetzt und erst kurz vor ihrem Tod wieder freigelassen und zum Kanzler ernannt hatte. Walter von Pagliara wurde in der Folge sogar zur ersten Bezugsperson des kleinen Friedrich; unter seiner Obhut wuchs der junge Staufer in den folgenden Jahren auf. »Er versah die Sorge für den Knaben klug und glücklich«, heißt es in der *Kleinen Sizilianischen Chronik*.

Bereits einen Tag nach ihrem Tod wurde Konstanze im Dom von Palermo beigesetzt, so wie sie es ebenfalls in ihrem Testament festgesetzt hatte. Sie ruht dort in einem monumentalen Porphyrsarkophag, über dem sich ein von sechs Säulen getragener Baldachin erhebt. Der Sarkophag Konstanzes ist heute hinter jenem ihres Mannes in einer Seitenkapelle aufgestellt. Daneben befindet sich die letzte Ruhestätte von Konstanzes Vater, Roger II. von Sizilien.

Im Dezember 1198 erfuhr Papst Innozenz vom Testament Konstanzes und schickte den Kardinaldiakon Gregor von Santa Maria in Portico als päpstlichen Legaten nach Palermo. Dieser sollte das weitere Geschehen in die von Innozenz gewollte Richtung lenken. Der Papst verpflichtete daher die vier Familiaren, dem Legaten zu gehorchen. Dabei stützte er sich nicht allein auf das Testament Konstanzes, sondern auch auf die Überzeugung, als oberster Lehensherr des Königreichs ohnehin das Recht zur Regentschaft zu haben, solange Friedrich nicht rechtskräftig belehnt war. Der Papst wollte nichts dem Zufall und schon gar nicht anderen Kräften überlassen. In seinem Brief an die vier Erzbischöfe klingt jedoch bereits an, dass sich die Regentschaft nicht so einfach durchsetzen ließ, wie dies der Papst ursprünglich gehofft haben mag. Denn auf der Bühne der sizilianischen Politik war auf einmal ein alter Bekannter aufgetaucht: Markward von Annweiler. Der erfahrene Recke war vom Papst aus der Markgrafschaft Ancona vertrieben worden. Er ließ sich daraufhin wieder in der Grafschaft Molise bei Monte Cassino nieder, wo ihn der Papst jedoch genauso wenig sehen wollte wie in Ancona. Dieser »verkommene Mensch« wolle, so Innozenz in seinem Brief an die Erzbischöfe, »das Königreich usurpieren« und »unseren geliebten Sohn Friedrich vertreiben«. Die Familiaren des Königs rief er auf, dies zu verhindern. Doch verfolgten die vier Erzbischöfe, allen voran Walter von Pagliara, am liebsten ihre eigenen Interessen.

Markward von Annweiler handelte im Einvernehmen mit König Philipp. In der *Kölner Königschronik* heißt es in der Eintragung für das Jahr 1199:

»Die Kaiserin Konstanze stirbt in Apulien mit Hinterlassung Friedrichs, des kleinen Sohnes des Kaisers, den die Reichsfürsten noch zu Lebzeiten seines Vaters zum König gewählt und ihm gehuldigt hatten. Daher nimmt Markward, Markgraf von Ancona, mit Bewilligung und auf Befehl des Königs Philipp, der der Oheim des Knaben war, das Königreich Apulien in Besitz, wie es heißt, um es dem Knaben zu erhalten.«

Für Philipp zählte nicht die Vormundschaft des Papstes, sondern das alte Reichsrecht auf Sizilien. Derweil rief Papst Innozenz III. den Klerus, die weltlichen Großen und die Bevölkerung des apulischen Capua zum Kampf gegen den von ihm exkommunizierten Markward von Annweiler auf – einen Mann, der aus dem Staub emporgestiegen sei und doch nur auf einem Misthaufen throne. Innozenz ging sogar so weit, allen, die gegen den deutschen Ritter kämpften, den für Kreuzfahrer üblichen Ablass zu gewähren; schließlich habe sich dieser gegen das gesamte Christenvolk verschworen. Doch war der Kampf um Sizilien ein heiliger Krieg? Auf Friedrich in Palermo kamen unruhige Zeiten zu. Das reiche Sizilien war ein zu begehrter Schatz, als dass es einem kleinen Jungen unbestritten überlassen worden wäre.

Bereits im Sommer des Jahres 1200 war die Situation völlig unüberschaubar und verworren geworden: Markward von Annweiler marschierte auf Palermo zu, und Papst Innozenz III. sah sich gezwungen, nach jedem Strohhalm zu greifen. So belehnte er Walter von Brienne, der mit der Tochter des Usurpators Tankred verheiratet war, mit Tarent und Lecce – in der Hoffnung, dass dieser in die Kämpfe eingreifen würde. Doch dieser Schritt führte zuerst einmal zum Streit mit Walter von Pagliara, der die neue alte Konkurrenz gar nicht gerne im Königreich sah. Dies ging so weit, dass sich Walter von Pagliara mit Markward von Annweiler verständigte. Der deutsche Ritter sah in dem sizilianischen Kanzler nur ein Mittel zum Zweck und dachte nicht wirklich daran, die Macht mit ihm zu teilen. Am 1. November 1201 drang er in Palermo ein, um das gekrönte Kind in seine Gewalt zu bekommen. Innozenz III. warf Markward vor, dass er auf Sizilien eigene Pläne verfolge und sich keineswegs nur als Statthalter Philipps von Schwaben verstehe. Allerdings gibt es keine Nachricht über irgendwelche Verstimmungen zwischen dem König und Markward. Es fällt auch hier wieder schwer, zeitgenössische Propaganda und historische Wahrheit zu unterscheiden.

Nach dem Bericht eines Augenzeugen war der kleine Friedrich von der Ankunft des Ritters überhaupt nicht begeistert und versteckte sich im Palast. Doch er wurde verraten und fiel in Markwards Hände. Beobachtet wurde die Gefangennahme des Kindes von seinem Lehrer Wilhelm Francisius. Er erzählte Erzbischof Rainald von Capua von dem Geschehen, das dieser in einem Brief an Papst Innozenz III. dramatisch weitergibt:

»Am Montag, den 5. November [1201] kam … ein Bote des Wilhelm Francisius aus Palermo in die Gegend, in der ich wohnte, mit einer überaus traurigen und gewissen Nachricht, dass jener vom Kelche des göttlichen Zornes trunkene Mensch, der treulose Markward … am 18. Oktober mit seinen Leuten in Palermo eingedrungen ist … Als der Knabe [Friedrich] durch die fluchwürdige Treulosigkeit seiner Wächter verraten und er, der sanfte junge König, von dem, der ihm nach dem Leben trachtete, in den innersten Gemächern des Palastes gestellt war und als er nun die Gefangenschaft unabwendbar vor Augen sah, weil die Schwäche seiner Jugend und der Abfall seiner Leibwächter jede Möglichkeit einer Verteidigung ausschlossen, als ihm klar wurde, dass er nun den Fesseln der Barbaren ausgeliefert war …, so sprang er, da er ja doch erhascht werden musste, dem Häscher entgegen und suchte, so gut er konnte, den Arm dessen, der den Gesalbten des

Herrn antastete, zu lähmen. Darauf nestelte er seinen Königsmantel auf und zerkratzte mit der Schärfe der einschneidenden Nägel sein zartes Fleisch.«

Nun war Markward der starke Mann Siziliens – und Friedrich in seiner Gewalt. Nur auf dem Festland, in Apulien und Kalabrien, blieb der päpstliche Einfluss erhalten.

Für Innozenz III. war mit der Herrschaft Markwards in Palermo die größte aller denkbaren Katastrophen eingetreten. Nachdem Walter von Brienne sich nicht als die erhoffte große Stütze erwiesen und keine Neigung gezeigt hatte, den Sprung über die Meerenge von Messina auf die Insel Sizilien zu wagen, musste der Papst nach neuen Bündnispartnern suchen, um die Insel wieder unter seine Kontrolle zu bringen. Dazu holte er im Frühjahr 1202 einen alten Plan aus der Schublade: Er suchte eine Frau für den kleinen Friedrich – und er suchte diese dort, wo schon Konstanze de Hauteville Ausschau gehalten hatte: in Aragonien.

Die erste Frau
Konstanze von Aragonien

Die »Krone von Aragonien« war 1137 durch die Vereinigung des eigentlichen Königreichs Aragonien mit der Hauptstadt Zaragoza und der Grafschaft Barcelona entstanden. Ende des 12. Jahrhunderts reichte dieses Reich von Perpignan im heutigen Frankreich bis nach Tortosa im Süden Kataloniens. Im Westen grenzte Aragonien an die Königreiche Kastilien und Navarra. Seit 1196 regierte König Peter II., ein kriegerischer Recke, der sich die weitere Expansion seines Reichs, sowohl im Inneren Spaniens als auch im Mittelmeerraum, auf die Fahnen geschrieben hatte. Im Languedoc und in der Provence trafen seine Ambitionen auf jene des französischen Königtums, das in dieser Zeit eine starke Stütze in Papst Innozenz III. hatte. Doch auch Aragonien und Rom waren miteinander verbunden, seit der erste König Sancho I. Ramírez (geb. um 1042, reg. 1063–94) und sein Nachfolger Peter I. (geb. um 1070, reg. 1094–1104) ihr Reich in den Schutz der römischen Kirche gestellt hatten. Und der Papst hoffte, dass das Königreich Aragonien in der Lage wäre, eine nach wie vor befürchtete Einflussnahme Philipps von Schwaben oder seiner Nachfolger in Sizilien abwehren zu können. Zudem war aus der Sicht des Pontifex fast jede Braut besser als eine Deutsche, die Friedrich wieder in die Politik nördlich der Alpen verwickelt hätte. Insofern trafen sich Innozenz III. und Peter II. in ihren wechselseitigen Bestrebungen auf der Suche nach Bündnispartnern.

Die Verhandlungen ließen sich zunächst gut an. In einem Brief an einen Verwandten schrieb Papst Innozenz am 5. Juni 1202, dass der König von Aragonien der Verbindung zwischen seiner Schwester und Friedrich zugestimmt habe. Auch habe sich die »Krone von Aragonien« dazu verpflichtet, zur »Befreiung des Königreichs« (Sizilien) 200 Ritter »auf eigene Kosten« nach Sizilien zu schicken. Weitere 500 Ritter sollten folgen, um Friedrich zu schützen. An den Erzbischof von Köln schrieb Innozenz Ende des Jahres 1202, die Hochzeit sei so gut wie ausgemacht. Doch wer war diese Braut überhaupt? Mit der »Schwester des Königs« kann damals nur Sancha gemeint gewesen sein, denn die anderen drei Schwestern Peters waren bereits verheiratet. Sancha war die jüngste der Schwestern, doch ist ihr genaues Geburtsjahr nicht bekannt. Zwar war eine Eheschließung im Mittelalter schon möglich, wenn beide Partner mindestens 14 Jahre alt waren, doch bei Friedrich stand dieser Geburtstag erst 1208 an. Allerdings konnte schon mit sieben Jahren eine förmliche Verlobung geschlossen werden, die als Eheversprechen galt. Neben dem Papst setzte sich vor allem Sancha (um 1156–1208), die Königinmutter von Aragonien, mit Nachdruck für einen Erfolg der Verhandlungen ein. Sie erklärte sich sogar bereit, die Braut nach Sizilien zu begleiten und dort bis auf weiteres zu bleiben, »auf dass sie den Knaben [Friedrich] und das Mädchen [Sancha] aufziehe«. Friedrich hätte damit also nicht nur eine Braut in spe, sondern auch eine neue »Mutter« bekommen.

Eine Gesandtschaft aus Rom machte sich schließlich auf den Weg nach Barcelona, um endgültige Beschlüsse zu fassen, doch am Ende verliefen die Bemühungen im Sande. Es scheint, als seien die Verhandlungen von der aragonesischen Seite abgebrochen worden. Es ist gut vorstellbar, dass diese Heiratsangelegenheit für Peter II. auf allzu unsicheren Umständen gründete, hatte doch der Papst zu dieser Zeit überhaupt keinen Zugang zu dem kleinen Friedrich in Palermo. Es wäre allein Aufgabe der aragonesischen Ritter gewesen, ihn aus den Fängen Markwards zu »befreien«. Dieses Risiko mag dem König dann doch zu groß erschienen sein, auch wenn er zuvor eine entsprechende Zusage gegeben hatte. Innozenz beschwor die Königinmutter von Aragonien in einem Brief noch, ihren Sohn zu einer positiven Entscheidung in der Eheangelegenheit zu bewegen, doch war auch diesem letzten Versuch des Papstes kein Erfolg beschieden.

In Sizilien konnte Markward von Annweiler seine Rolle als starker Mann jedoch nicht mehr allzu lange genießen. Der Ritter klagte über »Steinschmerzen« – womit wohl Nieren- oder Gallenkoliken gemeint waren. Es wird berichtet, dass er vor Schmerzen des Öfteren laut aufschrie. Er starb Mitte September 1202 auf dem Weg nach Messina – der einzigen Stadt, die auf der Insel Sizilien bis dahin noch zum Papst gehalten hatte, nun aber Markward ihre Tore hatte öffnen wollen. Hoch erfreut über die Nachricht, dass »diese jämmerliche Seele ihren letzten Atemzug gemacht« hatte, war vor allem ein Mann: Papst Innozenz III. An die Bischöfe von Monreale und Palermo schrieb er: »Gelobt sei Gott, der nach Tagen voller Beschwernisse uns Tage der Zufriedenheit gibt und uns nach Weinen und Seufzen mit Freude erfüllt.« Mit einem Psalm drückte Innozenz aus, was er empfand: »Ich sah einen Gottlosen [Markward], der pochte auf Gewalt und machte sich breit und grünte wie eine Zeder. Dann kam

74

ich wieder vorbei; siehe, da war er dahin. Ich fragte nach ihm; doch ward er nirgends gefunden.«

Nach Markwards Tod wurde die Situation im Königreich Sizilien aber nur noch wirrer. Wenn Innozenz gehofft hatte, die Deutschen dort nun endlich los zu sein, hatte er sich getäuscht. Nun trat der Deutsche Wilhelm Capparone auf den Plan, ein Gefolgsmann Markwards, der wie einige andere Ritter, vor allem in Apulien und Kampanien, Konstanzes Ausweisungsbefehl getrotzt hatte. Doch er hatte eine ungleich schlechtere Ausgangsposition als Markward. Er konnte sich nicht darauf berufen, von Heinrich VI. mit einer wie auch immer gearteten Aufgabe betraut worden zu sein; ebenso wenig konnte er mit einem Auftrag Philipps von Schwaben aufwarten. Er war daher gezwungen, sich mit den anderen Parteien zu verständigen. Tatsächlich kam es 1204 zu einem, wenn auch nur kurzzeitigen, Ausgleich zwischen den Hauptdarstellern des sizilianischen Durcheinanders: Innozenz III., Wilhelm Capparone und Walter von Pagliara.

Dies war nicht der einzige Erfolg des Papstes in diesem Jahr. Auch in der Frage der Eheschließung Friedrichs durfte Innozenz wieder hoffen. Unter dem Druck der französischen Expansion nach Süden und auf der Suche nach Unterstützung für die eigenen Gelüste auf Mallorca benötigte Peter II. von Aragonien den Schulterschluss mit Rom. Er erklärte sich bereit, die von seinen Vorgängern eingegangene Bindung an den Heiligen Stuhl zu erneuern und hohe jährliche Abgaben an die Kurie zu bezahlen, und dies, obwohl die Kassen seines Königreichs leer waren. Die Gegenleistung sollte alle diese Mühen und Zugeständnisse aufwiegen: Der Papst selbst krönte ihn am 11. November 1204 in Rom zum König, ein Akt, der sein Prestige und seinen Rang unter den christlichen Königen und bei den eigenen Untertanen enorm erhöhte. Allerdings fand die Krönung nicht, wie jene der Römischen Kaiser, im Petersdom statt, sondern in der Basilica di San Pancrazio. Erst nach der Krönung zogen Papst und König zum Petersdom, auf dessen Altar Peter seine Krone und sein Zepter niederlegte – als Zeichen der Darbietung seines Reichs an den heiligen Petrus.

Selbstverständlich wurde im Rahmen der Verhandlungen in Rom auch über die staufisch-aragonesischen Ehepläne gesprochen. Doch die nach wie vor vagen Aussichten Friedrichs und die immensen Kosten, die für Aragonien mit der Entsendung der geforderten Ritter verbunden wären, ließen Peter weiter zögern, ja er brachte sogar die alte Frage, ob Friedrich denn wirklich ein legitimer Sprössling Heinrichs VI. sei, wieder zur Sprache. Für Innozenz III. dagegen war das Gelingen dieses Planes umso wichtiger, als sich die Dinge in Sizilien und im Reich nach dem kurzen Zwischenhoch des Jahres 1204 nicht zu seinen Gunsten entwickelten.

Im staufisch-welfischen Thronstreit hatte sich der Papst 1201 offen auf die Seite des Welfen Otto von Braunschweig geschlagen. Er hatte dazu eigens ein umfangreiches Rechtsgutachten erstellt. Sein Mündel Friedrich sollte nach den Machtvorstellungen Innozenz' über Sizilien herrschen und Otto IV. in Deutschland. Dass sich Friedrich damit einst zufriedengeben würde, hielt er allerdings selbst für unwahrscheinlich: »Wenn dieser Knabe zur Einsicht gelangt und dereinst erkennt, er sei durch die römische Kirche des Reichs beraubt, dann wird er ihr nicht nur die geziemende Ehrfurcht versagen, sondern sie sogar auf jede mögliche Weise bekämpfen, wird Siziliens Königtum von ihrem Lehensband reißen und ihr den gewohnten Gehorsam verweigern.«

Es waren zunächst aber Ereignisse außerhalb Deutschlands und Italiens, die den Plan des Papstes vereitelten.

76

Traditionell waren die Welfen mit England verbunden (Ottos Mutter war eine englische Königstochter), die Staufer hatten sich stattdessen Frankreich angenähert. Die Niederlagen des englischen Königs Johann Ohneland gegen Philipp II. August von Frankreich im Kampf um die englischen Festlandsbesitzungen unter anderem in der Normandie und der Touraine führten dazu, dass immer mehr Fürsten von Otto IV. abfielen und zu Philipp von Schwaben überliefen – darunter sogar dessen eigener Bruder. Nachdem die niederrheinischen Fürsten durch einen Erbfolgekrieg in Holland gebunden waren, fielen auch diese als Stütze für Otto IV. aus. Die Situation war für den Papst höchst gefährlich, denn der Staufer würde nicht zögern, die Rechte des Reichs in Italien einzufordern. Es war ein Affront, dass Philipp den von Innozenz abgesetzten Bischof Luppold von Worms mit einer Heeresmacht als Reichslegat nach Italien schickte, um die von ihm beanspruchten Gebiete wieder in Besitz zu nehmen. Philipp von Schwaben schickte sich sogar an, in die Ehepläne Friedrichs in Palermo einzugreifen. Herzog Heinrich I. von Brabant hatte er seinen Abfall von Otto IV. mit der Hand seines Neffen gedankt. Dieser sollte Maria von Brabant heiraten, die eigentlich bereits mit dem welfischen Kontrahenten des Staufers, mit Otto IV., verlobt war. Dabei kümmerte sich Philipp überhaupt nicht um die Verhandlungen zwischen Innozenz III. und Peter II. von Aragonien, ja letztlich stellte er damit auch die Vormundschaft des Papstes für Friedrich in Abrede. Es verwundert daher nicht, dass Innozenz in einem Brief an Philipp in scharfer Form gegen diesen Plan protestiert hat. Doch um die Ehe mit Maria von Brabant durchsetzen zu können, musste Philipp zuerst einmal die Kontrolle über seinen Neffen erlangen. Für Innozenz bedeutete dies, das Vordringen des Reichslegaten in Italien zu stoppen, die fast schon verlorene Sache Ottos IV. wenigstens nach außen weiter zu unterstützen, sich zugleich aber die Option einer Einigung mit Philipp offen zu halten – und vor allem Peter II. von Aragonien dazu zu bringen, in die Ehe seiner Schwester Sancha mit Friedrich einzuwilligen.

Aufatmen konnte Innozenz, als es seinen Truppen unter der Führung des Kardinals Cinthius gelang, Philipps Reichslegaten bei einer Schlacht in den Marken zu besiegen. Der König berief seinen Gesandten daraufhin Ende 1205 nach Deutschland zurück. Der Staufer wusste, dass er sich ohne Ausgleich mit dem Papst nicht würde auf Dauer halten und gegen Otto durchsetzen können. Die Verhandlungen zogen sich hin, doch im Frühjahr 1208 waren die beiden Parteien so weit, dass sogar mit der Krönung Philipps von Schwaben zum Kaiser noch im selben Jahr gerechnet wurde. Schwierige Punkte hatten die Unterhändler Philipps und Innozenz' – wie man dies auch heute noch gerne tut – einfach ausgeklammert; darunter auch die sizilianische Frage. Mit großer Mühe war es sogar gelungen, Otto IV. zum Thronverzicht zu bewegen. Nur die Unterschriften, so würde man heute sagen, fehlten noch, um das staufisch-päpstliche Vertragswerk zu einem Abschluss zu bringen.

Im Königreich Sizilien hatte sich währenddessen das Blatt nach dem Ausgleich zwischen Walter von Pagliara, Wilhelm Capparone und dem Legaten Innozenz' III. im Jahr 1204 bald wieder zu Ungunsten des Papstes gewendet. In Apulien geriet Walter von Brienne immer mehr unter Druck. Sein Gegner war ein weiterer deutscher Ritter aus dem Umfeld Heinrichs VI., der sich von Konstanze nicht hatte verdrängen lassen: Diepold von Schweinspeunt. Im Juni 1205 wurde Walter in seinem unbewachten Lager von Diepold überfallen und schwer verwundet gefangen genommen. Wenige Tage später erlag er seinen Verletzungen. Innozenz III. musste handeln, sollte das Königreich Sizilien nicht endgültig im Chaos versinken.

Immer wichtiger wurde vor diesem Hintergrund die Verbindung mit Aragonien. Nachdem sich Friedrichs Situation verbessert hatte, hatte der Papst im August 1204 König Peter II. ermutigt, die Verhandlungen von Neuem aufzunehmen. Allerdings hatte der Papst als künftige Ehefrau Friedrichs schon bald nicht mehr Sancha von Aragonien im Sinn, sondern deren älteste Schwester Konstanze. Am 27. Oktober 1204 teilte er Heinrich von Brabant mit, dass »auf unsere Anordnung hin der Ehevertrag geschlossen« sei. Davon konnte zwar keine Rede sein, und versprochen war Friedrich ursprünglich Sancha, doch diente der Brief vor allem dem Zweck, dem Herzog klarzumachen, dass Friedrich vergeben war und er für seine Tochter einen anderen Mann suchen müsse, egal, was »Philipp, der Herzog von Schwaben« ihm darüber erzählte. Wie könne er es wagen, sich gegen diese Vermählung aufzulehnen? Würde er weiterhin widerspenstig bleiben, müsse er für sich selbst und sein Land mit den schärfsten Kirchenstrafen rechnen.

Doch weshalb Konstanze und nicht mehr Sancha? Konstanze war die älteste Schwester König Peters II. Ihr Geburtsjahr steht nicht eindeutig fest – von 1179 bis 1184 reichen die Angaben. Konstanze war demnach mindestens neun, vielleicht sogar 15 Jahre älter als Friedrich. Sie hatte 1198 in erster Ehe König Emmerich von Ungarn geheiratet. Eine ruhige Zeit hatte sie an dessen Seite nicht. Emmerich war 1196 an die Regierung gekommen, allerdings blieb seine Thronfolge nicht unangefochten. Zwar war er der erstgeborene Sohn König Bélas III., doch galt die Primogenitur, also die Nachfolge des ältesten Sohnes, in Ungarn noch nicht als allein gültiger Maßstab der

79

Erbfolge. Streitig gemacht wurde Emmerich der Thron von seinem eigenen Bruder Andreas, der Teile des Königreichs eroberte und als eigenständige Herrschaft regierte. Papst Innozenz III. unterstützte in diesem Thronstreit zwar Emmerich, doch wollte er es sich auch mit Andreas nicht dauerhaft verderben: Beide Ungarn waren ihm für den geplanten Kreuzzug ins Heilige Land wichtig. So kam es im Jahr 1200 unter päpstlicher Vermittlung zu einem Kompromiss, in dessen Folge Andreas seinen Bruder Emmerich als König anerkannte und selbst Kroatien und Dalmatien, die damals zu Ungarn gehörten, als eigenes Herzogtum erhielt – de jure unter dem Dach der ungarischen Krone.

Im Jahr 1200 war der Sohn Emmerichs und Konstanzes von Aragonien zur Welt gekommen, der auf den Namen Ladislaus getauft wurde. Vor dem Hintergrund des Dauerstreits mit seinem Bruder Andreas musste Emmerich daran gelegen sein, die Nachfolge dieses Kindes zu sichern. Tatsächlich erreichte er, nicht zuletzt dank der Unterstützung durch den Papst, im Sommer 1204 die Krönung des kleinen Ladislaus – damit hatte er Fakten geschaffen, an denen Andreas nicht so einfach vorübergehen konnte. Doch Emmerich starb noch im selben Jahr, und Konstanze blieb mit ihrem vierjährigen Sohn Ladislaus zurück. Trotz der Unterstützung durch Innozenz III. gelang es ihr nicht, die ungarischen Magnaten hinter sich zu bringen. Zumal ihr verstorbener Mann noch während seiner Krankheit seinen Bruder Andreas zum Regenten bestimmt hatte. Mit dieser Rolle wollte sich der ehrgeizige Herzog nicht zufriedengeben. Konstanze sah in dieser Situation keine andere Möglichkeit als die Flucht in das benachbarte Österreich – mitsamt Staatsschatz und Königskrone. Von Wien aus wollte sie die Sache ihres Sohnes weiter betreiben. Doch die Königin hatte keinerlei Druckmittel, um Andreas die Macht zu entreißen. Am 7. Mai 1205 starb ihr kleiner Sohn, und Andreas konnte unangefochten sein Ziel von der ungarischen Königskrone verwirklichen. Konstanze ließ ihm Krone und Insignien zukommen; am 29. Mai 1205 wurde Andreas gekrönt.

Doch wohin sollte Konstanze nun gehen? Sie bat ihren Bruder, nach Aragonien zurückkehren zu dürfen. Wusste sie, dass in Rom schon wieder Heiratspläne für sie geschmiedet wurden? Unklar bleibt, weshalb Papst Innozenz III. offensichtlich unmittelbar, nachdem er die Nachricht von Emmerichs Tod erhalten hatte, sofort, noch zu Lebzeiten ihres gekrönten kleinen Sohnes, an Konstanze als künftige Frau Friedrichs dachte. Hier bleibt nur die Spekulation: Wollte er den ungarischen Thronstreit entschärfen, die ohnehin verlorene Sache Konstanzes und Ladislaus' auf diese Weise lösen? Erhoffte sich der Papst von einer schon älteren, erfahrenen Frau einen positiven Einfluss auf seinen bisweilen etwas eigenwilligen Schützling? Spielte vielleicht gar eine Rolle, dass Konstanze bereits bewiesen hatte, Kinder bekommen zu können?

Als ihr Schwager Andreas im Mai 1205 in Ungarn zum König gekrönt wurde, war Konstanze bereits wieder in ihrer Heimat Aragonien. Allerdings lebte sie jetzt nicht am Hof ihres Bruders, sondern im Kloster Santa María Reina in Sigena (Sijena). Das Kloster war 1188 von ihrer Mutter gegründet worden, die dort als Königinwitwe seit dem Tod ihres Mannes Alfons II. im Jahr 1196 als Nonne lebte. Und nicht nur sie: Auch Konstanzes Schwester Dulcia war Nonne in Sigena. Ob Konstanze ebenfalls daran gedacht hat, in das Kloster einzutreten, das zum weiblichen Zweig des Johanniterordens gehörte, ist nicht bekannt. Der Gedanke daran wäre durchaus nachvollziehbar. Vielleicht wollte sie sich nach den ungarischen

Wirren auch nur für eine Weile zurückziehen. Doch war für Konstanze zumindest in dem Brief des Papstes bereits eine andere Rolle vorgesehen – als Schachfigur auf dem Spielfeld der dynastischen Beziehungen. Doch über die Gründe, warum Sancha nicht mehr in Frage kam, gibt es keine Angaben in den Quellen.

Ende des Jahres 1206 wurden die Verhandlungen, dieses Mal initiiert von aragonesischer Seite, wiederaufgenommen. Innozenz III. war darüber so erfreut, dass er seinen Vertrauten auf Sizilien schon mitteilte, dass die Ankunft von Friedrichs Braut unmittelbar bevorstehe. An Peter II. von Aragonien richtete er die Bitte, die Braut auf den Weg nach Sizilien zu schicken. Doch der Papst freute sich wieder einmal zu früh. Es geschah nichts … Dem energischen Pontifex platzte daraufhin der Kragen, und er schrieb im November 1207 einen Brief an Peter, der mit deutlichen Worten nicht sparte. Daraufhin schickte der König zwei Schiffe mit Rittern – doch ohne Braut – nach Sizilien zur Unterstützung Friedrichs, und der Aragonese versäumte es dabei nicht, wieder die alte Geschichte von der zweifelhaften Legitimität des jungen Staufers zu verbreiten.

Im Februar 1208 folgte daher ein weiterer Brief des Papstes, in dem er Peter II. heftige Vorwürfe wegen seiner Verzögerungstaktik machte. Er habe die Bestätigung der Verbindung zwischen seiner Schwester und Friedrich »länger aufgeschoben, als das nötig und ersprießlich ist … Welche Lässigkeit widerrät Dir die Vollendung einer so vorteilhaften Sache und den Vollzug einer so Glück verheißenden Verbindung, dass Du ein heutiges Glück auf morgen verschiebst und immer wieder vertagst? Fernerhin gibt es keinen Grund, aus dem es sich schickte, Deine Schwester einer so großartigen Heirat zu entziehen.« Und falls er Bedenken wegen der Jugendlichkeit des Bräutigams habe: »Ansehnlich bezüglich seiner Abstammung überschreitet der Bräutigam Deiner Schwester – wie es von dem ihm ebenbürtigen Cäsaren geschrieben steht: Ihre Mannheit tritt vor der Zeit ein! – beschwingten Schrittes die Schwelle der Reife und beginnt, indem er durch Leistung das fehlende Alter ersetzt, wunderbar mit den ersten Regierungsversuchen.« Schließlich kündigte Innozenz die Entsendung des Erzbischofs Peter von Mazzara nach Aragonien an, »um Deine Schwester herüberzuholen«.

Wollte er es sich mit Innozenz nicht endgültig verderben, musste Peter letztlich der Ehe zustimmen. Endlich, am 8. August 1208, wurde der Ehevertrag abgeschlossen. Eine Klausel darin soll sogar festgelegt haben, dass ein Bruder Peters die Erbfolge in Sizilien antreten könne, sollte Friedrich vor der Hochzeit versterben. Stimmt dieser Hinweis, hätte es sich um ein großes Zugeständnis des Papstes gehandelt; vielleicht, um die letzten Bedenken des Herrschers zu zerstreuen. Im September oder Oktober fand schließlich die formale Eheschließung zwischen Konstanze von Aragonien und Friedrich von Hohenstaufen in Zaragoza statt, wobei der abwesende Bräutigam durch den Bischof von Mazzara vertreten wurde. Konstanze war nun Königin von Sizilien – in zwei Urkunden des Jahres 1208 wird sie bereits als solche bezeichnet.

Die Eile des Papstes, die Eheschließung noch 1208 unter Dach und Fach zu bringen, hatte auch einen ganz konkreten Anlass: An seinem 14. Geburtstag – also am 26. Dezember 1208 – wurde Friedrich offiziell mündig, und damit endete auch die Vormundschaft Innozenz'. War die Ehe de jure geschlossen, war der junge König auch danach daran gebunden. Da der Papst wusste, dass Friedrich von dem Gedanken, eine verwitwete, zehn Jahre ältere Frau zu heiraten, überhaupt nicht begeistert war, musste er seine Zeit als Vormund nutzen. Wie Konstanze über diese Ehe gedacht hat, darauf gibt es nur einen Hinweis aus einer späteren spanischen Quelle. Demnach konnte sie es nicht erwarten, nach Sizilien zu reisen, »nachdem man ihr berichtet, dass Friedrich so früh beide Eltern verloren hatte«. Das spräche allerdings eher für eine Rolle als Ersatzmutter denn als Ehefrau, doch vielleicht lag das ja durchaus im Interesse des Papstes.

Peter II. von Aragonien sah gleichwohl keine Notwendigkeit, die Angelegenheit zu überstürzen; wobei man einbeziehen muss, dass die Ausrüstung einer so großen Flotte schon einige Zeit in Anspruch nahm. Friedrich selbst rechnete mit der Ankunft seiner Braut im März 1209, wie er in einem Brief Anfang des Jahres schrieb. Durch die Misshelligkeit der Zeitumstände habe »der glückliche Vollzug« der Ehe aufgeschoben werden müssen. »Jetzt aber ist auf Betreiben des Papstes und nach dem Empfang entsprechender Gesandter, durch die die beiderseitigen Abmachungen überreicht wurden, der Zeitpunkt festgelegt worden, an dem im kommenden März die Schwester des Königs, um mit mir in glücklicher Gemeinschaft vereinigt zu werden … ankommen soll«. Doch wartete er auch im Frühjahr 1209 vergeblich. Endlich, am 15. August 1209, lief die gewaltige Armada im Hafen von Palermo ein. Konstanze kam mit einer standesgemäßen Begleitung in ihre neue Heimat: Sie wurde tatsächlich von den versprochenen 500 Rittern begleitet, angeführt von ihrem Bruder, dem Grafen Alfons von Provence. Mit »gebührender Ehrfurcht« wurden die Gäste auf Sizilien empfangen. Friedrich war in Messina, als er die Nachricht von der Ankunft seiner Braut erhielt. Sogleich machte er sich auf den Weg nach Palermo, wo mit großem Aufwand die Hochzeit gefeiert wurde.

Über die Anfänge des Ehelebens der beiden gibt es keine Hinweise, doch scheint sich Friedrich rasch mit

Konstanze arrangiert zu haben. Wir wissen nichts über das Aussehen der Prinzessin aus Aragonien; an Kultur und Intellekt dürfte sie dem jungen Staufer nicht nur wegen ihres höheren Alters weit voraus gewesen sein. Aragonien war ein Zentrum der höfischen Kultur in dieser Zeit. Troubadoure aus dem Süden des heutigen Frankreichs hatten die hohe Dichtkunst nach Zaragoza und Barcelona gebracht. Sie sangen von reiner Liebe (Minne) und ritterlicher Ehre. Zwar war einst auch Palermo ein Musenhof gewesen, doch war die goldene Zeit unter den normannischen Königen schon längst vorüber, und Friedrich wird davon nicht mehr viel gespürt haben. Es ist wohl anzunehmen, dass Konstanze von Aragonien Friedrich in seiner kulturellen Entwicklung maßgeblich beeinflusst hat.

Um in Palermo wieder einen Musenhof erblühen zu lassen, musste aber zunächst einmal die Herrschaft des jungen Königs gesichert werden. Und dem galt das erste Streben des jungen Paares. Mit seinem 14. Geburtstag am 26. Dezember 1208 war Friedrich mündig geworden. Schon mit einer seiner ersten Amtshandlungen hatte der Staufer gezeigt, dass er gewillt war, die Regierung auch de facto zu übernehmen. Er scheute dabei selbst den Konflikt mit Innozenz III. nicht, seinem einstigen Vormund, als er in Palermo die Wahl eines neuen Erzbischofs massiv beeinflusste.

Nach dem Tod Wilhelm Capparones 1209 war die Herrschaft Friedrichs auf der Insel Sizilien halbwegs gesichert. In Apulien jedoch kümmerten sich die Barone wenig um den kleinen König in Palermo. Das sollte sich nun ändern – dank Konstanzes hoch gerüsteter Ritter. Schon im August 1209 kündigte Friedrich seinen rebellischen Adligen in einem Brief sein Kommen an: Nach der Eheschließung »beabsichtigen wir machtvoll in die

Gefilde Apuliens zu ziehen, zum Jubel unserer Getreuen und zur Bestürzung jener, die bisher nicht ohne den Makel der Untreue in der Tiefe ihres Herzens einherwandelten«. Doch zu der geplanten Machtdemonstration kam es nicht: Ein Großteil der spanischen Ritter kam mit der brütenden Hitze des sizilianischen Sommers nicht zurecht, eine Seuche brach aus, der nahezu alle zum Opfer fielen. Unter den Toten war auch Konstanzes Bruder Alfons von Provence, der am 11. September 1209 sein Testament diktierte. Das so hoffnungsvoll begonnene Unternehmen stand unter keinem guten Stern. Konstanze verlor neuerlich eine enge Bezugsperson, und für das Königreich Aragonien schien sich das Eheprojekt zum politischen Desaster zu entwickeln.

Die Skepsis Peters II. war vor diesem Hintergrund nur allzu berechtigt. Hatten die Gegner des jungen Königs noch kurz zuvor befürchten müssen, unter die Kuratel von dessen entschlossener Herrschaft zu geraten, so sahen sie nun die einmalige Gelegenheit, den lästigen Staufer loszuwerden. Hilfe erhofften sie sich von dem wieder erstarkten Welfen Otto IV. Bis zum 21. Juni 1208 hatte seine Herrschaft mehr nach einer Fußnote der Geschichte ausgesehen. Philipp von Schwaben war auf dem besten Weg, seine Herrschaft in Deutschland endgültig durchzusetzen und sich in Rom die Kaiserkrone zu holen. Doch er wurde an diesem 21. Juni 1208 vom bayerischen Pfalzgrafen Otto von Wittelsbach ermordet, ob aus privaten oder vielleicht doch politischen Motiven, ist bis heute umstritten. Innozenz III. hat diesen Gewaltakt zwar pflichtschuldig verurteilt, ihn aber wohl eher als eine Art Gottesurteil betrachtet. Nun konnte er doch noch seinen Favoriten Otto durchsetzen und darauf hoffen, eine Vereinigung Siziliens mit dem Reich unter staufischer Oberherrschaft dauerhaft verhindern zu können. Am 4. Oktober 1209 krönte er Otto IV. in Rom zum Kaiser. Doch der Welfe dachte nicht daran, sofort wieder über die Alpen nach Norden zu ziehen. Im Gegenteil: Er beanspruchte die dem Papst übergebenen Gebiete in Mittelitalien wieder für das Reich.

Das alles hätte Friedrich und Konstanze nicht weiter beunruhigen müssen. Doch im Herbst 1209 machte sich ein Ritter aus ihrem Königreich Sizilien auf den Weg, um den neuen Kaiser zu treffen: Diepold von Schweinspeunt. Im umbrischen Terni traf er Otto IV. und forderte ihn auf, nach Sizilien zu ziehen, um dort die Herrschaft zu übernehmen. Wahrscheinlich erhofften sich Diepold und die anderen deutschen Ritter davon eine Stärkung ihrer Stellung und von der neuerlichen Einheit Siziliens mit dem Reich die Zurückdrängung des päpstlichen Einflusses. Es muss Otto klar gewesen sein, dass er damit Innozenz III. gegen sich aufbringen musste. Doch scheint er dieses Risiko bewusst auf sich genommen zu haben. War der Papst erst einmal vor vollendete Tatsachen gestellt, würde er sich damit arrangieren müssen. Im Oktober 1210 zog Otto IV. dann tatsächlich weiter nach Süden und drang in die Festlandsgebiete des Königreichs Sizilien ein. Innozenz III. war außer sich vor Wut: »Es reut mich, den Menschen gemacht zu haben«, schimpfte er über Otto, den er als seine Kreatur betrachtete.

Für das junge Königspaar in Palermo war damit eine ziemlich bedrohliche Situation entstanden. Nachdem 1209 sein Zug nach Apulien nicht zustande gekommen war, musste Friedrich mit den ihm verbliebenen Kräften versuchen, sein Königreich wenigstens halbwegs in den Griff zu bekommen. Wenigstens konnten sich Konstanze und Friedrich in der ersten Jahreshälfte 1211 über die Geburt ihres ersten – und, wie sich zeigen sollte, einzigen – Kindes freuen, das auf den Namen Heinrich getauft wurde. Mit seiner Ankunft hing der Fortbestand der Staufer nicht mehr nur von Friedrich ab, der bis zu diesem Zeitpunkt der einzige männliche Nachkomme war. Vor diesem Hintergrund ist wohl auch die Vorsichtsmaßnahme zu sehen, dass für Friedrich, Konstanze und ihren kleinen Sohn im Hafen von Messina ein Schiff bereitgestellt wurde, mit dem die beiden im Notfall nach Aragonien hätten fliehen können.

Doch so weit kam es nicht: Durch das Eingreifen Philipps II. August und sein Einwirken auf Innozenz III. wurde Friedrichs sizilianisches Königtum gerettet. Der französische König drängte den Papst, Otto IV. fallen zu lassen. Zwar sah dieser endlich ein, dass er keine andere Wahl hatte, als das Vordringen des Welfen nach Sizilien zu stoppen: Er exkommunizierte Otto IV., zögerte jedoch nach wie vor, stattdessen Friedrich den Weg zum Kaiserthron zu ebnen. Denn die Exkommunikation allein hätte Otto wohl auszusitzen verstanden. Währenddessen bekehrte der französische König eifrig die Anhänger des Welfen zu Friedrich. Im September 1211 war es dann auch so weit: Ein Kreis deutscher Fürsten wählte Friedrich zum »anderen Kaiser«, eine juristisch ziemlich wacklige Angelegenheit wie die ganze Wahl. Für Otto war die dadurch entstandene Situation aber immerhin so bedrohlich, dass er Sizilien sich selbst überließ und eilends nach Deutschlands zurückkehrte.

Im Königspalast von Palermo löste die von zwei schwäbischen Adligen überbrachte Nachricht von der Wahl Friedrichs keineswegs ungeteilte Begeisterung aus. So wie einst Friedrichs Mutter sich letztlich gegen das unwägbare Risiko einer Herrschaft ihres Sohnes im Römisch-Deutschen Reich entschieden hatte, so versuchte nun ihre gleichnamige Schwiegertochter, den jungen König davon abzuhalten, dem Ruf der deutschen Fürsten zu folgen.

Konstanze hatte genügend politische Wirren hinter sich, um zu ahnen, welche Gefahren damit verbunden waren. Friedrich saß nicht einmal in Sizilien fest im Sattel; wie sollte er da das riesige Reich im Norden gewinnen. In der *Ursberger Chronik* wird berichtet, dass sich Konstanze die »größte Mühe« gegeben habe, »ihn zurückzuhalten, auf dass er nicht gehe, ebenso auch viele Große Siziliens, die fürchteten, es könne ihm durch den Trug der Deutschen ein Unheil geschehen«. Konstanze sei, so heißt es in der *Geschichte des Königreichs Neapel* von Pandolfo Collenuccio aus Pesaro (gest. 1504), »gleichsam eifersüchtig besorgt um das Heil und das Leben Friedrichs« gewesen. Doch die Königin und die sizilianischen Großen warnten vergeblich – Friedrich machte sich auf den Weg nach Deutschland. Zuvor setzte er, wie einst Heinrich VI., seine Frau zur Regentin im Königreich Sizilien ein. Es wirkt aus der Rückschau schon verblüffend, wie viele Parallelen das Leben der beiden Konstanzen aufweist. Denn auch die jüngere Konstanze übte diese Regentschaft für ihren kleinen Sohn Heinrich aus. Noch vor seiner Abreise nach Deutschland hatte Friedrich ihn zum König von Sizilien krönen lassen, nicht aus eigenem Antrieb, sondern weil es Papst Innozenz III. so wollte. Mit Heinrich in Sizilien und Friedrich in Deutschland sollte die Trennung der beiden Reiche zumindest für die Zukunft fortgeschrieben und die päpstliche Angst vor der Einkreisung gedämpft werden.

So zog Friedrich nach Norden. In Rom leistete er Innozenz III. den Lehenseid für Sizilien; über abenteuerliche Wege zog er weiter nach Deutschland. Als Friedrich im September 1212 vor Konstanz erschien, öffnete ihm der dortige Bischof Konrad II. von Tegerfelden die Tore der Stadt. Dies war ein Akt mit hoher Signalwirkung. Vor allem in Süddeutschland verhalf ihm der Mythos seines Namens zu zahlreichen Anhängern, doch die Entscheidung über die geltenden Machtverhältnisse brachte ein Ereignis außerhalb der deutschen Grenzen. In der Schlacht bei Bouvines in der Nähe von Lille besiegte der französische König Philipp II. August am 27. Juli 1214 Kaiser Otto IV., der in Frankreich als Verbündeter des englischen Königs Johann Ohneland kämpfte. Damit war der deutsche Thronstreit weitgehend entschieden; der Welfe zog sich verbittert in seine Erblande zurück, wo er am 19. Mai 1218 starb.

In Sizilien herrschte Konstanze währenddessen seit 1212 als Regentin. In den vier Jahren der Trennung der Eheleute bekräftigte die Königstochter aus Aragonien ihren Anspruch, die Politik ihres Königreichs mitzubestimmen. So hatte Friedrich in einem Privileg für den Bischof von Patti schon im Oktober 1209 ausdrücklich hervorgehoben, dass seine Frau dem zugestimmt habe. Im Februar 1210, ein halbes Jahr nach ihrer Ankunft in Palermo, soll sie gar die treibende Kraft hinter der Kaltstellung Walters von Pagliara gewesen sein, der erst kurz zuvor noch zum Bischof von Catania ernannt worden war. Auslöser für die Verbannung Walters war die Furcht, dass auch er – wie andere Barone – zu Otto IV. überlaufen würde. Diese Vermutung erhärtete sich, nachdem Walther sich geweigert hatte, als Kanzler des Königreichs ein Dokument zu unterzeichnen, in dem einige der Barone aufgefordert wurden, unrechtmäßig in ihren Besitz gelangtes Königsgut zurückzugeben.

Aus der Sicht Konstanzes mag der mit allen diplomatischen Wassern gewaschene und politisch wendige Kanzler auch zu viel Macht in seinen Händen versammelt haben. Zu lange hatte er schon alle Winkelzüge der sizilianischen Wirren mitgemacht, als dass sie bereit war, ihm zu trauen oder ihm diese Macht zu belassen. Doch Walter von Pagliara überstand auch diese Krise, denn wir finden ihn 1213 bereits wieder in seinem Amt als Kanzler, ja, Konstanze lobte sein Engagement in einer Urkunde sogar ausdrücklich.

Da Konstanze nicht wie ihre verstorbene Schwiegermutter auf familiäre Unterstützung zählen konnte, war sie als Regentin darauf angewiesen, die Großen des Reichs hinter sich zu wissen, zumal Papst Innozenz III. die Absetzung des Mehrfachbischofs Walter kritisiert hatte. Gegenüber dem päpstlichen Legaten, der als Vertreter des Lehensherrn in der sizilianischen Politik mitzumischen beanspruchte, musste Konstanze diplomatische Zurückhaltung walten lassen. Dazu kamen immer wieder Unruhen der Barone – die aragonesische Königstochter war um ihr Amt wahrlich nicht zu beneiden, doch übte sie es gleichwohl mit großem Selbstbewusstsein aus.

Als der Erzbischof von Messina im Frühjahr 1213 den Priester Petrus de Moraldo wegen eines – nicht bekannten – Vergehens vor seinem Gericht zur Verantwortung ziehen wollte, schritt die Regentin energisch ein. Petrus de Moraldo war nämlich Kaplan an der königlichen Burg von Messina, und es war dem Erzbischof nicht gestattet, gegen einen Angehörigen des königlichen Hofs vorzugehen. Was aus heutiger Sicht wie eine Bagatelle wirkt, war es damals keineswegs. Gerade als Regentin musste Konstanze auf der Wahrung der königlichen Vorrechte beharren und durfte keinen Millimeter nachgeben. Indem sie in diesem Fall einschritt, wies sie den mächtigen Erzbischof klar in seine Grenzen.

Zwar war Konstanze »nur« die von ihrem Mann eingesetzte und für ihren kleinen Sohn handelnde Regentin des Königreichs. Doch stand ihre Hauptrolle nicht in Frage. Darauf weisen die Titel, die sie beanspruchte und führte, bezeichnend hin: »Konstanze Königin von Sizilien, vereint mit ihrem Sohn Heinrich«, heißt es etwa in einer Urkunde für einen Domkanonikus in Palermo. Nach der (neuerlichen) Wahl ihres Mannes zum Römischen König im Dezember 1212 ergänzte auch Konstanze ihre Titulatur entsprechend: »Konstanze, Königin der Römer und von Sizilien, vereint mit König Heinrich von Sizilien, ihrem Sohn« – so beginnt die Bestätigung einer Schenkung an das Erzbistum Catania. Mit diesem neuen Titel rangierte Konstanze sogar deutlich über ihrem Sohn.

Doch es sind nicht die großen Leitlinien der Politik, mit denen sich die Regentin inhaltlich befasst. Es ist das alltägliche Geschäft der Verwaltung eines Königreichs, wie es schon ihre gleichnamige Schwiegermutter übernommen hatte: Bestätigungen oder Verleihungen von Besitztümern, Entscheidungen in Streitigkeiten, ja sogar um Futter für das Vieh des Erzbischofs von Salerno kümmerte sich die Kaiserin oder zumindest ihre Kanzlei. Leider ist allerdings die Zahl der von Konstanze von Aragonien überlieferten Urkunden sehr viel geringer ist als die ihrer namensgleichen Schwiegermutter, Konstanze de Hauteville.

Zum Regierungsalltag kamen familiäre Sorgen. Ausgerechnet ihr Bruder Peter II., der wegen seiner Erfolge im Kampf gegen die Mauren auf der Iberischen Halbinsel und wegen seiner scharfen Gesetze gegen jede Abweichung von der reinen Lehre den Beinamen »el católico«, der Katholische, trug, war in einen heftigen Konflikt mit dem Papst geraten. Stein des Anstoßes war das heutige Südfrankreich, wo die Interessen der Könige von Aragonien und Frankreich sowie des auf seine Unabhängigkeit und kulturelle Eigenständigkeit beharrenden Adels im Languedoc aufeinandertrafen. Das allein hätte die Bahnen der üblichen Machtkämpfe noch nicht überschritten. Doch dazu kamen religiöse Auseinandersetzungen.

In Südfrankreich fanden die Katharer immer mehr Anhänger, die nach der Stadt Albi, ihrem geografischen Zentrum in Frankreich, auch Albigenser genannt wurden. Abgestoßen von der Verweltlichung des Klerus, betrachteten sie sich als »wahre Christen«, die römische Kirche galt ihnen als die »Hure Babylon«. Papst Innozenz III. reagierte darauf zunächst mit der Entsendung von Predigern, die die vom rechten Weg abgekommenen Schafe in den Schoß der Kirche zurückführen sollten. Als jedoch der päpstliche Legat Pierre de Castelnau am 14. Juni 1208 von einem Lehensmann des Grafen Raimund von Toulouse ermordet wurde, rief der Papst zu einem Kreuzzug gegen die Ketzer auf. Dabei waren beileibe nicht alle südfranzösischen Adligen überzeugte Katharer, doch fanden diese weithin Unterstützung oder wurden zumindest geduldet. Der Mächtigste dieser Adligen war Raimund von Toulouse, der durch den Mord an dem päpstlichen Legaten erheblich unter Druck geriet, auch wenn er jede Beteiligung an dem Attentat strikt zurückwies. Von beiden Seiten wurden die Kämpfe mit großer Brutalität geführt.

Peter II. von Aragonien befand sich in diesem Konflikt zwischen allen Stühlen. Einerseits konnte an seiner grundkatholischen Einstellung kein Zweifel sein, doch musste er andererseits erkennen, dass mit den Kreuzrittern die Macht der französischen Krone in Gebiete vordrang, auf die er selbst ein Auge geworfen hatte. Auch berichten die Quellen glaubhaft davon, dass die Brutalität der Kreuzritter und die Unterschiedslosigkeit, mit der sie gegen die gesamte südfranzösische Bevölkerung vorgingen, den König regelrecht abgestoßen haben. Dazu kamen verwandtschaftliche Bande: Der mächtige Graf von Toulouse war seit 1202 mit Peters Schwester Eleonore verheiratet, und der gleichnamige Sohn des Grafen hatte die jüngste Schwester des Königs, Sancha, geheiratet – eben-jene Prinzessin, die zuerst als Ehefrau Friedrichs II. vor-gesehen gewesen war.

Peter II. versuchte sich zunächst als ehrlicher Makler zwischen den Parteien und hatte damit sogar zeitweise Er-folg: Eine Intervention des Königs beim Papst brachte 1213 den zwischenzeitlichen Abbruch des Kreuzzugs gegen die Katharer und die Chance zu neuerlichen Verhandlungen. Doch schließlich gewannen die Scharfmacher wieder die Oberhand. Im Mai 1213 verwarnte Papst Innozenz III. den aragonesischen König in scharfem Ton: Er habe zum Schaden des christlichen Volkes gemeinsame Sache mit den Einwohnern von Toulouse gemacht, unter denen viele bekannte Häretiker seien. Doch Peter II. von Ara-gonien hatte sich entschieden: Er, der katholische König und Lehensmann des Papstes, würde mit seinen Rittern an der Seite des exkommunizierten Grafen von Toulouse gegen die Kreuzritter kämpfen. Bei Muret in der Nähe von Toulouse kam es im September 1213 zur Schlacht. Alles sprach für einen Sieg Peters und Raimunds von Tou-louse, waren ihre Truppen doch viel zahlreicher als jene der Kreuzfahrer unter dem Befehl Simons von Montfort. Doch dann geschah das Unglück: Schon beim ersten An-griff der Kreuzfahrer fiel Peter II. – ein böses Omen, das in den Reihen der Aragonesen heilloses Chaos auslöste. Am Ende stand ein triumphaler Sieg der Kreuzritter. Der Leichnam des Königs von Aragonien lag geplündert und ausgezogen auf dem Schlachtfeld. Zwar beklagte Simon von Montfort den Tod des Königs, doch galt er den Kreuz-fahrern wegen seines Bündnisses mit Raimund von Tou-louse gleichfalls als aus der Kirche ausgeschlossen. Und so wurde dem »katholischen König« ein christliches Begräb-nis verweigert, und die Kreuzfahrer gaben den Leichnam Peters nicht heraus.

Das brachte Konstanze auf den Plan. Der Tod ihres Bruders »in der Ungnade der Kirche« war ein herber Schicksalsschlag für die Königin; zudem musste sie angesichts des Kriegsverlaufs auch um ihre beiden Schwestern in Toulouse bangen. Die Verweigerung eines würdigen, christlichen Begräbnisses war für einen gläubigen mittelalterlichen Menschen, dem das Seelenheil alles galt, eine absolute Schreckensvorstellung. Wie konnte ihr Bruder ohne den Segen der Kirche in das Reich Gottes eingehen? Zugleich gefährdete ein, wenn auch nur scheinbar, exkommunizierter toter König die Legitimität des Nachfolgers, in diesem Fall Peters noch unmündigen Sohn Jakob. Noch bedrohlicher war, dass sich der kleine König in den Händen Simons von Montfort befand, der sich weigerte, dieses wertvolle Faustpfand herauszugeben. Auch für Konstanze waren dies höchst beunruhigende Entwicklungen.

Nachdem die Königin im fernen Sizilien erst relativ spät vom Tod ihres Bruders in der Schlacht von Muret erfahren hatte, worüber sie sich in einem Brief an den Bischof von Urgel bitter beklagte, bat sie diesen zugleich um Rat und Unterstützung. Sie schaltete zudem den bewährten Justiziar Thomas von Gaeta ein, damit dieser sich beim Papst um ein Begräbnis für den gefallenen König einsetze, der doch »sein ganzes Leben lang ein treuer Ritter der Kirche« gewesen sei, auch wenn sie seinen Tod in der Schlacht – den Vorstellungen der Zeit entsprechend – als Folge seiner Sünden interpretierte.

Innozenz sollte nicht nur für ein Begräbnis Peters sorgen, sondern auch dessen unmündigen Sohn in seinen Schutz nehmen. Tatsächlich erhielten die Johanniterritter die Erlaubnis, den Leichnam des Königs zu bergen und nach Aragonien zu bringen. Dort wurde er in dem seiner Familie verbundenen Kloster von Sigena bei-

gesetzt. Ebenso wurde der kleine Jakob, der als »der Eroberer« in die Geschichte eingehen sollte, in die Obhut
der Aragonesen übergeben. Ob diese Maßnahmen tatsächlich eine direkte Folge der Intervention Konstanzes
waren, lässt sich nicht belegen. In jedem Fall spricht das
mutige Bemühen der Regentin von Sizilien für das Fort-
bestehen starker familiärer Bindungen trotz der langen
Zeit, die sie außerhalb ihrer Heimat verbracht hat, und
verdient Respekt.

Entweder gegen Ende des Jahres 1215 oder im Frühjahr 1216, das lässt sich heute nicht mehr eindeutig feststellen, tauchte ein Besucher aus Deutschland in Messina
auf, wo Konstanze meist residierte: Graf Albrecht von
Everstein. Der Graf stammte aus einer im heutigen Nie-
dersachsen beheimateten Familie. Als staufische Parteigänger in einem weitgehend welfisch bestimmten Gebiet
hatten die Eversteiner vom Ausgang des Machtkampfs
zwischen Friedrich II. und Otto IV. profitiert. Graf Albrecht überbrachte der Königin – mit der er sogar weitläu-
fig verwandt war – eine Botschaft von weitreichender Bedeutung: Friedrich II., der junge Stauferherrscher, wollte
seine Frau und seinen Sohn nach Deutschland holen.

Nach der Schlacht von Bouvines war es dem Staufer gelungen, sich auch in dem lange Zeit mit Otto IV. verbündeten Aachen, dem seit dem 10. Jahrhundert traditionellen
Krönungsort der deutschen Könige, durchzusetzen. Zwar
war Friedrich im Dezember 1212 in Frankfurt am Main
neuerlich zum König gewählt und wenige Tage später in
Mainz gekrönt worden, doch hatte diese Krönung gleich
mehrere Makel: Es war der falsche Ort, und der Erzbischof
von Köln war der falsche Bischof; traditionell stand diese
Rolle nämlich dem Erzbischof von Mainz zu. Daher wurde
die gesamte Zeremonie am 25. Juli 1215 in Aachen wieder-
holt, mit dem »richtigen« Erzbischof von Mainz.

Der Siegeszug Friedrichs hatte seinen Preis: Er musste sämtliche von Otto IV. der Kirche übertragenen Privilegien bestätigen und auch auf die umstrittenen mittelitalienischen Besitzungen zugunsten des Papsttums verzichten. In Deutschland eilte dem Staufer zudem der – als königliche Eigenschaft unverzichtbare – Ruf der Großzügigkeit voraus, mit dem er seine Anhänger und jene, die es werden wollten, überschüttete. Ganz im Gegensatz zu Otto IV., der als Geizkragen verschrien war. Mit der Anerkennung Friedrichs als Deutschem König und seines Anspruchs auf die Kaiserkrone durch Papst Innozenz III. war der Erfolg des Staufers komplett. Er hatte sich, was kaum jemand für möglich gehalten hatte, nördlich der Alpen durchsetzen können.

Doch die Verbindung zwischen dem Römisch-Deutschen Reich und Sizilien blieb als große Aufgabe für ihn bestehen. Friedrich hatte dem Papst versprochen, sofort nach der Kaiserkrönung auf die Krone Siziliens zu verzichten. Es ist fraglich, ob er dieses Versprechen jemals ernst gemeint hat. Denn während er diese Zusage gab, war der erwähnte Bote des Königs bereits in Sizilien. Er sollte seinen Sohn nach Deutschland holen, um ihn hier zum König und damit zu seinem Nachfolger auch im Römisch-Deutschen Reich wählen zu lassen. Papst Innozenz stand 1215 auf dem Gipfel seiner Macht. Das im November 1215 tagende Laterankonzil geriet zu einer Versammlung von Kirchenfürsten, wie sie die Welt niemals zuvor gesehen hatte. Und die Weltgeschichte wäre wohl anders verlaufen, wenn Innozenz länger gelebt hätte. Doch am 16. Juni 1216 starb der Papst, der die weltliche und geistliche Macht der Kirche auf ihren Gipfel geführt hatte. Es ist eher unwahrscheinlich, dass er den Brief Friedrichs mit der zukünftigen Verzichtserklärung auf Sizilien noch erhielt. Sicher hatte er jedoch keine Zeit mehr, darauf zu reagieren. Das musste nun sein Nachfolger tun, der um 1150 geborene greise Cencio Savelli, der als Papst Honorius III. (1216–27) eher auf Ausgleich bedacht war.

Friedrich wusste, dass er es sich – noch? – nicht leisten konnte, auf die Unterstützung durch die Kirche zu verzichten, auch wenn er nicht mehr der »Pfaffenkönig« war, als der er zunächst in Deutschland von den welfischen Parteigängern geschmäht worden war. In seiner Hand hatte der Staufer ein Faustpfand, das die anstehenden Verhandlungen um seine Kaiser- und die Königskrönung seines Sohnes sowie über die sizilianische Frage erleichtern sollte. Im Anschluss an seine Krönung in Aachen hatte Friedrich »das Kreuz genommen«, sich also in der Sprache des hohen Mittelalters zu einem Kreuzzug verpflichtet. Zwar kam diese Kreuznahme recht überraschend und war auch nicht mit Innozenz III. abgesprochen, doch letztlich hatte die Kirche ein großes Interesse daran, dass ein solcher Kreuzzug unter der Führung des Staufers zustande kam. Dass Friedrich in dieser Situation Frau und Kind über die Alpen holen ließ, zeigt, dass er einerseits seine Herrschaft in Sizilien für so gefestigt hielt, dass er auf eine persönliche Präsenz der Herrscherfamilie wenigstens vorübergehend glaubte verzichten zu können. Andererseits war es für Friedrich wichtig, die Nachfolge auch im Römisch-Deutschen Reich im staufischen Sinne zu regeln, ehe er zum Kreuzzug aufbrach. An der Aufrichtigkeit seines Versprechens kann zu diesem Zeitpunkt kein Zweifel sein.

Im Juli 1216 verließ Konstanze zusammen mit ihrem Sohn Heinrich Sizilien. Begleitet wurden die beiden von Graf Albrecht von Everstein und Erzbischof Berard von Palermo, der als Kirchenfürst einer der engsten langjährigen Wegbegleiter Friedrichs war. 1207 war er Erzbischof von Bari und damit Mitglied des Familiarenkollegs gewor-

den, 1213 Erzbischof von Palermo. In der Auseinandersetzung mit Otto IV. war Berard stets auf der Seite Friedrichs geblieben – und änderte an dieser Haltung auch in
der Folge nichts, egal, wie gefährdet die Herrschaft des
Staufers war. Berard hatte zu der verwegenen kleinen
Schar gehört, die Friedrich 1212 nach Deutschland begleitet hatte. Drei Jahre später vertrat er auf dem Laterankonzil die Interessen des Staufers. Von dort aus kehrte
er nach Sizilien zurück, um Konstanze und ihren Sohn
abzuholen. Dass Friedrich zwei so enge Weggefährten
mit dieser heiklen Mission beauftragte, zeigt, wie wichtig deren Gelingen für ihn war. Er durfte kein Risiko eingehen und musste alle drohenden Gefahren schon von
vornherein ausschließen. Nur Männer, an deren Integrität keinerlei Zweifel bestanden, konnte er mit dieser Mission betrauen.

Über die Straße von Messina setzten die Königin, ihr
Sohn und ihre Begleiter nach Kalabrien über. Ihre erste
Station war das inmitten von Kastanien- und Olivenhai-
nen gelegene Sant'Eufemia d'Aspromonte. Mutter und
Sohn trennten sich hier bereits. Heinrich reiste auf dem
Seeweg »mit sechs Galeeren« nach Genua (oder Pisa)
weiter, während seine Mutter den Landweg wählte. Im
apulischen Capua kam sie noch einmal ihren Regenten-
pflichten nach, indem sie in einem Streit zwischen dem
Bischof von Teano und dem Erzbischof von Capua ver-
mittelte. Der weitere Reiseverlauf ist nicht mehr genau zu
ermitteln. Eine Station auf der Reise scheint Bologna gewesen zu sein. Später in der Lombardei angekommen,
rief sie ihren – in Genua oder Pisa wartenden – Sohn zu
sich, um gemeinsam mit ihm die Alpen zu überqueren
und nach Deutschland zu reisen. Warum sich die beiden überhaupt getrennt haben, bleibt der Spekulation
überlassen. Vielleicht wollte man dem fünfjährigen Kind

die Strapazen einer Reise über Land ersparen, während Konstanze nicht auf repräsentativ-diplomatische Stationen in den süditalienischen Gebieten des Königreichs Sizilien wie auch in den zum Römisch-Deutschen Reich gehörenden oberitalienischen Städten verzichten wollte. Von der Lombardei aus reisten die Königin und ihr kleiner Sohn über Cremona weiter nach Verona. Von dort nahmen sie die Route über den Brenner, die traditionelle »Kaiserstraße« des hohen Mittelalters. Nicht anders als heute schätzten die Reisenden schon damals die niedrige Passhöhe, auch wenn Konstanze und Heinrich noch keine breite Passstraße vorfanden und die Reisenden weiter von der Langlebigkeit der alten Römerstraßen profitierten. Doch dürften diese im 13. Jahrhundert bereits in ziemlich schlechtem Zustand gewesen sein. Vor allem die enge Eisackschlucht zwischen Bozen und Waldbruck war im hohen Mittelalter oft nicht passierbar, die Straße wurde oft weggeschwemmt oder durch Steinlawinen unpassierbar gemacht. Die Reise nach Deutschland war für Konstanze und Heinrich jedenfalls mit großen Strapazen verbunden. Die beiden scheinen im Herbst, unmittelbar vor den ersten großen Schneefällen, über den Brenner gezogen sein, denn Ende November oder Anfang Dezember 1216 finden wir sie in Nürnberg, wo sie von Friedrich II. empfangen werden. Der Treffpunkt war kein Zufall. Was die Pfalz im elsässischen Hagenau für den Südwesten des Reichs bedeutete, das war die Nürnberger Kaiserburg für den Südosten. Nürnberg war ein Kristallisationspunkt staufischer Hausmacht. Den Palas der Kaiserburg hatte Friedrichs Großvater Barbarossa erbauen lassen, und wahrscheinlich hat man hier die Ankunft der Königin und des Königssohns gebührend gefeiert.

Vier Jahre waren seit dem letzten Wiedersehen der Eheleute vergangen; Jahre, in denen Friedrich vom »puer

Apuliae«, vom Knaben aus Apulien, zum reifen Mann und gewieften Machtmenschen geworden war. Keine zeitgenössische Quelle erzählt von den Gefühlen Konstanzes oder Friedrichs bei ihrem Wiedersehen. Dass er glücklich über die gesunde Ankunft seiner kleinen Familie war, kann lediglich daraus geschlossen werden, dass Erzbischof Berard von Palermo, der Konstanze den ganzen Weg über begleitet hatte, zum Dank für seine Dienste mit reichen irdischen Gütern belohnt wurde. Auch fällt auf, dass sich das Ehepaar fortan nicht mehr trennte und alle künftigen Reisen gemeinsam unternahm.

Konstanzes Freude über einen kleinen Jungen, der am Hof ihres Mannes lebte, mag allerdings aus heutiger Sicht eher gering gewesen sein. Der 1215 geborene Knabe, auf den Namen Enzio getauft, war der Sohn aus einer Verbindung Friedrichs mit einer schwäbischen Adligen, wahrscheinlich aus der Familie Urslingen – ebenjener Familie, in der der Staufer in Spoleto seine ersten Lebensjahre verbracht hatte. Enzio war wohl das zweite von zahlreichen unehelichen Kindern des Königs und erfreute sich der besonderen Wertschätzung seines Vaters. Schon in Sizilien hatte Friedrich einen unehelichen Sohn gehabt, doch hatte er zu diesem – ganz anders als zu Enzio – keine persönliche Beziehung aufgebaut, was Konstanze zunächst beruhigt haben wird. Enzio war dagegen der besondere Augapfel seines Vaters – mehr als der eheliche Sohn Heinrich, der, im fernen Sizilien aufgewachsen, seinen Vater kaum kannte.

Inwiefern Konstanze auch jetzt noch auf Friedrich Einfluss nahm, ist schwer zu belegen. Dass Zuwendungen an den Deutschen Orden 1217/18 mit dem Zusatz erneuert wurden, dass dies im Einvernehmen mit seiner »liebsten Gemahlin« und seinem Sohn Heinrich geschehe, lässt nicht notwendigerweise darauf schließen. Vielmehr ging es dem Staufer eher darum, seinen bis dahin für die sizilianische Nachfolge bestimmten Sohn nun auch in Deutschland als seinen Erben einzuführen. Das war sein großes Ziel: Die Fürsten sollten Heinrich zum deutschen König und damit zu seinem potenziellen Nachfolger wählen. Dem dienten seine Ernennung zum Herzog von Schwaben unmittelbar nach seiner Ankunft und der Verzicht auf die bisher übliche Bezeichnung Heinrichs als König von Sizilien. Vielleicht sollte die Hinzufügung Konstanzes belegen, dass auch sie – die vor dem deutschen Abenteuer gewarnt hatte – nun davon überzeugt und einverstanden war – falls die Titulatur hier nicht eine bloße Floskel war.

Das Versprechen des Kreuzzugs erwies sich nun als zweischneidiges Schwert. Zwar hatte Friedrich damit einen Trumpf für die Verhandlungen mit dem Papst über seine Kaiserkrönung in der Hand, andererseits setzte ihn das Versprechen in Zugzwang und unter Zeitdruck. Ohne seine Nachfolge im Einvernehmen mit den Großen des Reichs geregelt zu haben, konnte er nicht ruhigen Gewissens zum Kreuzzug aufbrechen. Zwar war Otto IV. 1218 gestorben, doch wer garantierte, dass der welfisch-staufische Gegensatz nicht in der nächsten Generation ebenso wieder aufbrechen würde? Wie ein Damoklesschwert schwebte gleichzeitig über Friedrichs Haupt sein Versprechen, nach seiner Krönung Sizilien aufzugeben und das Königreich im Süden seinem Sohn zu überlassen. Das hatte der Staufer zwar wohl niemals ernsthaft vor, aber einen Ausweg aus dieser Krise zu finden kam der Quadratur des Kreises gleich. Doch es gelang: Indem er in der »confoederatio cum principibus ecclesiasticis« (Bündnis mit den geistlichen Fürsten) die weltliche Macht der Bischöfe im April 1220 entscheidend stärkte und damit den Grundstein für die Entstehung der geistlichen Fürstentümer in Deutschland legte, zog er diese auf seine Seite

und machte sich zugleich den Papst als obersten Dienst-
herrn der Bischöfe gewogen.

Für Honorius III. in Rom zählte offensichtlich nur
noch der Kreuzzug. Um Friedrich endlich zum Aufbruch
zu bewegen, war er zu manchem Zugeständnis bereit.
Gleichwohl war der Pontifex höchst ungehalten, als er von
der Wahl des jungen Heinrich zum Deutschen König erfuhr, die nun doch noch im April 1220 – in Frankfurt
am Main – erfolgte. Friedrich spielte in einem Brief an
Honorius den ahnungslos Überraschten und gab damit
ein Beispiel der Kaltblütigkeit und Unverfrorenheit, die
ihn fortan auszeichnen sollte: Die Fürsten hätten Heinrich ohne sein Wissen gewählt, um »Misshelligkeiten und
großen Unfrieden« zu verhindern, die drohten, wenn er
selbst zum Kreuzzug aufbräche, ohne die Nachfolge geregelt zu haben. Natürlich sei er bei dieser Wahl nicht nur
nicht dabei gewesen, sondern habe sich sogar geweigert,
diese anzuerkennen, da sie ja »ohne Euer Wissen und ohne
Euren Auftrag ... erfolgt war«. Doch sei es dann eben
anders gekommen; weshalb, das werde dem Papst dem-
nächst einer der Fürsten berichten. Honorius kann nicht
so naiv gewesen sein zu glauben, dass Heinrich ohne Wissen Friedrichs gewählt wurde, egal, ob er nun dabei war
oder vorsichtshalber ausgeritten, um nicht dabei sein zu
müssen. Wegen der Vereinigung Siziliens mit dem Reich
müsse sich der Papst keine Sorgen machen. Er werde die
Trennung nach wie vor »mit allen Mitteln betreiben ...
Deshalb wundern wir uns über Eure und der Kirche so
offensichtliche und unverhüllte Beunruhigung ...« Als
ob das nicht unverschämt genug gewesen wäre, setzte der
Staufer noch eins drauf: Seine immer wieder hinausge-
schobene Abreise aus Deutschland begründete er lapi-
dar mit »vielen und unvermeidlichen Geschäften«. Innozenz III. hätte sich diesen Ton niemals bieten lassen,

doch Honorius lenkte neuerlich ein. Und Friedrich selbst fühlte sich durch die Wahl seines Sohnes hinreichend abgesichert, um nach Rom zu ziehen – dort sollte er zum Kaiser gekrönt werden und anschließend zum Kreuzzug aufbrechen. Die Zeit drängte, denn im ägyptischen Damiette saß ein bereits 1217 aufgebrochenes Kreuzfahrerheer fest und war ohne Hilfe von außen verloren.

Es wurde Friedrich häufig vorgeworfen, dass er immer wieder auf Reichsrechte – in diesem Fall zugunsten der Bischöfe, später zugunsten der Fürsten – verzichtet und in Deutschland damit einen ähnlichen Weg der Staatswerdung verhindert habe, wie er etwa in England oder Frankreich möglich war. Doch hatte Friedrich vor seiner Kaiserkrönung gar keine andere Wahl, wollte er seine Herrschaft und die seiner Dynastie als solche sichern, zumal er den Bischöfen zum Teil nur de jure bestätigte, was diese de facto schon für sich in Anspruch nahmen. Und klar war für Friedrich auch: Sein – modern gesprochen – Lebensmittelpunkt würde Sizilien und nicht Deutschland sein. Es war für Friedrich wesentlich einfacher, in Sizilien seine Vorstellungen von einem straff organisierten Königreich zu verwirklichen als im Norden, wo die Macht der großen Fürsten kaum noch zu brechen war. Um aber dennoch Römisch-Deutscher Kaiser und König von Sizilien zugleich sein zu können, war der Staufer auf stabile Verhältnisse auch in Deutschland angewiesen. Diese konnte er aber gegen die Fürsten, ob geistlich oder weltlich, nicht erreichen, schon gar nicht vom fernen Sizilien aus.

Und Konstanze? Es war Papst Honorius III., der Friedrich dazu aufforderte, seine Frau mit nach Rom zu bringen und sie zur Kaiserin krönen zu lassen. Der Staufer nahm dieses Angebot dankend an. Ohnehin dachte er wohl nicht daran, Konstanze nun in Deutschland als Regentin für den jungen König einzusetzen, auch wenn sie diese Aufgabe in Sizilien mit Bravour gemeistert hatte. Für Konstanze bedeutete dies, dass sie sich von ihrem Sohn trennen musste. Nachdem sie die ersten Lebensjahre Heinrichs hindurch dessen erste Bezugsperson war, wird diese Trennung weder Konstanze noch Heinrich leichtgefallen sein. Doch auf die Gefühle von Mutter und Sohn konnte die hohe Politik keine Rücksicht nehmen. Das wusste Konstanze nach ihren leidvollen Erfahrungen in Ungarn nur zu gut. Zum Reichsverweser und damit auch zum Verantwortlichen für die Erziehung seines Sohnes ernannte der Kaiser Erzbischof Engelbert von Köln (1185/86?–1225). Immerhin gehörte mit Eberhard von Waldburg auch ein naher Verwandter zum Kreis jener Personen, denen Heinrich fortan anvertraut war.

Ende August 1220 zogen Konstanze und Friedrich von Augsburg aus nach Süden, begleitet von einem eher kleinen Heer. Doch die Verhältnisse hatten sich geändert, seit Friedrich als Jugendlicher den umgekehrten Weg gegangen war. Abenteuerliche Verwicklungen gab es keine; die Überquerung der Alpen über den Brenner verlief ebenso ohne Schwierigkeiten wie die Reise durch die notorisch aufsässige Lombardei. Zwei Monate nach ihrem Aufbruch von Deutschland standen Konstanze und Friedrich vor den Toren der Ewigen Stadt. Es waren zwar keineswegs nur Formalitäten, die zwischen Papst und König verhandelt werden mussten, und der Pontifex gab seinen Legaten strikte Anweisungen, die von großer Sorge über die wahren Absichten Friedrichs gekennzeichnet waren. Doch man fand schließlich einen Kompromiss, mit dem Honorius III. wenigstens sein Gesicht wahren konnte. Friedrich versprach, dass er die beiden Königreiche staatsrechtlich strikt trennen werde, und sagte zu, dass er auf Sizilien nur einheimische Beamte beschäftigen würde, also keine Invasion der Deutschen zu befürchten stand wie zu Zeiten

Heinrichs VI. Zudem gab er zu Protokoll, dass er Sizilien als Erbe seiner Mutter und als Lehen der Kirche besitze. Dass Friedrich gleichwohl zahlreiche Barone aus Sizilien zur Kaiserkrönung beordert hatte und von diesen erwartete, dass sie ihm neuerlich huldigten, kam vor diesem Hintergrund nicht besonders gut an. Was wollten diese Sizilianer in Rom; was ging die Barone aus Palermo und Messina die Krönung des Römischen Kaisers an? War das nicht doch wieder der Versuch einer Vereinigung der beiden Reiche durch die Hintertür? Doch Honorius machte auch dieses Zugeständnis, und am 22. November 1220 stand der große Tag der Kaiserkrönung an und begann mit dem Einzug des künftigen Kaiserpaars in die Ewige Stadt.

Ausgangspunkt des feierlichen Zuges war der Monte Mario – jener Berg der Freude, an dem die Rompilger erstmals auf die Kirchen der heiligen Stadt blicken konnten. Auf der Via Triumphalis, der alten Triumphstraße der Cäsaren, zogen Konstanze und Friedrich in die Stadt ein – zuvor bestätigten sie die althergebrachten Rechte der Bürger Roms. Die hohe Geistlichkeit geleitete das Königspaar in einer erstaunlich friedlichen Atmosphäre zur Peterskirche. Alles verlief »ohne jede Behelligung durch die Römer, wie es kaum von irgendeinem Kaiser gehört worden ist«, etwa bei der von Blutvergießen und Kämpfen zwischen Deutschen und Römern begleiteten Krönung Ottos IV. Am Eingang zur Peterskirche warteten Papst Honorius III. und die versammelten Kardinäle. Friedrich küsste die Füße des Pontifex und wurde von diesem anschließend in die Arme genommen. Bevor es zur Krönung in der Peterskirche selbst ging, wurde Friedrich in der kleinen Kapelle Santa Maria in Turri in die Bruderschaft der Kanoniker von Sankt Peter aufgenommen, was symbolisch auf die geistliche Würde hindeutete, die mit dem Kaiseramt verbunden war. Auch bei der anschließenden Zeremonie wurde darauf Bezug genommen, denn Friedrich wurde von Honorius zuerst die Mitra aufgesetzt und darüber dann die Kaiserkrone. Der Chor sang daraufhin erstmals die Kaiserlaudes für den Staufer: »Friedrich, dem unbesiegten Kaiser der Römer, dem immer Erhabenen Heil und Sieg«. Anschließend wurde Konstanze gekrönt – auch ihr wurde vor der kaiserlichen Krone eine Mitra aufgesetzt, der quasigeistliche Rang wurde demnach auch der Kaiserin zuerkannt. Vor der Peterskirche leistete Friedrich dem Papst noch den sogenannten »Stratordienst«, indem er den reitenden Pontifex eine Weile am Zügel führte. Dieser Teil der mittelalterlichen Krönungszeremonie, der von einem Kaiser die Aufgaben eines Marschalls forderte, war höchst umstritten, konnte er doch als Unterwerfung interpretiert werden. Meist reagierten die potenziellen Kaiser höchst unwillig auf diese päpstliche Forderung. Friedrich dagegen zeigte im Überschwang seiner neuen Würde und des harmonischen Verlaufs der gesamten Zeremonie keinen Widerwillen.

Freuen durfte sich Honorius III. auch darüber, dass der Kaiser sein Kreuzzugsgelübde nach der Krönung feierlich erneuerte – und terminierte: Schon im März 1221 sollten 400 Ritter unter der Führung Herzog Ludwigs von Bayern nach Ägypten aufbrechen, um die Kreuzfahrer in Damiette zu unterstützen; Friedrich selbst wollte im August zum Kreuzzug aufbrechen. Seinem Kreuzzugslegaten Pelagius von Albano schrieb der Papst am 10. Dezember 1220 voller Begeisterung: »Da wir wissen, dass Du gespannt auf Nachrichten über die Lage des Reichs wartest, teilen wir Dir als unserem Bruder mit, dass wir am Sonntag vor dem ersten Advent unseren geliebten Sohn in Christus Friedrich, Kaiser der Römer, allezeit Mehrer des Reichs und König von Sizilien, und seine erhabene

Gemahlin, die Kaiserin, in der Basilika des Apostelfürsten mit unermesslicher Freude und unermesslichem Frieden der römischen Bürger feierlichst gekrönt haben. Nachdem er sich drei Tage auf dem Monte Mario aufgehalten hatte, gewährte er uns schließlich die Zusicherung, dass er im nächsten März Dir und dem christlichen Heer großartige Hilfe schicken und im folgenden August persönlich übersetzen wird.« Daraufhin, im Vertrauen auf den großen Kreuzzug des Kaisers, lehnte der päpstliche Legat in Damiette jede Verhandlung mit dem ägyptischen Sultan al-Kamil ab, obwohl dieser den Kreuzfahrern für den Fall ihres Rückzugs aus Ägypten sogar die Rückgabe weiter Teile des Königreichs Jerusalem anbot. Doch diese einseitige Entscheidung sollte sich für Pelagius und die Kreuzfahrer als katastrophaler Fehler herausstellen.

Noch war davon nach dem glücklichen Verlauf der Krönung nichts zu befürchten. Im Gegenteil: Friedrich bemühte sich weiterhin, dem Papst entgegenzukommen. Im Anschluss an seine Kaiserkrönung erließ er die »Constitutio in Basilica Sancti Petri«. Darin untersagte er beispielsweise jedem »Kleriker, in einer Straf- oder Zivilsache vor das weltliche Gericht zu ziehen«, verurteilte Häretiker »zu ewiger Ehrlosigkeit« und bestimmte, dass ihre Güter konfisziert würden. Alle gegen die Freiheit der Kirche gerichteten Satzungen und Regelungen der Städte hob Friedrich, »durch die Gnade Gottes Kaiser der Römer«, auf. Die Kirchen, fromme Stiftungen und Geistliche befreite er von allen Abgaben. Trotz einiger weniger Misstöne kann man also durchaus von einem harmonischen Ausklang der Krönung sprechen. Geistliche und weltliche Macht schienen miteinander im Reinen zu sein. Dabei ging eher unter, dass Friedrich seinen Erlass auch an die Universität Bologna sandte mit der Bitte, diesen ihrer Sammlung des römischen Rechts hinzuzufügen. Denn mit ihm knüpfte der Staufer hochsymbolisch an antike Traditionen an und stellte sich in eine Reihe mit den antiken römischen Kaisern. Das hätte Honorius III. eigentlich stutzig machen müssen.

Das gute Einvernehmen zwischen Papst und Kaiser zeigte sich nach der Krönung auch in einer anderen Angelegenheit. Dabei ging es um Ansprüche Konstanzes aus ihrer ersten Ehe mit Emmerich von Ungarn. Der erste Punkt der Streitigkeiten betraf das sogenannte Wittum Konstanzes. Mit diesem Wittum wurde die Versorgung der Frau für den Fall sichergestellt, dass der Mann vor ihr sterben sollte. Genau dies war Konstanze ja geschehen. Als Wittum hatte Emmerich seiner Frau den Besitz zweier ungarischer Grafschaften zugesagt, mit deren Einnahmen sie ein sorgloses Leben hätte führen können. Bei den chaotischen Zuständen nach dem Tod Emmerichs und der Flucht Konstanzes war es allerdings niemals eingefordert worden. Jetzt aber beanspruchte Konstanze vom neuen ungarischen König Andreas II. (geb. um 1176, reg. 1205–35) eine hohe Geldsumme als Entschädigung. Und das war noch nicht alles: Konstanze verlangte außerdem, dass Andreas für die »Kostbarkeiten«, die er ihr geraubt habe, ebenfalls eine Entschädigung bezahlen solle. Um diese Ansprüche auch durchzusetzen, konnte Konstanze nur ein Mann helfen: der Papst! Dazu musste Honorius jedoch erst einmal seinen diplomatischen Gewissenskonflikt lösen: König Andreas II. hatte nämlich zeitweise am Kreuzzug teilgenommen und stand daher unter dem besonderen Schutz der Kirche. Doch für Honorius war das Einvernehmen mit Konstanze und ihrem Mann in dieser Zeit vorrangig. Wahrscheinlich war dieses Thema auch Teil der umfangreichen Verhandlungen zwischen päpstlicher und kaiserlicher Seite im Vorfeld der Krönung gewesen. Denn bereits am Tag nach der Krönung schrieb der Papst einen Brief, in dem er den ungarischen König in beiden strittigen Punkten dazu aufrief, das von Konstanze geforderte Geld zu bezahlen. Allerdings zeigte sich Andreas von diesem Schreiben des Papstes wenig beeindruckt – und behielt das Geld für sich. So intervenierte Honorius am 27. Januar 1222, also über ein Jahr später, neuerlich bei dem König, Konstanze zu ihrem Recht zu verhelfen. Ob Andreas daraufhin tatsächlich gezahlt hat oder die Sache im Sande verlaufen ist, ist nicht geklärt.

Ein persönlicher Garant für die guten Beziehungen zwischen dem Kaiser und dem Papst in diesen Jahren war der Hochmeister des Deutschen Ordens, Hermann von Salza (um 1170–1239). Der Ordensritter war ein verlässlicher Freund und Berater des Staufers, seit er bei dem großen Hoftag von 1216 in Nürnberg erstmals mit dem jungen König zusammengetroffen war. Zwar begann der Deutsche Orden schon damals, auch in Europa nach einer Heimstatt zu suchen, doch blieb Palästina zunächst der Kern seines Wirkens und Hoffens. Insofern musste auch Honorius III. froh über diese Freundschaft sein.

Friedrich II. hatte geplant, nach seiner Krönung nicht zurück nach Deutschland zu reisen, sondern in seine Heimat Sizilien. Am 13. Dezember 1220 überschritten Konstanze und ihr Mann die Grenze des Königreichs – Friedrich nach acht Jahren Abwesenheit, Konstanze nach vier Jahren. Auch Konstanze wird die Ankunft im Süden der italienischen Halbinsel als Heimkehr empfunden haben, zumindest aber als Erleichterung. Nach den vielen Jahren der Unsicherheit, die sie hatte durchstehen müssen, verlief ihr Leben nun endlich in geordneten Bahnen: Sie war Kaiserin und Königin, ihre Stellung war unangreifbar, niemand konnte sie mehr gefährden, niemand sie zur Flucht zwingen; auch nicht die renitenten Barone, deren Niederwerfung nur eine Frage der Zeit war. So wird man annehmen können, dass mit der Rückkehr in das Königreich Sizilien eine glückliche Zeit für Konstanze anbrach.

Den äußeren Rahmen für die wenigstens im Vergleich zu ihrem bisherigen Leben ruhigen Jahre schuf Konstanzes Ehemann Friedrich, der seine Herrschaft auf Sizilien erstaunlich schnell nicht nur neuerlich stabilisierte, sondern das Königreich von Grund auf umkrempelte. In der *Kleinen Sizilianischen Chronik* liest man darüber: »Nachdem sie [Friedrich und Konstanze] die Kronen empfangen hatten, betraten sie unverzüglich das Königreich Sizilien, wo sie aufrührerische Ritter vorfanden, die sich dem Kaiser nicht unterwerfen wollten. Diese alle überwand und stürzte er durch Gottes Gnade mit Ausnahme einiger Festungen der Sarazenen auf Sizilien, die auf hohen Bergen gelegen und völlig uneinnehmbar waren und zu denen sich niemand Zutritt verschaffen konnte.«

So brach er die Macht der aufsässigen Barone und installierte einen zentralistischen Staat mit einem reibungslos arbeitenden Beamtenapparat. Friedrich begann damit bereits auf einem Hoftag in Capua am 20. Dezember 1220, an dem auch Konstanze teilnahm. Alle Privilegien, die die Barone in den Zeiten schwacher Königsmacht errungen hatten, wurden dabei auf den Prüfstand gestellt – und nach dem Willen des Herrschers entschieden, der in Sizilien aufgrund seiner uneingeschränkten Machtfülle eine ganz andere, in vielem entgegengesetzte, Politik betrieb, als er dies nördlich der Alpen getan hatte. Das hatte nicht zuletzt mit seiner bloßen Anwesenheit in Sizilien zu tun. Ein mittelalterlicher Herrscher musste präsent sein, um auf Dauer Macht ausüben zu können. Friedrich hatte sich für seine Präsenz in Sizilien entschieden. In Deutschland, wo sein kleiner Sohn als Stellvertreter dieses Potenzial nicht haben konnte, brauchte er dagegen die Unterstützung der Großen. In Sizilien schreckte auch Friedrich, wie sein Vater, vor grausamen Strafen nicht zurück. Zahlreiche Kastelle, die der Adel als die seinen betrachtete, forderte der Kaiser zurück. Das Vorgehen Friedrichs blieb denn auch nicht ohne Kritik. Der altbewährte Thomas von Gaeta wagte sich am weitesten vor. Nicht nur, dass er die Belastung der Untertanen durch immer neue Steuern kritisierte, er redete seinem König auch direkt ins Gewissen: »Fürwahr möge es Euer Majestät mehr gefallen, geliebt zu werden als gefürchtet, denn keine größere Verteidigung, keine kraftvollere Stärke gibt es als die Liebe der Untertanen … Die Furcht aber ist nicht der vollkommene Wächter der Treue … Viele muss fürchten, den viele fürchten.« Nach dem Hoftag von Capua zog sich Konstanze auf die vom Golf von Gaeta landeinwärts gelegene Burg von Sessa Aurunca zurück. Vielleicht, weil sie nach den Strapazen der vorangegangenen Monate ein wenig Ruhe brauchte. Doch bereits Ende Januar schloss sie sich wieder ihrem Mann an, der kreuz und quer durch den Süden des italienischen »Stiefels« zog, von Stadt zu Stadt, von Burg zu Burg, und damit seine Herrschaft untermauerte. Erst im Mai 1221 setzten Konstanze und Friedrich auf die Insel Sizilien selbst über, wo der Kaiser sofort einen Hoftag nach Messina einberief. Auch hier musste das kaiserliche Paar Präsenz zeigen und durch seine Anwesenheit Macht und Herrschaft demonstrieren.

Man kann davon ausgehen, dass die Kaiserin ihren Mann dabei zumindest zeitweise begleitet hat. Doch tritt sie auch noch einmal selbst als Handelnde in Erscheinung: Am 24. Februar 1222 befahl Konstanze, das bisher in der Nähe von Syrakus gelegene Dominikanerkloster in die Stadt zu verlegen. Die Kosten für den Neubau übernahm die Kaiserin. Diese an sich nicht bedeutende Entscheidung lässt aber gleichwohl einige Rückschlüsse zu: Interessant ist vor allem, dass Konstanze sich entschieden hat, ausgerechnet ein Kloster der Dominikaner in dieser Form zu fördern. Dieser Orden war erst sieben Jahre zuvor von Domingo de Guzman gegründet und 1216 durch Papst Honorius III. von der Kirche anerkannt worden.

Die Dominikaner – oder Predigerbrüder – legten wie die etwa gleichzeitig gegründeten Franziskaner einen besonderen Schwerpunkt auf die apostolische Armut und standen damit in Kontrast zum vielfach verweltlichten Klerus und dem Reichtum der Kirche im Allgemeinen. Indem sie aber dennoch treu zum Papst und zur Amtskirche standen, wurden die Bettelorden zu dessen bester Waffe im Kampf gegen die aufkommenden Häresien, die am Selbstverständnis der römischen Kirche rüttelten. 1232 wurde ihnen die Leitung der Inquisition übertragen. Die Dominikaner waren also ein moderner, schlagkräftiger Orden, der sich zugleich der Wissenschaft und der Volkspredigt verschrieben hatte. Man kann sicherlich davon ausgehen, dass Konstanze bewusst diese Form des Mönchtums gefördert hat – so wie ihr Mann zeitlebens den Zisterziensern nahestand. Es ist zugleich ein Beleg dafür, dass Konstanze über neue Entwicklungen gut informiert war und diesen aufgeschlossen gegenüberstand. Bei dieser Entscheidung mag auch eine nicht unerhebliche Rolle gespielt haben, dass Domingo de Guzman – der heilige Dominikus - zwar nicht aus Aragonien, jedoch aus dem benachbarten Kastilien kam. Auf der Iberischen Halbinsel unterstützte der Orden auch die Reconquista, die Rückeroberung der muslimischen Gebiete, ein Ziel, dem sich auch Konstanzes heimatliches Königreich Aragonien verschrieben hatte. Es ist nicht einmal ausgeschlossen, dass sich Konstanze und Domingo de Guzman persönlich begegnet sind. Denn während die Königin im Herbst 1216 nach Norden zog, befand sich auch der Ordensgründer in Italien, um von Papst Honorius III. die Unterstützung für seine Gründung zu erhalten. Doch das ist und bleibt wohl Spekulation.

Während die Barone nicht umhin kamen, Friedrichs Macht anzuerkennen, leisteten die Sarazenen in Sizilien weiter hartnäckigen Widerstand. Doch auch dieses Problem löste der Staufer. Neuerdings hat die Geschichtsschreibung die Unterwerfung der muslimischen Bewohner seines Königreichs als Beleg dafür herangezogen, dass Friedrichs Toleranz doch sehr begrenzt gewesen sei und er ein blühendes muslimisches Leben zerstört habe. Doch bei diesem Vorwurf wird übersehen, dass die Sarazenen seine Herrschaft gefährdeten. Solange sie die sizilianische Bergwelt unsicher machten, blieben sie gefährlich, zumal sie immer wieder aus Nordafrika Unterstützung erhielten. Die Art, wie Friedrich mit ihnen umging, ist bezeichnend für das oft unkonventionelle Verhalten des Staufers. Er vertrieb die muslimischen Bewohner Siziliens nicht etwa nach Nordafrika oder zwang sie zur Taufe, sondern siedelte sie nach schweren und von beiden Seiten mit großer Grausamkeit geführten Kämpfen in Apulien an – genauer in Lucera, das er zur Festung ausbaute. Dort ließ er sie unbehelligt nach ihrem Glauben und ihren Gewohnheiten leben, sicherte sich damit ihre bedingungslose Unterstützung und behielt sie zugleich unter Kontrolle. So wurden die Sarazenen schließlich zu Friedrichs unbestechlicher und furchtloser Elitetruppe. Und der größte Vorteil für Friedrich: Was der Papst in Rom erzählte, interessierte sie nicht einmal ansatzweise. Verständlich, dass die über die Maßnahmen gegen die Sarazenen zunächst erfreute Kurie dort später Sodom und Gomorrha vermutete. Insgesamt lebten in Lucera schließlich rund 16 000 Muslime.

Doch mit Lucera greifen wir den Ereignissen voraus. Noch während der Auseinandersetzungen mit den Sarazen starb Kaiserin Konstanze am 23. Juni 1222 in Catania. Es ist keine Todesursache überliefert, auch wird von keiner längeren oder schweren Erkrankung der Kaiserin berichtet. Friedrich war denn auch nicht anwesend, als seine Frau starb. Der Tod mag überraschend gekommen sein. Der Kaiser erfuhr von ihrem Tod während der Belagerung der von den Sarazenen beherrschten Burg Giato. Nach einer anderen, allerdings eher unwahrscheinlichen Überlieferung erhielt er die Nachricht bei einem Aufenthalt im apulischen Foggia.

Da es nur wenige Hinweise auf das persönliche Verhältnis der Eheleute gibt, mögen die Umstände ihrer Beisetzung als ein gewisser Anhaltspunkt dienen. Denn hier finden sich Spuren, die als Indizien für eine engere Beziehung der beiden dienen können. Dazu gehört vor allem der Ort, an dem Konstanze beigesetzt wurde. Nicht in Catania, wo sie gestorben ist, sondern in Palermo, der Hauptstadt des Königreichs. Und in Palermo nicht in einem Kloster, sondern in der Kathedrale, in der bereits seine Eltern beigesetzt waren. Keiner anderen seiner Ehefrauen hat Friedrich dieses Privileg zuteil werden lassen. Beigesetzt wurde Konstanze in einem antiken Sarkophag aus dem 3. oder 4. Jahrhundert. In Ermangelung geeigneten Materials und vergleichbaren Könnens in der Bildhauerei war das nicht unüblich. Auf Konstanzes Sarkophag ist eine Jagdszene mit Hunden und Löwen zu sehen. Die Löwen, als Könige der Tiere, mögen mit Bezug auf den hohen Rang ausgesucht worden sein. Auf dem Sarkophag wurde ein Spruch eingemeißelt, der schon vielfach interpretiert worden ist: »Siziliens Königin war ich, Konstanze, und angetraute Kaiserin. Hier wohne ich nun, Friedrich, die Deine.« Diese Grabinschrift kann als Hinweis auf eine enge Bindung des kaiserlichen Paares interpretiert werden.

Als der Sarkophag 1781 geöffnet wurde, entdeckte man auf Konstanzes Haupt einen prachtvollen Kopfschmuck, der sicher auf Anweisung Friedrichs dort hineingelegt worden ist. Es handelt sich dabei um eine helmförmige Krone mit Seitengehängen. Das mit Perlen und Edelsteinen verzierte Schmuckstück kann heute in der Schatzkammer der Kathedrale besichtigt werden. Es ist mutmaßlich in Sizilien gefertigt worden, doch trägt es unverkennbar byzantinische Züge und dient damit als weiterer Beleg für den oströmischen Einfluss im normannisch-staufischen Königreich. Kronen dieser Art werden als Kamilavkion bezeichnet. Doch um wessen Krone handelt es sich hier eigentlich? Lange wurde vermutet, dass es eben die Krone Konstanzes gewesen sei, doch ist diese Ansicht schon vor einigen Jahren hinterfragt worden. Denn: Es gibt bislang kein Beispiel dafür, dass ein solches Kamilavkion jemals von einer Frau getragen worden wäre; es handelt sich um ein imperiales oder geistliches Signum. Das wiederum hat zu der Vermutung geführt, dass es Friedrichs eigene Krone gewesen sei, die er in Rom getragen und nun seiner Frau ins Grab gelegt habe. Das wäre nun wirklich ein außergewöhnliches Zeichen einer innigen Verbindung und der besonderen Wertschätzung Konstanzes durch ihren Mann. Einwenden möchte man dagegen, dass man doch erwarten würde, dass Friedrich in Rom mit der Krone Ottos des Großen gekrönt worden ist. Immerhin gehört diese zu den in der Wiener Hofburg aufbewahrten Reichsinsignien. Und tatsächlich war Friedrich ja nach der Durchsetzung seiner Herrschaft in den Besitz dieser Krone gekommen. Doch war die Krönung in dieser Zeit noch nicht so ritualisiert und auch die Reichsinsignien noch nicht so festgelegt, dass diese Krone zwangsläufig auch hätte benutzt werden müssen. Friedrich hätte im Gegenteil aufgrund seiner normannisch und damit auch byzantinisch geprägten Erziehung dem byzantinischen Kamilavkion den Vorrang geben und eine solche Krone in Sizilien anfertigen lassen können. Bewiesen ist damit natürlich nichts und auch nicht erklärt, warum er die Krone nicht für seine Nachfolger aufbewahrte, sondern in Konstanzes Sarkophag legen ließ. So bleibt sie weiter Gegenstand leidenschaftlicher Spekulationen. So wurde beispielsweise auch vermutet, dass es sich um die sizilianische Königskrone Friedrichs gehandelt habe. Doch das kann ebenso wenig belegt werden.

Gekleidet war Konstanze in einen mit Perlen bestickten kostbaren roten Seidenmantel. Purpurrot war die Farbe der Kaiser, sowohl im antiken Rom als auch im mittelalterlichen Byzanz. Und Seide war im Mittelalter eines der kostbarsten Textilien überhaupt. Zugleich konnte Seide als Ausdruck der Verbundenheit Konstanzes mit ihrer Wahlheimat Sizilien gelten, denn die Normannen hatten die dort bereits während der sarazenischen Herrschaft eingeführte Seidenraupenzucht weiter gefördert und ihrem Königreich damit einen wichtigen Wirtschaftszweig erschlossen. Friedrich hat jedenfalls für eine würdevolle Beisetzung seiner Frau Sorge getragen.

Die zweite Frau
Isabella von Brienne

Um 1221/22 hatte Friedrich aber nicht nur Grund zur Trauer, sondern auch zur Freude – über die Geburt eines weiteren Sohnes, der als Friedrich von Antiochia in die Geschichte eingegangen und um 1256 gestorben ist. Über ihn ist wenig bekannt. So rätselt man, warum er den Beinamen »von Antiochia« erhalten hat. Eine Spur führt in das Fürstentum Antiochia, einen der Kreuzfahrerstaaten. Vielleicht hatte Friedrich vor, seinen Sohn nach einem siegreichen Kreuzzug mit diesem Fürstentum zu belehnen. Oder seine Mutter stammte aus der dortigen Fürstenfamilie oder war mit ihr verwandt.

Die Geburt des kleinen Friedrich löste allerdings nicht eines der größten Probleme seines Vaters: Der Staufer hatte nach wie vor nur einen erbberechtigten Sohn – ebenjenen nun etwa zehnjährigen Heinrich aus der Ehe mit Konstanze von Aragonien. Daher wäre es naheliegend gewesen, wenn der Witwer sich nach kurzer Zeit um eine neue Ehe bemüht hätte. Das hätte eigentlich auch im Interesse des Papstes gelegen, um einen alleinigen Erben der beiden Reiche zu verhindern. Doch Honorius III. dachte gar nicht in so langfristigen Kategorien, sondern hatte ein sehr viel näher liegendes Ziel – den schon so lange zugesagten Kreuzzug. Trotz aller Versprechen war

Friedrich noch immer nicht dazu aufgebrochen, und an der Kurie in Rom begann es zu brodeln. Wie lange sollte sich der Papst von diesem saumseligen Staufer noch hinhalten lassen? Im August 1221 war Damiette im oberägyptischen Nildelta gefallen, und der fünfte Kreuzzug hatte endgültig in einer Katastrophe geendet. Wenn Friedrich nicht endlich loszog, drohte ihm die Exkommunikation, der päpstliche Bannfluch. Doch Honorius scheute vor diesem Schritt zurück. Er wollte Friedrich nicht mit Gewalt zwingen, sondern ihn zu dem Kreuzzug durch einen ganz besonderen Preis verlocken: eine Frau! Ins Auge gefasst hatte er Isabella von Brienne – sie war zwar ein erst elfjähriges Mädchen, doch die Erbin des Königreichs Jerusalem. Wenn diese Aussicht den Staufer nicht zum Kreuzzug aufbrechen ließ – was dann?

Um die folgenden Ereignisse zu verstehen, bedarf es einer Rückblende. Zur Sicherung der erfolgreichen Eroberungen des ersten Kreuzzugs hatten die Kreuzfahrer Ende des 11. Jahrhunderts entlang der Küste die ersten vier Kreuzfahrerstaaten gegründet: das Königreich Jerusalem, die Grafschaft Edessa, das Fürstentum Antiochia und die Grafschaft Tripolis. Dieser Besitz war Anfang des 13. Jahrhunderts auf einen ganz schmalen Streifen zusammengeschrumpft. Jerusalem selbst war 1099 von den ersten Kreuzfahrern erobert worden, aber bereits 1187 an Sultan Saladin verloren gegangen. Das Fürstentum Antiochia hatte überhaupt keine Landverbindung mehr zu den übrigen Kreuzfahrerherrschaften. Der fünfte Kreuzzug, der durch einen Angriff auf Ägypten die Kreuzfahrer in Palästina entlasten sollte, hatte – wie geschildert – bei Damiette in einem Debakel geendet. Das einzige Kapital der Könige von Jerusalem war ihr klangvoller Name, der in keinem Verhältnis mehr stand zu dem Stückchen Land, das sie besaßen. Lehensrechtlich war der König von Jerusalem Herr über die Grafschaften Edessa und Tripolis, hatte aber auch diese Stellung zum Teil verloren. Die Aussicht auf ein wiederhergestelltes Königreich mit Jerusalem als Hauptstadt machte diesen Titel, abgesehen vom Prestige, interessant. Hauptstadt des Rumpfkönigreichs war die zwischenzeitlich ebenfalls verloren gegangene, dann aber von Richard Löwenherz wieder eroberte Hafenstadt Akko. Erbin dieses Königreichs war seit 1212 Isabella von Brienne (1212–1228), eine Enkelin Konrads I. von Montferrat und Isabellas von Jerusalem. Ihre Mutter war Maria von Montferrat, die 1210 Johann von Brienne (um 1169/74–1237), einen französischen Adligen, geheiratet hatte. Zwar wurde Johann ebenfalls zum König gekrönt, doch verdankte er dies lediglich seiner Frau. Als sie 1212 starb, war er zwar dem Namen nach König, als eigentliche Erbin aber galt seine Tochter Isabella, für die er als Regent die Herrschaft führte.

Johann war zwar ein »unbesiegter Ritter und ein tapferer Kriegsmann, von allen im Reiche geliebt und gefürchtet«, aber kein Heißsporn mehr, sondern ein Mann mit Augenmaß. Vor Damiette beschwor er den päpstlichen Legaten vergeblich, ein Übereinkommen mit den Muslimen zu suchen. Dem Königregenten war klar, dass sein Reich ohne neuerliche Unterstützung von außen dem Untergang geweiht war. Zu diesem Zweck reiste Johann von Brienne nach Italien. Dort wollte er die Werbetrommel für einen neuen Kreuzzug rühren – und einen mächtigen Mann für seine Tochter finden. In dem zum Königreich Sizilien gehörenden Brindisi betrat Johann im Frühjahr 1223 italienischen Boden und wurde von Friedrich II. persönlich empfangen. In Ferentino, rund 60 Kilometer südöstlich von Rom, an der Grenze zwischen dem Kirchenstaat und dem Königreich Sizilien, fand dann im März 1223 das eigentliche Gipfeltreffen statt. Es muss ein eindrucksvolles Schauspiel gewesen sein: Kaiser und Papst, dazu der König von Jerusalem, zahlreiche Kardinäle, Bischöfe und Äbte, darunter der Patriarch von Jerusalem und der Bischof von Bethlehem, Ritter aus Italien und Deutschland, Vertreter der drei großen Ritterorden, der Johanniter, der Templer und des Deutschen Ordens. Der Aufmarsch der Mächtigen unterstrich die Dringlichkeit des Vorhabens: Ohne neuerliche Unterstützung aus dem Abendland waren auch die übriggebliebenen Reste der Kreuzfahrerstaaten im Nahen Osten dem Untergang geweiht.

Ob der Papst als erster die Möglichkeit einer Ehe zwischen Friedrich II. und Isabella von Brienne ansprach oder Hermann von Salza, der Hochmeister des Deutschen Ordens, ist nicht ganz klar. Honorius selbst nennt den Patriarchen von Jerusalem und Hermann von Salza als Initiatoren, Friedrich II. dagegen legte Wert auf die Feststellung, erst »auf Zureden und eindringliche Ermahnung«, ja, »auf Befehl des Papstes« hin, das Eheversprechen geleistet zu haben, »um das in Angriff genommene Werk der Befreiung des Heiligen Landes noch besser durchführen zu können. So glauben wir, dass das Werk mit Hilfe des Bandes der Ehe durchgeführt werden wird, wie die Unternehmung und der Ehebund gemäß der Dringlichkeit des Vorhabens unlöslich miteinander verbunden sind.« Von wem der erste Gedanke zu der Heirat auch immer ausgegangen sein mag: Es war Honorius III., der das Projekt vorantrieb und den zunächst wohl eher zögerlichen Kaiser dafür gewann. Dafür war er sogar bereit, über die Verwandtschaft der Eheleute in spe hinwegzusehen. An Friedrich schrieb er: »Da Du, vom Eifer christlichen Glaubens entflammt und vom Herrn begeistert, das Unrecht an Jesus Christus zu rächen und sein Land aus den Händen der Ungläubigen zu befreien, das Kreuz

auf Dich genommen und dorthin zu ziehen gelobt hast …
und die edle Frau Isabella, die Tochter unseres in Christus geliebten Sohnes Johann, des Königs von Jerusalem,
öffentlich zur Gemahlin gewählt hast, verfügen wir, in der
weislichen Absicht, ein solches Unternehmen, das in erster Linie bei Gott steht, durch keinerlei Hindernisse aufzuhalten, sondern vielmehr durch wohlwollende Gnade
zu fördern, das Hindernis der Blutsverwandtschaft oder
Versippung … aufzuheben, und bestimmen wir jetzt, dass
Ihr unbeschadet dessen, dass besagte Isabella im vierten
Grade mit Dir verwandt sein soll, rechtmäßig verbunden
werden sollt durch die Vollmacht des vorliegenden Schreibens.« Wie sehr der Papst auch späteren Generationen als
Stifter dieser Ehe galt, zeigt eine Miniatur in der Chronik
des Giovanni Villani aus dem 14. Jahrhundert. Sie zeigt,
wie Honorius III. Friedrich und Isabella vermählt.

Die ursprüngliche Zurückhaltung Friedrichs gegenüber dieser Eheschließung hatte auch finanzielle Hintergründe: Isabella von Brienne brachte zwar einen klang-
vollen Titel in die Ehe, aber keine Mitgift – im Gegenteil:
Der nach einer solchen Eheschließung unvermeidliche
Kreuzzug würde seinerseits viel Geld verschlingen. Honorius war auch in diesem Fall bereit, um der Sache willen
nachzugeben, und sagte dem Staufer finanzielle Unterstützung für den Kreuzzug zu. Friedrich gelobte seinerseits bei einem weiteren Treffen mit einigen Kardinälen,
spätestens im August 1225 zum Kreuzzug aufzubrechen.

Von der Begeisterung des Papstes ließ sich auch Johann von Brienne mitreißen und unterstützte die eheliche Verbindung seiner jungen Tochter mit dem Kaiser.
Doch er wusste auch, dass dies sein eigenes Schicksal bestimmte: Was würde aus ihm nach der Hochzeit? Über
Hermann von Salza sagte Friedrich zu, dass Johann von
Brienne die Regentschaft bis zu seinem Tod ausüben

könne. Damit waren auch diese Bedenken zerstreut, und Johann von Brienne reiste weiter nach Frankreich, um König Philipp II. August für eine Unterstützung der neuerlichen Kreuzzugsvorbereitungen zu gewinnen. Der französische König war von der Ehe zwischen der Erbin des Königreichs Jerusalem und dem Stauferkaiser jedoch überhaupt nicht angetan. Bisher war der französische Einfluss in den Kreuzfahrerstaaten dominierend gewesen – mit dem Römisch-Deutschen Kaiser als König von Jerusalem würde sich diese Dominanz nur schwer halten lassen. Auch in England, wohin Johann im Anschluss reiste, hielt sich die Freude über die gerade angebahnte Ehe in Grenzen. Der Stein war aber bereits ins Rollen geraten und nicht mehr aufzuhalten, selbst wenn sich die Verwirklichung der Eheschließung aufgrund des jugendlichen Alters der Braut noch etwas hinzog. Damit hatte Friedrich ein weiteres Argument, den von ihm gelobten Kreuzzugstermin hinauszuzögern. Honorius III. lenkte ein weiteres Mal ein und akzeptierte das Angebot des Kaisers, bis spätestens August 1227 zum Kreuzzug aufzubrechen. Der Pontifex hatte auch gar keine andere Wahl, als sich auf Friedrichs Bedingungen einzulassen, nachdem die übrigen Herrscher Europas nach dem Desaster von Damiette überhaupt keine Anstalten machten, noch einmal das Risiko eines Kreuzzugs auf sich zu nehmen. Zumal Friedrich dieses Mal sein Versprechen sogar damit bekräftigte, dass der Papst ihn exkommunizieren könne, falls er den Termin nicht einhalten würde.

Im August 1225 sandte Friedrich seinen Admiral Graf Heinrich von Malta mit 14 (nach einer anderen Quelle waren es sogar 20) Galeeren nach Akko, um Isabella von Brienne in ihre neue Heimat zu führen. Wie schon bei Konstanze von Aragonien, fand auch dieses Mal eine stellvertretende Eheschließung im Heimatland der Braut

statt, nachdem Friedrich seinen ursprünglichen Plan aufgegeben hatte, zur Eheschließung selbst nach Akko zu
reisen. Die Rolle des Bräutigams übernahm bei der Zeremonie in der Heilig-Kreuz-Kathedrale der sizilianische
Bischof Jakob von Patti. Er steckte Isabella im Namen des
Kaisers den Ring an. Anders als im Abendland, wo solche Stellvertretungen bei Eheschließungen weit verbreitet
waren, zeigten sich die Chronisten im Königreich Jerusalem überrascht von dieser Sitte – und zugleich enttäuscht,
dass der mächtige Kaiser nicht selbst über das Meer gekommen war.

Wenige Tage nach der »Hochzeit« wurde Isabella in
Tyros durch den Patriarchen von Jerusalem, Raoul de
Merencourt, zur Königin gekrönt. Die Quellen schwär-
men von den überaus feierlichen und prunkvollen Festlichkeiten. Der Kaiser hatte seiner zukünftigen Gemahlin
»schöne Geschenke und kostbare Juwelen« überreichen
lassen, und die Barone des Königreichs Jerusalem »ließen
sich Kleider anfertigen und andere Dinge, um eine so vornehme Heirat und hohe Krönung zu feiern«. Zwei Wochen lang dauerten die Feierlichkeiten »mit Turnieren
und Tänzen und Festen verschiedener Art«.

Im Oktober 1225 hieß es für die 14-Jährige Abschied
nehmen von der Heimat. Dies ist Isabella offensichtlich
sehr schwer gefallen: »Unter heißen Tränen«, heißt es,
wurde Isabella von Verwandten und Freunden zu den
Schiffen geleitet. »Alle weinten, als ob sie dächten, sie niemals wiederzusehen.« Auch die junge Königin selbst soll
damals gesagt haben: »Ich empfehle dich Gott, mein geliebtes Syrien, das ich niemals wiedersehen werde« – ein
prophetisches Wort. Isabella dürfte sich gefühlt haben wie
ein Lamm, das zur Schlachtbank geführt wird. Der Verlust der vertrauten Umgebung mag dabei ebenso schwer
gewogen haben wie die Aussicht, einen doppelt so alten

Mann zu heiraten, dessen Leumund, was Frauen anbetraf, nicht der beste war. Begleitet wurde die Königin von ihrer älteren Cousine Anais von Brienne (um 1205–1230) und zahlreichen Rittern aus dem Königreich Jerusalem.

Auf der Überfahrt besuchte sie noch ihre Tante Alice de Champagne (1196–1246), Königin von Zypern. Ende Oktober 1225 traf die Flotte mit der zukünftigen Kaiserin und Königin von Sizilien in Brindisi ein. Empfangen wurde Isabella von ihrem Bräutigam und ihrem Vater, den sie seit seiner Abfahrt im Frühjahr 1223 nicht mehr gesehen hatte. Die Tage vor der nun anberaumten Hochzeit mit dem echten Bräutigam verbrachte sie in der Burg von Oria, knapp 30 Kilometer südwestlich von Brindisi. Am 9. November 1225 fand dann im Dom von Brindisi die Trauung zwischen Friedrich und Isabella statt; anschließend wurde im Kastell der Stadt, mit dessen Bau 1221 begonnen worden war, gefeiert. Durch ein Erdbeben im 18. Jahrhundert völlig zerstört, bietet der heute barocke Dom von Brindisi nur noch wenige Erinnerungen ans Mittelalter. Doch hat sich ein Fußbodenmosaik aus dem 12. Jahrhundert mit der Darstellung der Rolandssage erhalten. Mit ein wenig Phantasie kann man sich also durchaus noch in die Zeit des Mittelalters zurückversetzen. Die große Pracht, die bei dieser Hochzeit entfaltet wurde, war dem Anlass und dem Rang der Eheleute angemessen. Wenn allerdings Isabella von einer schönen Hochzeitsnacht geträumt hatte, erlebte sie stattdessen einen Albtraum – selbst wenn in den Chroniken manches übertrieben worden sein mag. Friedrich II. hatte nämlich keineswegs vor, die Nacht mit einem 14-jährigen Mädchen zu verbringen. Er ließ Isabella allein – und stürzte sich in ein Abenteuer mit ihrer Cousine Anais. Dass er diese vergewaltigt haben soll, wie in einigen Quellen zu lesen, ist wohl eher antistaufischer Propaganda geschuldet. Hat der Kaiser doch Anais sogar ein Liebesgedicht gewidmet, das sich auch in der deutschen Übersetzung des im sizilianischen Italienisch geschriebenen Originals sehr liebevoll liest.

Weh, ich gedachte nicht,
dass gar so schweres Leide
das Scheiden wäre von der Fraue mein.
Ich wähnt, ich müsste sterben,
seitdem ich sie meide
und ich der Süßen nicht mehr darf Geselle sein.
Von solchem Kummer wusst' ich nie zu sagen,
als seit das Schiff mich von ihr fortgetragen.
Ich sterb' gewisslich, wenn ich sie entbehre
und mich nicht schnellstens wieder zu ihr kehre …
Zur Blum aus Syrierland,
mein Lied, den Gang nun lenke,
und sag ihr, die mein Herz gefangen hält,
dass sie in Höfischkeit
gar minniglich gedenke
des, der sich ganz in ihre Dienste stellt
und nun aus Minne leidet sehnende Not,
wenn er nicht ganz erfüllt, was sie gebot!
Und bitte sie in ihrer holden Güte,
dass sie ein stetes Herz mir behüte.

In Wortwahl wie Aufbau entspricht das Gedicht zwar auch den kanonischen Regeln des Minnesangs, doch besteht wohl kein Zweifel, dass Friedrich von der »Blume aus Syrien« mächtig beeindruckt war, ja er gab vor, dahinzuschmelzen wie Schnee bei dem Gedanken, dass sie einen anderen Mann haben könnte. Bei allen Freiheiten, die der Kaiser sich gerade bei Frauen herausnahm, in diesem Fall hatte er den Bogen überspannt. Denn die Hochzeitsnacht mit der Cousine seiner Frau scheint nicht folgenlos geblieben zu sein. Es spricht einiges dafür, dass Anais die Mutter von Friedrichs unehelicher Tochter Blanchefleur (Biancafiore) war, die im Spätsommer 1226 geboren wurde. »Aus Liebe zu Gott und ihrer Jungfrauenschaft« verzichtete Blanchefleur freiwillig auf Reichtum und Ehe und trat in Frankreich in ein Dominikanerinnenkloster in Montargis ein, wo sie am 20. Juni 1279 gestorben ist. Pikant an der Beziehung zwischen Friedrich und Anais war auch ihre Herkunft – war sie doch eine Tochter Walters von Brienne und Enkelin des einstigen Usurpators Tankred.

Für Johann von Brienne nahm die mit vielen Hoffnungen eingefädelte Hochzeit gleichfalls eine unbefriedigende Wendung. Sein Schwiegersohn eröffnete ihm nämlich, dass er umgehend selbst den Titel eines Königs von Jerusalem annehmen werde und der Schwiegervater zurückstehen solle. Und das war noch nicht alles: Der Staufer verlangte von dem völlig verdutzten Johann von Brienne die »50 000 Mark Silber«, die er vom französischen König zur Unterstützung des Königreichs Jerusalem erhalten habe – denn: König von Jerusalem sei ja nun er, Friedrich. Eigentlich hätte Johann von Brienne mit dieser Entwicklung rechnen müssen. Trotz der durch Hermann von Salza gemachten Zusage wäre es doch sehr überraschend gewesen, wenn Friedrich freiwillig auf das Erbe seiner Frau bis zum Tod seines Schwiegervaters verzichtet hätte; umso mehr, als er nun endlich zum Kreuzzug aufbrechen wollte.

Als Johann von Brienne am Tag nach der Hochzeit seinen Schwiegersohn besuchen wollte, wohl um noch einmal über den geforderten Verzicht auf die Regentschaft zu sprechen, und sicher auch, um seine Tochter zu sehen, stand er vor einem leeren Gemach: Friedrich und Isabella waren schon am Morgen nach Foggia aufgebrochen, ohne sich von Vater und Schwiegervater zu verabschieden. Wahrscheinlich wollte der Staufer schlicht den Auseinandersetzungen mit dem enttäuschten Grafen aus dem Weg gehen. Johann von Brienne kochte vor Wut und zog dem davongeeilten Paar hinterher, dem schließlich nichts anderes übrigblieb, als den ungehaltenen (Ex-)König zu empfangen. Als Johann von Brienne seine Tochter auch noch in Tränen aufgelöst vorfand, war es um seine Fassung endgültig geschehen: Er verweigerte Friedrich den Gruß und verfluchte all jene, die ihn zum Kaiser gemacht hatten. »Wenn es nicht eine Todsünde wäre, würde er ihn umbringen«, heißt es in der *Heraklios-Chronik*.

»Als der Kaiser das vernahm, bekam er große Angst und befahl dem König, sein Land zu verlassen. Der König entgegnete: Mit Freuden, denn in diesem Land, bei einem so ehrlosen Mann, wolle er nicht länger bleiben.«

Natürlich ist diese Chronik nicht neutral, und in den Details mag sich das Aufeinandertreffen anders abgespielt haben. Dass es aber in Foggia einen handfesten Streit gegeben hat, steht außer Frage. Nach einer anderen Chronik soll Johann von Brienne den Staufer gar als »Sohn eines Metzgers« verunglimpft haben. Das mag eine Anspielung auf die von Gerüchten umwobene Geburt Friedrichs in Jesi gewesen sein oder ein Hinweis auf die Grausamkeiten Heinrichs VI. – beides konnte der Kaiser nicht hinnehmen, verletzte es doch seine Würde zutiefst. Dieses Zerwürfnis zwischen Friedrich II. und Johann von Brienne ließ sich nicht heilen. Der geschasste Regent von Jerusalem zog voller Wut nach Rom und klagte dort Honorius III. sein Leid. Doch der Papst konnte nicht zu seinen Gunsten eingreifen. Wollte er den Kreuzzug des Staufers nicht gefährden, musste er das Verhalten Friedrichs hinnehmen, auch wenn er noch einen vergeblichen Versuch unternahm, den Kaiser zur Versöhnung mit seinem Schwiegervater zu bewegen. Um den grollenden Johann von Brienne zu besänftigen, ernannte er ihn zum Verwalter des päpstlichen Schatzes und übertrug ihm damit die Oberaufsicht über seine Finanzen.

Eine Ehe, die so begonnen hatte wie jene zwischen Isabella und Friedrich, konnte kaum besonders glücklich werden. Die Chronisten malten das Schicksal der jungen Kaiserin denn auch in den düstersten Farben. Die einen berichten von Ohrfeigen, die das junge Mädchen noch in der Hochzeitsnacht von ihrem Mann empfing, um danach entweder im Kastell von Barletta eingekerkert oder in Friedrichs Harem nach Palermo verbracht zu werden, wo sie in tiefer Trauer um ihre verloren gegangene Heimat dahindämmerte.

Dass Friedrich schöne Frauen nicht nur gerne ansah, zeigt allein die stetig steigende Zahl seiner unehelichen Kinder. Der italienische Dichter und Historiker Pandolfo Collenuccio (1444–1504) meinte, dass der Staufer »ein allzu großer Liebhaber der Frauen« gewesen sei. »Er hatte viele Konkubinen und führte eine Schar der schönsten Frauen mit sich.« Wenn das so war, dann dürften darunter auch muslimische Frauen gewesen sein. Zwei Briefe Friedrichs – allerdings aus sehr viel späterer Zeit – haben die Spekulationen befördert: So wies er einmal einen seiner Beamten an, die »Mägde, die in unserem Palast in Palermo untergebracht sind und, ohne Dienste zu leisten, von unserem Hof ihren Lebensunterhalt beziehen«, zu »irgendwelchen Diensten« anzuhalten, »sei es zum Spinnen oder irgendwelchen anderen Arbeiten, damit sie ihr Brot nicht umsonst essen«. In einem anderen Brief befahl er, für

»die weiblichen Bedienten, die in Lucera sind«, kostbare Kleider zu besorgen. Was hatte es mit diesen Frauen auf sich? Hatten die Frauen in Palermo ebendeshalb nichts zu tun, weil er nur selten in der alten normannischen Hauptstadt weilte? Und die »weiblichen Bedienten« in seiner Sarazenenstadt Lucera? Friedrich mag mit der einen oder anderen dieser Frauen eine Beziehung gehabt haben, doch gibt die dürftige Quellenlage nicht genug her für weitere Spekulationen und bleibt den Beweis eines Harems, den Friedrich gehabt haben soll, schuldig.

Sind auch diese Verunglimpfungen des Staufers vor dem Hintergrund der späteren tiefen Auseinandersetzungen zwischen Kaiser- und Papsttum zu sehen, bei dem beide Seiten sich in propagandistischen Verteufelungen übertrumpften? Wenn Friedrich schon »Sultan von Lucera« genannt wurde, dann musste er natürlich auch einen Harem haben. Allerdings kamen die ersten Gerüchte über Isabellas unglückliches Eheleben zu einem Zeitpunkt auf, als der Papst noch Rücksicht auf den Kaiser nahm, immer in der Hoffnung, dieser würde bald zum Kreuzzug aufbrechen. Hinter diesen ersten Gerüchten mag Friedrichs vergrätzter Schwiegervater Johann von Brienne gesteckt haben, der den treulosen Staufer in ein möglichst schlechtes Licht rücken wollte, vor dem seine Regentschaft dann umso strahlender erscheinen würde.

Wie sehr die Hochzeit des Kaisers mit dem jungen Mädchen aus dem Orient schon die Phantasie der Zeitgenossen angeregt hat, zeigt eine Handschrift des Heldenepos *Ortnit*, die um 1225–30 entstanden ist. Der unbekannte Dichter hat in seine Fassung der Legende zahlreiche Ereignisse der damaligen Zeitgeschichte eingewoben, natürlich nicht in der Form einer historischen Darstellung und immer eingebunden in die Vorgaben des Epos. Doch gibt es so viele Parallelen, dass sie kaum Zufall sein können. Dabei passt der *Ortnit*-Autor die historischen Ereignisse friedrichfreundlich in seine Geschichte ein und vertauscht manche historische Begebenheit: So ist Ortnit, dem ursprünglichen Sagenkomplex folgend, König der Lombardei, aber er beherrscht von seiner Burg Garden (Garda) aus das ganze Land »vom Gebirge bis zum Meer«, von den Alpen bis nach Sizilien. In Sizilien regiert ein Ortnit als Vasall verbundener »heidnischer« Fürst namens Zacharias, der als »weiser Heide von Apulien« bezeichnet wird. Auch das entspricht nicht der Historie, aber hier klingt die Nähe Friedrichs zum Islam an; vielleicht ist sogar ein Bündnisvertrag mit einem tunesischen Fürsten das direkte Vorbild gewesen. Und so wie Zacharias mit seinen Kämpfern Ortnit unterstützt, so konnte Friedrich auf seine Sarazenen in Lucera bauen.

Die legendäre Brautfahrt des Königs Ortnit schließlich reichert der Dichter mit Anspielungen auf die Vermählung Friedrichs mit Isabella von Brienne an. Initiator der Ehe zwischen Ortnit und seiner Braut aus dem Morgenland ist dessen treuester Helfer Ylias von Riuzen. Hinter dieser Gestalt kann man Hermann von Salza sehen. Ortnits Braut Sidrat ist die Tochter Machorels, des »heidnischen« Königs von Jerusalem. Dahinter verbirgt sich der Sultan Malek al-Adel, ein Bruder Sultan Saladins. Ziel von Ortnits Brautfahrt ist Tyrus, das in der Realität damals allerdings christlich und nicht muslimisch war – ebenjene Stadt, in der Isabella zur Königin von Jerusalem gekrönt worden und von der sie nach Apulien aufgebrochen ist wie auch Sidrat. Vor dem großen Hochzeitsfest in der »Burg zu Garden« muss die »Heidenprinzessin« aber natürlich zuerst getauft werden; bei dieser Taufe nimmt sie den Namen Liebgart an.

Wenn der Vater der »Heidenprinzessin« schließlich über die Ehe mit Ortnit in einen heftigen Streit gerät, ist der Gedanke an Johann von Brienne nicht weit; auch wenn Friedrich in diesem Fall siegreich geblieben ist, während der Held des Epos im Kampf gegen den von Machorell gesandten Drachen heimtückisch zu Tode kommt. All diese Zuschreibungen und Identifikationen sind denn auch nicht unwidersprochen geblieben. Falls sie zutreffen sollten, sind sie jedenfalls ein schönes Beispiel dafür, wie das historische Ereignis in Dichtung verwandelt und als solche im damaligen Europa verstanden und aufgenommen wurde.

In der Realität hat Friedrich nie eine wirkliche Bindung zu Isabella gesucht und gefunden und Isabella sich nicht beim ersten Anblick ihres Bräutigams in diesen verliebt – wie Sigrat in Ortnit. Dazu war nicht nur der Altersunterschied viel zu groß. So konnte die junge Kaiserin auch weder politischen Einfluss entwickeln, wie noch Konstanze von Aragonien, noch dürfte sie Friedrich eine adäquate intellektuelle Gesprächspartnerin gewesen sein. Von einem »Wegschließen« oder einer »Verbannung« der jungen Ehefrau zu sprechen, wie es antistaufische Quellen suggerieren, ist dennoch überzogen.

Nach dem überstürzten Aufbruch aus Brindisi blieb das Paar einige Zeit in Foggia, wo Friedrich seit 1223 einen prachtvollen Palast erbauen ließ, in dem er in den Folgejahren bevorzugt residierte. Von ihm ist nur ein kleiner Torbogen erhalten, der mit Akanthusblättern geschmückt ist und auf dem zwei Adler als Konsolen den Bogen tragen. Auch in der Kathedrale von Foggia erinnert nur noch wenig an die Zeit Friedrichs II. Doch hat hier der Staufer sein neues Amt für alle deutlich sichtbar gemacht. Ohne ins Heilige Land gereist zu sein oder gar Jerusalem erobert zu haben, ließ er an seinem Anspruch keinen Zweifel: Auf seinen Befehl hin wurde die Kathedrale mit einer Kuppel überwölbt, die das Heilige Grab zum Vorbild hatte. Und im Tympanon über dem Nordportal zeigt ein bis heute erhaltenes Relief den segnenden Christus und darunter Kaiser Konstantin als Bezwinger des Heidentums. Das entsprach zwar der Würde und dem Amt eines Königs von Jerusalem – doch der Propaganda hatte die Verwirklichung im Rahmen eines Kreuzzugs zu folgen. Weihnachten feierte das Paar in der Kathedrale von Troia. In der apulischen Stadt ist wohl auch die einzige Urkunde entstanden, die jemals von Isabella ausgestellt worden ist. Darin werden von Friedrich bereits in einer anderen Urkunde aufgeführte Besitzungen und Rechte des Deutschen Ordens im Königreich Jerusalem bestätigt. Dass der Kaiser nach der Eheschließung das alles noch einmal wiederholen ließ, dürfte daher rühren, dass er zwar nun König von Jerusalem war – diesen Titel aber seiner jungen Frau verdankte. Es konnte angebracht erscheinen, die Ämter in ihrem Königreich Jerusalem durch Isabella selbst bestätigen zu lassen. Darauf deutet auch hin, dass Friedrich über die Kämpfe des Deutschen Ordens »unter den Vorfahren meiner geliebten Gemahlin Isabella« spricht. Eine inhaltliche Mitwirkung des Mädchens kann aber ausgeschlossen werden, auch wenn wörtlich von der »Zustimmung und dem freien Willen« der Kaiserin die Rede ist, die in der Urkunde mit ihrem vollen Titel genannt ist: »Isabella, von Gottes Gnaden Kaiserin der Römer, Mehrerin des Reichs, Königin von Jerusalem und Sizilien«. Ausgestellt wurde die Urkunde im Januar 1226.

Die Wege des Paares trennten sich, als Friedrich zu dem Hoftag aufbrach, den er für Ostern 1226 nach Cremona einberufen hatte. Der Kaiser begleitete seine Frau noch bis zum Kastell von Terracena am Stadtrand von Salerno und machte sich zügig von dort aus auf den Weg nach Pescara in den Abruzzen, wo er sich mit den sizilianischen Großen treffen wollte, um gemeinsam nach

Norden zu ziehen. Isabella und Friedrich trennten sich in demselben Kastell, in dem Jahrzehnte zuvor Friedrichs Mutter Konstanze von den Anhängern des Usurpators Tankred belagert worden war.

Dass Isabella ihren Mann nicht nach Cremona begleitete, könnte einerseits mit den Gefahren der Reise durch nicht immer freundlich gesinnte Gebiete zusammenhängen, aber auch mit – im übertragenen Sinne des Wortes – anderen Umständen. Zwar war die Ehe in der Hochzeitsnacht sicher nicht vollzogen worden, doch nur wenig später muss dies der Fall gewesen sein, denn noch 1226 wurde Isabella Mutter eines Mädchens, das aber bald starb.

Der Hoftag von Cremona wurde zu einem kompletten Fiasko. Auf halbem Weg zwischen Sizilien und Deutschland gelegen, war die Wahl des Ortes geografisch zwar nahe liegend, politisch aber wenig glücklich. Das fing schon mit der Anreise Friedrichs durch das vom Papst beanspruchte Herzogtum Spoleto an. Der Staufer setzte sich über diese Ansprüche hinweg und erklärte kurzerhand, dass die Kirche diese Gebiete nur als Lehen des Reichs besitze und er daher auch nicht fragen müsse, wann und mit wem er dort hindurchziehen dürfe. Darüber war Honorius III. nicht besonders erfreut. Noch weniger begeistert über das Auftauchen Friedrichs und den Hoftag im notorisch kaiserfreundlichen Cremona zeigten sich die lombardischen Städte. Sie glaubten dem Staufer nicht, dass es ihm vor allem um die Vorbereitung des Kreuzzugs gehe, und befürchteten, dass er die Gelegenheit nutzen würde, ihre Rechte zu beschneiden. Und auch von den angekündigten Gesetzen gegen die Ketzer hielten sie wenig, durch die sich der Kaiser einerseits die Gunst des Papstes sichern und andererseits Elemente ausschalten wollte, die er als Herausforderung seiner Allmacht verstand. So schlossen sich die lombardischen Städte zu einem Bund zusammen und verwehrten dem in Trient festsitzenden Kaisersohn Heinrich »und vielen deutschen Reichsfürsten« den Weg durch den Engpass der Veroneser Klause. Lediglich einige Fürsten aus Sachsen, berichtet die *Kölner Königschronik*, »zogen auf einem anderen Wege durch Österreich zum Kaiser. Der König [Heinrich] aber kehrte, ohne den Kaiser gesehen zu haben, mit den Fürsten unverrichteter Dinge aus Trient nach Deutschland zurück.«

Friedrich ließ die Mitglieder des Städtebunds daraufhin durch den Bischof Konrad von Hildesheim mit dem Bann belegen, wozu er berechtigt war, weil sie die Vorbereitung des Kreuzzugs behinderten. Weder diese Maßnahme noch ein wütender Brief an Honorius III. zeigten allerdings die gewünschte Wirkung. Trotz aller Geduld, die er mit den Lombarden an den Tag gelegt habe, hätten sich diese nicht von ihrem schändlichen Vorhaben abbringen lassen: »Und so geschah es, dass durch ihre hartnäckige Niederträchtigkeit ein solcher Hoftag, der zum Zwecke eines so würdigen, ja des würdigsten Unternehmens anberaumt war, seinen Fortgang nicht nehmen konnte.« Der alte Herr in Rom ging auf diese Beschwerden nicht ein, denn er wollte weder den Staufer einseitig gegen den lombardischen Städtebund stützen, noch konnte er das Verhindern des Hoftags in Cremona gutheißen.

Höchst missmutig trat der Kaiser den Rückweg in sein Königreich an. Einzig in Pisa dürfte sich seine Laune etwas gebessert haben, als er mit dem Mathematiker Leonardo Fibonacci über hoch komplizierte Rechenprobleme diskutierte. Im August 1226 überschritt Friedrich die Grenzen seines heimatlichen Königreichs Sizilien und traf dort Isabella wieder. In der *Kleinen Sizilianischen Chronik* kann man dazu lesen: »Und im Monat Januar der 15. Indiktion [1227] reiste der Kaiser zusammen mit seiner Gemahlin durch Kalabrien nach Sizilien hinüber.« Hier hielt sich Friedrich unter anderem in Catania und Palermo auf. Diese alte normannische Residenz führte unter Friedrich eher ein stiefmütterliches Dasein, nutzte er sie doch nur selten. Dass die Chroniken mitleidig davon berichten, dass Isabella fortan im alten Königspalast der Stadt nach orientalischer Sitte abgeschottet habe leben müssen, ist übertrieben. Denn Isabella hat ihren Mann bei dessen Reise über die Insel sehr wohl begleitet und kehrte zusammen mit ihm im Juni 1227 nach Apulien zurück, von wo aus der Kaiser zum Kreuzzug aufbrechen wollte. Bezeugt ist seine Anwesenheit in Troia, Melfi, Barletta und Brindisi, dem eigentlichen Treffpunkt und Hafen der Kreuzfahrer. Dass Isabella damals nicht hinter den Palastmauern von Palermo eingesperrt war, ergibt sich auch aus einer erneuten Schwangerschaft im Sommer 1227.

Keine Quelle verrät uns, was Isabella über den bevorstehenden Kreuzzug dachte. Aber man kann wohl davon ausgehen, dass sie ihn freudig begrüßt hat, sollte er doch ihr Königreich Jerusalem wieder in der alten Größe herstellen und vor allem Jerusalem selbst für die Christenheit zurückerobern. Ob ursprünglich vielleicht sogar daran gedacht gewesen war, dass Isabella bis Akko mitreisen sollte – die Stadt war ja nach wie vor in der Hand der Kreuzfahrer und relativ sicher –, muss gleichfalls Spekulation bleiben. Es gibt jedoch außer ihrer belegten Anwesenheit in Apulien keine weiteren Hinweise.

In Rom war bereits am 18. März 1227 Papst Honorius III. gestorben, der Friedrich II. so viel Geduld entgegengebracht hatte. Ihm folgte Ugolino Graf von Segni, der sich als Papst Gregor IX. nannte. Er war ein Neffe Innozenz' III. und wie dieser vom Weltherrschaftsanspruch des Papsttums zutiefst überzeugt. Bald nach seiner Wahl machte er dem Staufer klar, dass er bei ihm nicht mit so viel Nachsicht rechnen konnte. Er schrieb dem Kaiser noch am Tag seiner Wahl und ermahnte Friedrich dringend, den Termin des Kreuzzugs einzuhalten: »Bringe nicht uns und dich in jene Zwangslage, aus welcher wir dich nicht leicht befreien könnten, selbst wenn wir es wollten.« Auch in das Privatleben des Staufers mischte sich Gregor sogleich ein und warnte ihn vor den Lockungen der irdischen Lust. Gerüchte über den lockeren Lebenswandel des Kaisers waren natürlich auch bis Rom gelangt, und Johann von Brienne dürfte dem Pontifex häufig genug mit Klagen über das traurige Schicksal seiner Tochter als Gattin eines großen Verführers in den Ohren gelegen sein. Die Warnung des Papstes war jedenfalls eindeutig formuliert: »Gott hat Dir die Gabe der Wissenschaft und der vollkommenen Vorstellungskraft verliehen, und die ganze Christenheit folgt Dir. Hüte Dich, dass Du Deinen Geist, den Du mit den Engeln gemein hast, nicht tiefer als Deine Sinne stellst, die Du mit Tieren und Pflanzen gemein hast. Dein Geist wird geschwächt, wenn Du der Sklave Deiner Sinne bist.«

Wenn auch Isabellas Aufenthalt in Friedrichs vermeintlichem Harem in Palermo eine Mär ist, so ist sicher zutreffend, dass sich die Eheleute wenig zu sagen und noch weniger gemeinsam hatten. Doch war dies unter mittelalterlichen Herrscherpaaren keine Ausnahme, sondern eher der Regelfall. Ihre Ehen kamen als geschäftliche Verbindungen zustande, in denen Achtung, Zuneigung und Liebe entstehen konnten, aber nicht mussten. Auch der große Altersunterschied zwischen den beiden fällt nicht aus dem mittelalterlichen Rahmen. Eine mittelalterliche Kindheit ging sehr viel früher zu Ende als heute. Mädchen wurden meist im Alter zwischen zwölf und sechzehn Jahren verheiratet – Isabella war also genau im richtigen Alter für die Ehe gewesen.

Dass Isabella, wie kolportiert wird, hässlich gewesen sei und Friedrich sich deshalb nicht zu ihr hingezogen gefühlt habe, ist durch nichts belegt. Außereheliche Beziehungen kamen nicht nur bei Friedrich II. vor, wenngleich der Staufer auch in dieser Beziehung das durchschnittliche Maß bei weitem überschritt und eine ganze Reihe von Beziehungen mit anderen Frauen unterhielt, die nicht folgenlos geblieben sind. Friedrich hatte mehr uneheliche als eheliche Kinder. Auch während der Ehe mit Isabella erwuchs dem Kaiser Nachwuchs aus solchen Liebesverhältnissen, wobei häufig keine genauen Geburtsjahre und zum Teil nicht einmal der Name der Mutter feststehen, sodass eine exakte Einordnung schwerfällt.

Dass Friedrich so offen gegen kirchliche Moralgrundsätze verstieß, dürfte auch den neuen Papst gestört haben, doch wichtiger als die Sorge um die außerehelichen Kinder des Kaisers war in dem Moment wohl für Gregor IX., dass der Kreuzzug endlich zustande kam. Wenn der Papst allerdings argwöhnte, dass Friedrich auch dieses Mal auf Zeit spielen und überall hinziehen würde, nur nicht ins Heilige Land, dann hatte er sich getäuscht. Tatsächlich versammelte sich im Sommer 1227 in Brindisi eine solch gewaltige Menschenmenge, dass ihre Unterbringung und Verpflegung offensichtlich mehr schlecht als recht funktionierten. Auch waren nicht genügend Schiffe vor Ort, um alle aufzunehmen. Die zeitgenössischen Quellen berichten von 10 000 bis 14 000 Mann, die für den Kreuzzug bereitgestanden haben sollen.

Trotz der organisatorischen Schwierigkeiten in Brindisi besteht kein Zweifel am festen Willen des Kaisers, den Kreuzzug anzutreten. Doch wenn so viele Menschen auf einem Fleck versammelt sind und dies unter schlechten hygienischen Bedingungen geschieht, dann ist die

Gefahr von Krankheiten riesengroß. Dazu kam in Brindisi noch das für die vielen Ritter aus dem Norden ungewohnte heiße Klima. Zwangsläufig brach im Lager der Kreuzfahrer eine Epidemie aus, die so viele Opfer forderte, dass die Straßen der Stadt voller Leichen gewesen sein müssen. Seine Frau hatte Friedrich noch rechtzeitig in dem gut 80 Kilometer südlich gelegenen Kastell von Otranto in Sicherheit bringen können.

Auch Friedrich erkrankte, ließ sich jedoch nicht davon abbringen, die Vorbereitungen voranzubringen. Tatsächlich stach die erste Flotte mit 700 Rittern planmäßig in See, und der Kaiser selbst folgte am 8. September 1227 in Begleitung des Landgrafen Ludwig IV., des Heiligen, von Thüringen (1200–1227). Beide klagten über Fieber, vor allem der Thüringer war ganz offensichtlich nicht in der Lage, die Strapazen einer solchen Überfahrt zu bestehen. Zwei Tage später legte die Flotte noch einmal in Otranto an. Sicher hatte man vor diesem Hintergrund nicht daran gedacht, Isabella mitzunehmen. Vielmehr wollte sich der Kaiser von seiner Gemahlin verabschieden. Möglicherweise hofften die lädierten Kämpfer in spe auch darauf, sich noch etwas erholen zu können. Dass Friedrich in dieser Situation zu Isabella fuhr, spricht im Übrigen für eine wie auch immer geartete Bindung zwischen den Eheleuten. Allerdings hatte ein Besuch bei Isabella direkt vor dem Aufbruch ins Heilige Land, dessen Krone er seiner Frau verdankte, auch hohen symbolischen Wert.

Derweil wurde der Gesundheitszustand des Landgrafen von Thüringen, des Ehemanns der heiligen Elisabeth, immer bedrohlicher. Nach dem Besuch im Kastell von Otranto konnte er nur noch mühsam auf sein Schiff zurückkehren und starb dort am 11. September 1227. Zuvor waren bereits der Bischof von Augsburg und andere Große von der Seuche dahingerafft worden.

Doch vor allem vom Tod des thüringischen Landgrafen war Friedrich »zutiefst betroffen«. Nein, dieser Kreuzzug stand unter keinem guten Stern. Auch musste der Kaiser schließlich erkennen, dass er in seinem geschwächten Zustand nicht ernsthaft daran denken konnte, die Leitung des Kreuzzugs zu übernehmen. So beschloss er, sich zunächst in den Bädern von Pozzuoli zu erholen und Herzog Heinrich IV. von Limburg (um 1200–1246) den Oberbefehl über die reichlich dezimierte Zahl der Kreuzritter zu übertragen. Er selbst kündigte an, im Mai 1228 an der Spitze eines neuen Heeres zu folgen.

In Rom reagierte Gregor IX. ziemlich aufgebracht, als er erfuhr, dass Friedrich nicht zum Kreuzzug aufgebrochen war. Der Pontifex machte die schlechte Vorbereitung verantwortlich für die chaotischen Zustände in Brindisi. Dass der Kaiser selbst schwer erkrankt war, wollte der Papst nicht wahrhaben. Dies sei nichts weiter als eine »leichtfertige Ausrede«. Am schlimmsten wog für den Pontifex, dass der Staufer die in Brindisi verbliebenen Kreuzfahrer »verließ, ohne an seine Versprechungen zu denken, unter Bruch der Bande, durch die er gebunden war, und indem er die Furcht Gottes mit Füßen trat, unter Missachtung der Ehrfurcht vor Jesus Christus und Geringschätzung der kirchlichen Strafgewalt, indem er das christliche Heer im Stich ließ, das Heilige Land den Ungläubigen preisgab und die Ergebenheit des christlichen Volkes nicht achtete«. Und dies alles habe der Kaiser nur getan, um »zu den gewohnten Schwelgereien seines Königreichs« zurückkehren zu können. Zwar hatte der Papst wohl recht damit, dass es um die Logistik in Brindisi nicht zum Besten gestanden hatte, doch Gregor IX. reagierte sehr hart: Er exkommunizierte den Kaiser! Honorius III. hätte der Notlage des Herrschers sicher mehr Verständnis entgegengebracht. Wenn aber Gregor IX. nun den

Bannfluch gegen Friedrich II. schleuderte, dann war er formal im Recht. Hatte der Kaiser nicht selbst gefordert, der Papst solle ihn exkommunizieren, wenn er nicht zum vereinbarten Zeitpunkt den Kreuzzug beginnen würde? Eine Ausfluchtsklausel war bei diesem Versprechen nicht vorgesehen gewesen. Der Stellvertreter Gottes auf Erden kannte keine Gnade: Friedrich müsse einsehen, dass das Gesetz Gottes über der Willkür des Kaisers stehe. Weit entfernt davon, nun vor dem Papst zu Kreuze zu kriechen, verfasste Friedrich eine ausführliche, in ganz Europa verbreitete Rechtfertigungsschrift, nachdem sich der Papst nicht einmal bereit gefunden hatte, Gesandte Friedrichs zu empfangen. Darin stellte er unter Aufzählung zahlloser Details heraus, dass er alles Menschenmögliche für das Gelingen des Kreuzzugs getan habe und warum er selbst sich schließlich dazu entschieden habe, den Kreuzzug nicht anzutreten:

> »Da also die heftige Krankheit uns selbst zu vernichten imstande war und da von uns das Leben und das Schicksal vieler Völker abhängt, wurde die Überfahrt unserer Person aufgeschoben, um die Gesundheit wiederzuerlangen, aber, wenn Gott will, nicht aufgegeben, weil der glühende Eifer eines so erwünschten Vorhabens … auf keine Weise durch irgendein Unglück ausgetilgt werden kann.«

Die Reaktion Gregors bezeichnet Friedrich in dieser Schrift als »unziemlich und hart«. Der Papst sei offensichtlich dazu bereit, »Hass gegen uns zu entflammen«. Und dies, nachdem er der Kirche doch stets Wohltaten erwiesen und deren Wünschen entsprochen hätte. Auch seine Ehe fügte der Kaiser hier noch einmal als Beispiel an: Als er mit Papst Honorius über den Kreuzzug beraten hätte, habe er sich dem »apostolischen Drängen und Mahnen« gebeugt und die »Erbherrin des Königreichs Jerusalem glücklich zur Gemahlin genommen«.

Für den Kaiser war es ziemlich schwierig, aus dieser Lage wieder herauszukommen. Denn der Papst machte keinerlei Anstalten, eine Aufhebung der Exkommunikation in Aussicht zu stellen, sollte Friedrich ernsthaft daran gelegen sein, im Mai 1228 den versäumten Kreuzzug nachzuholen. Im Gegenteil: Gregor untersagte Friedrich den Kreuzzug sogar förmlich – einen Gebannten als Kreuzritter wollte er nicht zulassen. Der Papst war an einem Kompromiss, zumindest zu diesem Zeitpunkt, nicht interessiert. Ihm ging es auch längst nicht mehr nur um den Kreuzzug. Ihm ging es um eine Beschneidung der Machtfülle des Kaisers.

Der Staufer ließ sich davon nicht beirren und kündigte seinen Kreuzzug an – unbeeindruckt von der Meinung des Papstes. Vielleicht hoffte er darauf, dass der Pontifex in letzter Minute noch einlenken würde. Um dies zu erreichen, griff Friedrich sogar zu ziemlich unfeinen Mitteln: Mit Bestechungsgeldern wiegelte er die Bevölkerung von Rom gegen den Papst auf, und als dieser Ostern 1228 in seiner Predigt zu einer Abrechnung mit dem Kaiser ansetzen wollte, meuterte das Volk, bis Gregor aus der Stadt fliehen musste.

Friedrich hielt sich in den ersten Monaten des Jahres 1228 stets in der Gegend zwischen Bari im Süden und Foggia im Norden auf, seinem geliebten Apulien. Isabella dürfte diese Zeit ebenfalls in Apulien verbracht haben, wenn auch in der Endphase der Schwangerschaft nicht immer an der Seite ihres Mannes. Denn als sie am 25. April 1228 in Andria einem gesunden Sohn das Leben schenkte, hielt sich der Kaiser in Troia auf, wo ihm die frohe Botschaft überbracht wurde. Doch die Freude, die

Kaiser Friedrich I. Barbarossa, Großvater Friedrichs II.,
mit seinen beiden Söhnen, König Heinrich VI. und
Herzog Friedrich V. von Schwaben. Weingartner
Welfenchronik, um 1180.

Die Geburt Friedrichs in einem Zelt auf dem Marktplatz
von Iesi, wie sie von Giovanni Villani (um 1280–1348)
in seiner »Nuova Cronica« überliefert wird.

Die Buchillustration zeigt (v.o.n.u.) das Leben
König Rogers II. von Sizilien, die Geburt und Heirat
seiner Tochter Konstanze mit Heinrich VI. sowie
die Abreise des Paares nach Deutschland. Ganz unten:
Die Vermählten erhalten den Segen des Papstes.
Aus dem »Liber ad honorem Augusti« des Petrus de
Ebulo, 1195/96.

Kaiser Heinrich VI. stirbt 1197 im Alter von 32 Jahren, sein
Sohn Friedrich ist gerade vier Jahre alt. »Große Heidelberger Liederhandschrift« (Codex Manesse), 1305–1340.

Nach dem Tod Heinrichs VI. übernimmt Papst
Innozenz III. die Vormundschaft für Friedrich II.
Fresko um 1219, Monastero di San Benedetto Subiaco.

Pedro II. von Arago-
nien, der Bruder von
Friedrichs erster Frau
Konstanze, kämpft
bei Muret mit dem
Grafen von Toulouse
gegen die Kreuzritter.
»Grandes Chroniques
de France«, 14. Jh.

Kaiserin Konstanze lässt ihren Sohn Friedrich in Palermo
zum König von Sizilien krönen. Historistischer Holz-
stich nach einer Zeichnung von Alexander Zick, 1890.

Friedrich II. wird von Papst Honorius III. zum Kaiser gekrönt. Aus »Miroir historique« von Vincent de Beauvais, 15. Jahrhundert.

Die Kaiserkrone des Heiligen Römischen Reichs stammt aus der zweiten Hälfte des 10. Jahrhunderts. Ob auch Friedrich II. mit ihr gekrönt wurde, ist ungewiss.

Friedrich II. und seine erste Ehefrau Konstanze in
Anbetung der Madonna. Relief, um 1220.

Bei dem pracht-
vollen Kopf-
schmuck, der 1781
bei der Öffnung
von Konstanzes
Sarkophag gefun-
den wurde, handelt
es sich um eine
nach byzantini-
schen Vorbildern
gefertigte Krone.

Das Stauferkastell von Gioia del Colle, in dem
Friedrichs Geliebte und mutmaßliche vierte Ehefrau
Bianca gelebt hat.

Das Relief an der Kanzel im Dom von Bitonto
entstand um 1229. Bis heute ist umstritten, welche
Personen dort abgebildet sind. Einer möglichen Lesart
zufolge zeigt das Relief Friedrich II. und Isabella von
Brienne zusammen mit den beiden Kindern des
Kaisers, Heinrich und Konrad.

»Friedrich II. setzt sich in der Grabeskirche zu Jerusalem
die Krone des Heiligen Landes auf.« Historistischer
Stich nach einer Zeichnung von Franz Kollarz, um 1860.

Die Könige von England: Heinrich II. (1133–1189),
Richard I. Löwenherz (1157–1199). Untere Reihe:
Johann ohne Land (1167–1216) und Heinrich III.
(1207–1272). Buchmalerei aus dem 13. Jahrhundert.

Kaiser Friedrich II. empfängt seine Braut, Isabella von England, mit ihrem Gefolge in Worms. Historistischer Stich nach einer Zeichnung von Joseph Mathias von Trenkwald, um 1860.

Die Hochzeit Friedrichs II. mit Isabella von England. Aus der Chronik des Matthäus von Paris, 1236.

Kaiser Friedrich II. mit einem Falken. Mit dem Buch »Über die Kunst, mit Vögeln zu jagen« (1232) erlangte der Staufer auch als Schriftsteller Berühmtheit.

Castel del Monte in Apulien, geheimnisumwittertes Jagdschloss Friedrichs II. Es wurde von 1240 bis um 1250 errichtet, wahrscheinlich aber nie ganz vollendet.

Der Sarkophag Friedrichs II. in der Kapelle von Palermo. Der letzte Stauferkaiser verstarb am 13. Dezember 1250, gekleidet in einen Zisterzienserhabit.

Konradin von Schwaben, Enkel Friedrichs II., mit einem Gefährten auf der Falkenjagd. »Große Heidelberger Liederhandschrift« (Codex Manesse), 1305–1340.

Friedrich darüber empfunden haben wird, war nicht von langer Dauer: Zehn Tage nach der Geburt des Jungen, der einer Anordnung des Vaters folgend auf den Namen Konrad getauft wurde, starb Isabella von Brienne im Alter von kaum 17 Jahren.

An der Beisetzung Isabellas »nahmen alle Prälaten des Königreichs Sizilien teil, die in Barletta zu einem allgemeinen Hoftag zusammengekommen waren, den der Kaiser in ebendiese Stadt einberief«. Dass der Hoftag in dem nicht weit von Andria entfernten Barletta zusammentraf, war sicher ein Zufall. Doch ohne diesen Zufall wäre Isabella ohne eine so große Schar hochrangiger Geistlicher zu Grabe getragen worden. Falls es aber auf eine Anordnung Friedrichs zurückging, dass die Prälaten der Trauerfeier für seine Frau in Andria beiwohnten, dann mag dies ein weiteres Indiz dafür sein, dass er sie nicht so gering geschätzt hat, wie dies oft angenommen wurde; auch wenn aus der historischen Rückschau kaum noch entschieden werden kann, ob es hier um die »Person« Isabella ging oder um die Kaiserin und Erbin des Königreichs Jerusalem. Dass er sie nicht nach Palermo überführen ließ, kann damit zusammenhängen, dass seine erste Frau dort bestattet ist, aber auch der Tatsache geschuldet sein, dass er seinen eigenen Lebensmittelpunkt inzwischen nach Apulien verlegt hatte. Auch war Andria für Friedrich nicht irgendein Ort: Es war ihm die liebste Gegend seines geliebten Apulien. Nur wenige Kilometer südlich der Stadt ließ er sich von 1240 an das berühmte und geheimnisumwitterte Castel del Monte erbauen. Das Schloss ist voller mathematischer Anspielungen und Ergebnis eines ausgeklügelten geometrischen Programms. Vor diesem Hintergrund ist es sicher kein Zufall, dass die Nord-Süd-Achse des Baus direkt auf den Glockenturm der Kathedrale von Andria ausgerichtet ist.

Die enge Bindung des Kaisers an Andria – und umgekehrt – belegt auch eine Inschrift am Stadttor, die Friedrich II. als Antwort auf eine Ergebenheitsadresse der
Stadt verfasst haben soll: »Heil dir, Andria, glückliche
Stadt, die unserem Herzen innig verbunden sich hat. Stets
wird Friedrich den Wert solcher Treue erkennen. Andria,
heil! Mögst glücklich du dich immer nennen.« Vor dem
Hintergrund dieser Verbundenheit kann Andria sogar
bewusst als Geburtsort Konrads ausgesucht worden sein.
Die Bedeutung Andrias wird außerdem dadurch unter-
strichen, dass Friedrichs dritte Ehefrau Isabella von England ebenfalls hier begraben wurde, obwohl sie in Foggia
gestorben ist.

Wer allerdings heute die Kathedrale von Andria betritt,
sucht vergeblich nach einem prächtigen Sarkophag, wie
ihn Konstanze von Aragonien in Palermo bekam. Auch
mit den schönen romanischen Kirchen des staufischen
Apulien – Bitonto, Ruvo di Puglia oder Trani zum Beispiel – kann der Dom Santa Maria Assunta in Andria heute
nicht mehr mithalten. Der Bau wurde vom 15. Jahrhundert an komplett verändert. Doch nur eine Schicht tiefer
wird man fündig: In der aus dem 10. oder 11. Jahrhundert
stammenden Unterkirche wurde 1904 intensiv gegraben.
Über Jahrhunderte hinweg war die Unterkirche als Beinhaus verwendet worden, hier türmten sich zu Beginn des
20. Jahrhunderts Knochen und Unrat. Im Schwange apu-
lischer Stauferbegeisterung und in der Hoffnung, in dieser Unterkirche auf die Gräber der beiden Kaiserinnen
zu stoßen, wurde Schicht um Schicht hinausgeräumt. Tatsächlich stieß man in zwei eingefassten Bodengräbern auf
weibliche Skelette, die eilig als Isabella von Brienne und
Isabella von England identifiziert wurden. Doch waren
die Kaiserinnen wirklich ganz ohne Prunk bestattet worden? Oder hatten die Anjou, die späteren Machthaber,

146

in ihrem Hass auf alles Staufische die Grabmonumente zerstört? Zu dieser Vermutung passte, dass in der Unterkirche auch Reste von Ornamentfriesen und Skulpturenfragmente gefunden wurden. Allerdings geht man heute davon aus, dass diese nicht zu einem Grabmal gehört haben. So wucherten lange die Spekulationen um die vermeintlichen Kaiserinnengräber.

Im Jahr 1992 wurden die Gräber erneut geöffnet und die Skelette von einem Pathologen untersucht. Dieser kam zu dem Ergebnis, dass eine der Toten im Alter zwischen 12 und 18 Jahren gestorben ist, die andere zwischen 25 und 35 Jahre alt war. Da Isabella von Brienne mit knapp 17 Jahren starb und Isabella von England mit 27 Jahren, erhielt die Überzeugung neue Nahrung, dass es sich bei den beiden Toten tatsächlich um die Gemahlinnen Friedrichs II. handeln könnte. Da aber im Dom von Andria nachweislich auch andere höhergestellte Persönlichkeiten beigesetzt wurden und die Unterkirche – wie erwähnt – über Jahrhunderte hinweg als Beinhaus gedient hat, ist der letzte Nachweis damit noch nicht geführt. Wer aber daran glauben möchte, dass er hier vor den Gräbern der unglücklichen Isabella von Brienne und der ihr als Gemahlin des Stauferkaisers folgenden Isabella von England steht, findet auch keinen Gegenbeweis. Im Dom von Andria selbst fand man eine salomonische Lösung: In der Krypta gibt es zwei Tafeln, die eine besagt, dass sich hier die Gräber der Kaiserinnen befinden, auf der anderen wird ebendies in Frage gestellt … So unscheinbar Isabella gelebt hat, so unscheinbar blieb sie im Tod. Welch ein Kontrast zu ihrer Vorgängerin Konstanze von Aragonien!

Noch an einem anderen Ort in Apulien kann man den Spuren der Isabella von Brienne näher kommen: im Dom von Bitonto. An der Kanzel befindet sich ein um 1229 entstandenes Relief, auf dem vier Personen abgebildet sind. Es hat zahlreiche Versuche gegeben, diese zu identifizieren. Und nach einer der vielen Lesarten sind darauf Friedrich und Isabella zu sehen, zusammen mit den beiden Kindern des Kaisers, Heinrich und Konrad.

Genau genommen war Friedrich nun, nach dem Tod seiner Frau, in keiner anderen Lage als einst Johann von Brienne – er war lediglich der Platzhalter für den eigentlichen Erben, seinen gerade geborenen Sohn Konrad. Doch änderte dies nichts an der Planung des Kaisers, noch 1228 zum Kreuzzug aufzubrechen. Niemand konnte ihn davon abhalten, auch nicht der »römische Oberpriester«, der dies auf »unverschämte Weise« versuche. Am 28. Juni 1228 stach Friedrich in See, allen Warnungen zum Trotz, dass der Papst die Abwesenheit des gebannten Kaisers nicht ungenutzt verstreichen lassen würde. Im Heiligen Land ergab sich für Friedrich eine geradezu paradoxe Situation: Die anwesenden Kreuzritter verweigerten dem exkommunizierten Kaiser die Gefolgschaft. So konnte sich der Staufer nur auf seine Sizilianer, die Deutschordensritter um Hermann von Salza und die treuen Sarazenen aus Lucera verlassen. Man vergegenwärtige sich einmal die kuriosen Umstände: Ein aus der kirchlichen Gemeinschaft ausgeschlossener Kaiser unternimmt einen Kreuzzug, und ausgerechnet Muslime sollen ihm dabei helfen, Jerusalem aus muslimischer Hand zu »befreien«. Friedrich wusste, dass seine Kräfte viel zu schwach waren, um Jerusalem erobern zu können. Und so tat er, was den Papst in Rom vollends verärgerte: Indem er geschickt innermuslimische Streitigkeiten ausnutzte, verhandelte er über den Emir Fahr ed-Din mit dem ägyptischen Sultan al-Kamil (1177/80?–1238). Dabei kam ihm zugute, dass er fließend Arabisch sprach und mit der orientalischen Lebensweise sehr vertraut war. Zwischendurch hatte er sogar noch Zeit, um mit Fahr ed-Din über philosophische und mathematische Fragen zu diskutieren.

Am 18. Februar 1229 gelang Friedrich, was all die kriegerischen Bemühungen zuvor nicht erreicht hatten: In einem Vertrag mit al-Kamil vereinbarte er die Rückgabe Jerusalems, mit Ausnahme der heiligen Stätten der Muslime, und Bethlehems sowie des gesamten Küstenstreifens zwischen Jaffa und Akko an die Christen. Die Vereinbarung sollte zunächst für zehn Jahre gelten. Da das komplette Hinterland in muslimischer Hand blieb, war dieses »neue« Königreich Jerusalem allerdings tatsächlich an einen solchen Konsens gebunden, zumal der Kaiser sich verpflichtete, die Mauern der Stadt zu schleifen. Am 17. März 1229 zog Friedrich in Jerusalem ein, um sich die Krone zu holen, die er seiner verstorbenen Frau Isabella zu verdanken hatte. Um keinen weiteren Affront gegenüber dem Papst zu provozieren, gab es keine feierliche Krönungszeremonie durch einen Bischof, doch fand in der Grabeskirche ein festlicher Akt statt, der in den Quellen als »unter der Krone gehen« bezeichnet wird. Ob er dabei wenigstens für einen Moment auch an Isabella gedacht hat?

Zu Hause in Europa kursierten derweil die phantastischsten Gerüchte: Der Kaiser sei nun vollständig zum Orientalen geworden, habe die Tochter des Sultans und 50 Sarazeninnen geheiratet, er trage sarazenische Gewänder und vergnüge sich bei abendlichen Gelagen. Er sei »überhaupt in jeder Weise ein Sarazene geworden«, berichtete der Patriarch von Jerusalem dem Papst. Auch habe er, heißt es in der Chronik Rogers von Wendover, in Akko »Sarazenen an seiner Tafel speisen lassen … und ihnen christliche Tänzerinnen gegeben, um vor ihnen ihre Künste zu zeigen, und, wie man sagt, zu fleischlicher Vermischung«.

Wahr daran ist, dass Friedrich der muslimischen Welt ohne Vorurteile gegenüberstand und die orientalische Lebensweise während des Kreuzzugs noch mehr schätzen lernte. Die Hochachtung Friedrichs für seine muslimischen Verhandlungspartner beruhte auf Gegenseitigkeit. Ein arabischer Gelehrter schrieb über ihn: »Der Kaiser … war vornehm und gelehrt, ein Freund der Philosophie, Logik und Medizin und den Muslimen günstig gesinnt.« Deshalb würden er und seine ganze Familie vom Papst gehasst.

Diesen Hass bekam Friedrich deutlich zu spüren, als er vom Kreuzzug zurückkehrte und am 10. Juni 1229 in Brindisi landete. Schon im Januar waren päpstliche Truppen in Apulien eingefallen – ausgerechnet unter dem Kommando seines Schwiegervaters Johann von Brienne! Doch in kurzer Zeit gelang es dem Staufer, die Rebellion niederzuschlagen, sodass die päpstlichen Truppen in Panik den Rückzug antraten. Auf die »Verräter« in den eigenen Reihen ließ Friedrich ein fürchterliches Strafgericht hereinbrechen: »Alle seine Gegner, die er in seinen Burgen gefangen nahm, ließ er lebendig schinden oder an den Galgen hängen.« Die Einwohner der Stadt Bitonto kamen mit einer Predigt davon, die ein staufertreuer Geistlicher namens Nikolaus hielt und in der er den Kaiser mit einer wahrhaften Hymne in den Himmel hob: »Er ist die Sonne im Firmament der Welt, durch die nach Gnade und durch Beispiel die Menschen erleuchtet werden. Er ist es, dem jegliches Knie sich beugt … Wer unter den Wolken wird ihm gleichen …? Er ist einer und hat keinen zweiten, der herrliche Phönix geschmückt mit goldenen Federn. Groß ist er, größer und am größten: groß, da er König von Sizilien, größer, da er König von Jerusalem, am größten, da er Römischer Kaiser. Er ist es, den der Herr gekrönt hat mit Ruhm und Ehre und ihn eingesetzt über alle seine Werke … Gegrüßet seist Du, Herr Kaiser, voller Gnade Gottes, der Herr sei mit Dir … Gebenedeit bist Du unter den Königen, und gebenedeit sei die Frucht Deines Leibes, das heißt die schönste Frucht: König Konrad, Euer heiß geliebter Sohn, an dem ihr Wohlgefallen habt.« Wenn diese – hier nur in Auszügen wiedergegebene – wahrlich atemberaubende Predigt wirklich so in Bitonto gehalten worden und in diesem Zusammenhang auch das bereits erwähnte Relief an der Kanzel zu sehen ist, dann könnte dies die Identifikation der Personen mit Friedrich, Isabella, Heinrich und Konrad durchaus stützen, die Nichterwähnung Heinrichs in der Predigt mit dessen deutscher Krone zusammenhängen.

Bleibt als Nachtrag ein Blick auf das weitere Schicksal des kleinen Konrad, dessen Geburt Isabella das Leben gekostet hat. Die Erziehung des Jungen hatte Friedrich II. in die Hand des neapolitanischen Ritters Landulf Caraccioli gelegt. Obwohl Konrad seinen Vater während des Kreuzzugs für längere Zeit nicht gesehen hatte, entwickelte sich nach dessen Rückkehr doch ein engeres Verhältnis, als es zwischen Friedrich und seinem ältesten Sohn Heinrich jemals bestanden hat. Die sich in den Jahren um 1230 dramatisch zuspitzenden Ereignisse um Heinrich sollten jedoch auch Konrads Schicksal beeinflussen und letztlich sein Leben bestimmen.

Die Geliebte
Bianca Lancia d'Agliano

Wann die Beziehung Friedrichs II. zu diesem Mädchen begonnen hat, von der es heißt, sie sei die große Liebe seines Lebens gewesen, ist nicht eindeutig zu klären. Es mag sein, dass Bianca Lancia zunächst ebenfalls nur ein Seitensprung unter vielen war, denn als Ehefrau kam sie wegen ihrer im Vergleich zu dem Staufer eher bescheidenen Herkunft nicht infrage. Doch aus diesen mutmaßlichen Anfängen heraus entwickelte sich eine tiefe Liebe. Wer war diese Frau, die den oft als gefühlskalt beschriebenen Staufer so verzaubert hat?

Im Rahmen des Hoftags von Cremona hatte Friedrich im Mai 1226 die Burg des Grafen Bonifacio d'Agliano im piemontesischen Asti besucht. Der Burgherr war der Schwager des Markgrafen Manfred II. Lancia (1185–1257). Und Manfred stand etwa seit 1215 in den Diensten des Stauferkaisers. Schon am Hofe Friedrich Barbarossas waren Mitglieder der piemontesischen Adelsfamilie vertreten gewesen, die Verbindung also bewährt und eng. Manfred II. wurde von Friedrich II. 1218 in einer Urkunde sogar einmal als »fidelis noster«, als »unser Getreuer« bezeichnet. Auch der Besuch auf der Burg Bonifacios kann als Auszeichnung und Dank für die treuen Dienste der Lancias betrachtet werden.

In Asti lernte Friedrich nicht nur die Frau des Burg-herrn kennen, sondern auch deren drei Töchter. Eine der Töchter, Bianca, war damals ungefähr 15 Jahre alt – und bildhübsch. Sie sei mit einer solch seltenen Schönheit ausgestattet gewesen, dass man nur schwer ein vergleich-bar hübsches Mädchen hätte finden können, schwärmte schon ein zeitgenössischer Chronist.

Da Friedrich schöne Frauen liebte, ist es gut nach-vollziehbar, dass er bereits an diesem Abend Bianca mit großem Wohlwollen betrachtet hat. Ob schon damals die Beziehung zwischen den beiden begonnen hat, muss aller-dings Spekulation bleiben. Zwar gibt es in den zeitgenös-sischen Quellen sogar Hinweise darauf, doch berichten diese außerdem die unwahrscheinliche Geschichte, dass Friedrich in dieser einen Nacht nicht nur mit Bianca, son-dern gleich noch mit ihren beiden Schwestern geschla-fen habe.

Immerhin gibt es einen Punkt, an dem sich der Be-ginn des Liebesverhältnisses festmachen lässt: Im Novem-ber 1230 gebar Bianca eine Tochter, die – dem norman-nischen Erbe des Vaters verpflichtet – auf den Namen Konstanze getauft wurde. Das Verhältnis muss also min-destens seit Februar 1230 bestanden haben. Doch mutet ein so langer Abstand zum ersten Treffen merkwürdig an. Wahrscheinlich begann die Beziehung noch 1226 oder Anfang 1227. Bianca gehörte dabei offiziell zum Gefolge ihres Onkels Manfred, obwohl jeder am Hof des Staufer-kaisers wusste, wer Bianca wirklich war: nicht nur seine Geliebte, sondern seine Begleiterin in schwieriger Zeit. Wahrscheinlich bestand die Beziehung also bereits zu Lebzeiten Isabellas von Jerusalem. Ob die zwei Jahre jün-gere Kaiserin davon wusste? Es ist davon auszugehen, dass die beiden jungen Frauen an unterschiedlichen Orten ge-lebt haben und wohl nur selten zusammengetroffen sind.

Auch war Isabellas Einfluss auf den Kaiser viel zu gering, als dass sie daran etwas hätte ändern können.

Pikant an der Beziehung zwischen Friedrich und Bianca war, dass die Quellen schon zuvor von einer Liebesbeziehung des Kaisers mit einem Mädchen aus der Familie Lancia berichten. Es könnte sich bei dieser Frau sogar um eine Schwester Biancas gehandelt haben; sicher ist das aber nicht. Und auch diese Beziehung des Kaisers ist nicht ohne Folgen geblieben. Um 1222 brachte seine erste Lancia-Geliebte eine Tochter zur Welt – Selvaggia –, die der Kaiser 1238 im Alter von 16 Jahren mit einem seiner treuesten Gefolgsleute verheiratete: Ezzelino III. da Romano (1194–1259). Im Auftrag des Kaisers räumte Ezzelino in der Lombardei gnadenlos auf, ließ foltern und hinrichten, wer sich ihm – und damit auch dem Kaiser – in den Weg stellte. Und das waren nicht wenige, selbst wenn die Zahl von 50000 Menschen, die seiner Wut zum Opfer gefallen sein sollen, zu hoch gegriffen sein dürfte. Die Hand der Tochter Friedrichs II. durfte Ezzelino, der als Prototyp des tyrannischen Gewaltherrschers gilt, als Belohnung für seine Treue interpretieren; ob er das »Geschenk« gewürdigt hat, sei dahingestellt. Immerhin bewegte Ezzelino sogar die Phantasie von Dichtern: Dante Alighieri siedelte ihn im 12. Gesang seiner *Göttlichen Komödie* im Inferno an. Zusammen mit anderen Tyrannen, »die Blut vergossen und geplündert haben«, sitzt Ezzelino im »scharlachroten Sud«, dem Blut seiner Opfer. Joseph von Eichendorff widmete *Ezelin von Romano* noch 1828 einen Roman. Selvaggia, die mutmaßlich unglückliche Ehefrau Ezzelinos, starb 1244.

Doch von der Hölle Selvaggias zurück in den siebten Himmel Bianca Lancias: Manfred Lancia, Biancas Onkel, war kein ungehobelter Ritter, sondern ein gebildeter Mann, der in der provenzalischen Sprache seiner Heimat Gedichte schrieb und dabei wohl wegen seiner wenig ausgeprägten Freigebigkeit den Spott der ausgewiesenen Troubadoure auf sich zog. Seine politischen Ambitionen verlegte er ganz in den Süden Italiens, vor allem, nachdem seine Nichte zur Geliebten des Kaisers geworden war und ihren Einfluss durchaus auch dazu genutzt hat, ihre Verwandten zu protegieren. Eine ganze Reihe von Urkunden aus der Zeit um 1230 hat Manfred mit unterzeichnet, ein Beleg für seine herausgehobene Stellung. Dass Friedrich die im Piemont nur wenig glücklich agierenden und verarmten Lancia derart gefördert hat, zeugt vom Einfluss Biancas auf den Kaiser. Sie war eben weit mehr als eine Geliebte. Und die Lancia hielten zusammen wie Pech und Schwefel.

So wütend Friedrich nach der Rückkehr vom Kreuzzug auf den Papst auch war, so grausam er die Verräter im eigenen Land verfolgt hat, so war ihm doch bewusst, dass er die Konfrontation auf Dauer nicht durchstehen konnte. Der Kaiser verzichtete daher darauf, die fliehenden päpstlichen Truppen auf dem Territorium des Kirchenstaats weiter zu verfolgen, und sandte Friedenssignale nach Rom. Um die Herrschaft in seinem Königreich zu konsolidieren, musste Friedrich bestrebt sein, sich von dem päpstlichen Bann zu lösen. Dazu kam es erstaunlich schnell. Schon Ende August 1230 hob der Papst die Exkommunikation auf. Zum einen, weil Friedrich sich sehr nachgiebig gegenüber den päpstlichen Forderungen zeigte, zum anderen kam dem Kaiser zugute, dass es auch an der Kurie einflussreiche Kräfte gab, wie den Kardinal Thomas von Capua, die Gregor zu einem Ausgleich mit dem Staufer drängten, da sie in einem Dauerkonflikt zwischen Papst und Kaiser auch eine Gefahr für die ganze Kirche sahen. Als sich Friedrich und Gregor in Anagni – der Heimatstadt des Papstes – trafen, tauschten sie höflich Freundlichkeiten aus. »Der hohe Priester und der höchste Kaiser tafelten im päpstlichen Palast drei Tage lang, und die Kardinäle wie die Großen des Reichs freuten sich über die so unverhoffte und so schnell hergestellte Einigung.«

Nun wollte der Staufer auf der Basis einer einheitlichen Rechtsgrundlage das Königreich Sizilien nach seinen Vorstellungen formen. Dazu nahm Friedrich 1231 ein epochales Werk in Angriff: die »Konstitutionen von Melfi«. In diesem ersten systematischen Gesetzbuch des Mittelalters wurden Straf- und Zivilrecht neu geregelt, die Grundlagen für eine straffe zentralistische Verwaltung mit nur dem König verpflichteten unbestechlichen Beamten gelegt und überhaupt alle Bereiche des öffentlichen Lebens der königlichen Ordnung als oberster unumschränkter Gewalt unterworfen. Denn der König galt den »Konstitutionen von Melfi« zufolge als »Ursprung aller Gerechtigkeit«. Diese Gerechtigkeit sollte für alle gleichermaßen gelten, den König selbst eingeschlossen: »Wir, die wir die Waage der Gerechtigkeit für alle halten, wollen keine Unterschiede machen. Wir wünschen, dass dem Kläger oder dem Angeklagten, sei er Franke, Römer oder Lombarde, gleiches Recht widerfahre … Obwohl der Träger der höchsten kaiserlichen Würde, dem es aufgetragen ist, Gesetze zu erlassen, dem Gesetz nicht untersteht, werden wir – aus Achtung vor dem Gesetz und wegen der Unbeugsamkeit der Gerechtigkeit – dafür Sorge tragen, dass auch wir die allgemeinen Gesetze achten.«

Mit den »Konstitutionen von Melfi« griff Friedrich zwar auf Vorbilder aus normannischer Zeit zurück, doch fügte er diese zu einem einheitlichen Gesetzeswerk zusammen. Schon die Hervorhebung der Absolutheit des königlichen Herrschaftsanspruchs ließ bei dem gerade erst wieder versöhnten Papst Gregor IX. in Rom schon wieder die Alarmglocken klingeln. Noch mehr aber, dass Friedrich in Melfi zudem verkünden ließ, dass die Herrschaft des Königs nicht nur auf der »göttlichen Vorsehung« beruhe, sondern auch auf der »zwingenden Notwendigkeit der Verhältnisse«. Auch die erlassenen Beschränkungen des Landkaufs durch die Kirche oder die Orden konnten dem Pontifex nicht gefallen: »Es kam uns zu Ohren«, ließ er Friedrich wissen, »dass Du … verderbte neue Gesetze herauszugeben im Sinne hast, aus denen notwendig folgt, dass man Dich einen Verfolger der Kirche und Umstürzer der staatlichen Freiheit nennt …« Selbst die drastischen Strafen für jede Abweichung vom rechten Glauben, die in den Konstitutionen enthalten sind, konnten die neuerliche Verstimmung des Papstes nicht heilen.

Doch auch Friedrich hatte keine Zeit, sich an seinem neuen Gesetzeswerk zu freuen. Es gab Probleme jenseits der Alpen, die sein Eingreifen erforderlich machten. Immer wieder erreichten ihn Klagen über die Herrschaft seines Sohnes Heinrich, der aufgrund der Rolle seines Vaters als »Über-König« keine wirklich eigenständige Politik betreiben konnte. Im »statutum in favorem principum« hatte sich Heinrich 1231 dazu gezwungen gesehen, den Fürsten zahlreiche Zugeständnisse zu machen – und zugleich alte Königsrechte aufzugeben. Wobei man hinzufügen muss, dass Friedrich diese Zugeständnisse den Bischöfen schon vorher gemacht hatte. Alle Versuche Heinrichs, das Rad der Zeit zugunsten der Königsherrschaft zurückzudrehen, endeten in einer – politischen wie persönlichen – Katastrophe.

Bei einem Hoftag in Ravenna wollte der Kaiser sich Ende 1231 ein Bild von der Lage machen – sein Sohn konnte sich auf ein eisiges Zusammentreffen mit dem so fremden Vater gefasst machen. Darum wissend, blieb Heinrich zu Hause und ließ den Kaiser wissen, dass die

Lombarden die Pässe versperrt hätten und er daher nicht zu ihm vordringen könne. Friedrich muss sich nicht ernst genommen vorgekommen sein, denn ständig trafen neue Teilnehmer des Hoftags aus Deutschland ein – wieso war sein Sohn dazu nicht in der Lage? Fast ein halbes Jahr lang wartete Friedrich vergeblich; dann kam es in Aquileja doch noch zu einem Treffen, bei dem Heinrichs böse Vorahnungen noch übertroffen wurden. Doch letztlich blieb dem Kaiser nichts anderes übrig, als die Zugeständnisse seines Sohnes anzuerkennen, ja er verdonnerte ihn jetzt förmlich dazu, auf Gedeih und Verderb mit den Fürsten auszukommen. Ihm, dem Kaiser, musste der inzwischen 18-Jährige absoluten Gehorsam schwören. Heinrich kehrte als gedemütigter, in seiner Macht beschnittener König nach Deutschland zurück, ein König nur noch dem Namen nach.

Zu dem Ärger mit Heinrich kam wieder einmal Streit mit den renitenten lombardischen Städten, die sich partout den kaiserlichen Befehlen nicht fügen wollten. Sie befürchteten, dass er ihre Rechte genauso beschneiden würde, wie er dies in den »Konstitutionen von Melfi« mit den sizilianischen Städten getan hatte. Und deshalb waren sie auf dem Reichstag in Ravenna ebenfalls nicht erschienen. Friedrich verhängte deshalb die Reichsacht über sie – das kaiserliche Instrument als Pendant zum päpstlichen Bann. Aber auch seinem alten Kontrahenten Gregor setzte der Unabhängigkeitsdrang der italienischen Kommunen zu, er musste gar fürchten, von seinen Römern aus der Stadt gejagt zu werden.

Friedrich II. kehrte im Sommer 1232 in gedämpfter Stimmung nach Apulien zurück, froh darüber, dass er die endlosen deutschen und lombardischen Querelen hinter sich lassen konnte. Hier in seiner Heimat gab es endlich wieder ein freudiges Ereignis, das Friedrich mit einem großen Fest in Melfi feierte: Im Juni hatte Bianca Lancia ihr zweites Kind geboren. Es wurde Manfred genannt, wie die meisten männlichen Mitglieder der Familie der Lancia, aus der Bianca mütterlicherseits stammte. Manfred wurde zum absoluten Lieblingskind seines Vaters; kein anderer seiner Sprösslinge ist ihm je so nah gewesen. Aber auch kein anderer verbrachte so viel Zeit an der Seite des Vaters, zu dem Manfred stets bewundernd aufgeschaut hat.

Die antistaufische Propaganda berichtet, dass der eifersüchtige Friedrich seine Geliebte während der Schwangerschaft mit Manfred in einen Turm der Burg von Gioia del Colle einsperren ließ, wo sie Nacht für Nacht ihr Leid geklagt habe. Hintergrund dieser Strafaktion soll der Verdacht des Kaisers gewesen sein, dass das Kind gar nicht von ihm stamme, sondern von einem Diener. Diese Geschichte wurde mit dem gebührenden tragischen Ende ausgeschmückt: Als das Kind zur Welt gekommen sei, habe es an der gleichen Stelle ein Muttermal gehabt wie Friedrich, was damals als schlagender Beweis für dessen Vaterschaft gewertet wurde. Bianca, voller Gram über die entwürdigende Verdächtigung, habe sich daraufhin die Brüste abgeschnitten und samt dem kleinen Jungen zum Kaiser bringen lassen – mit dem Hinweis, dass nie ein anderer Mann diese Brüste berührt habe. An den Folgen dieser Selbstverstümmelung sei Bianca Lancia dann gestorben.

Diese Geschichte, wie auch spätere Versuche, den Staufer als hartherzigen und despotischen, orientalisch geprägten »Sultan« zu charakterisieren, passte gut in das tyrannische Bild, das päpstliche Propagandisten in der Folge von Friedrich gezeichnet haben. Aber es steckt kaum mehr als ein winziges Körnchen Wahrheit darin. Bianca Lancia hat 1230 tatsächlich ein gesundes Kind zur

Welt gebracht, doch hat Friedrich nie daran gezweifelt, dass Manfred sein Sohn war. Und die junge Geliebte ist damals weder an den Folgen der Geburt noch an irgendeiner Selbstverstümmelung gestorben. Zwar lebte Bianca meist in Gioia del Colle, doch kaum eingeschlossen wie eine Haremsdame und auch nicht unter dem Generalverdacht der Untreue. Das Kastell von Gioia del Colle liegt mitten in der Altstadt der südlich von Bari gelegenen Kleinstadt. Es mag sein, dass die das Bild der Burg bestimmenden wuchtigen vier Türme die Legende von der eingeschlossenen Geliebten befördert haben. Tatsächlich wird einer der beiden erhaltenen Türme des Kastells auch als »Torre dell'Imperatrice« bezeichnet. Und es mögen sich darin einst die Räume Biancas befunden haben. Die alte Bezeichnung als »Turm der Kaiserin« ist allerdings deshalb interessant, weil Bianca Lancia niemals gekrönt worden ist. Dass sie dennoch in Gioia del Colle unter diesem höchsten weltlichen Titel in Erinnerung geblieben ist, wird uns später noch beschäftigen. Die ursprünglich aus normannischer Zeit stammende Burg wurde um 1230 erneuert und erweitert, was sogar den Schluss erlauben könnte, dass Friedrich sie eigens als großzügiges Heim für Bianca Lancia ausbauen ließ. Auch wenn der heute gezeigte Thronsaal eine phantasievolle Erfindung vom Anfang des 20. Jahrhunderts ist, so zeigen schon allein die Ausmaße den herrschaftlichen Anspruch des Baus.

Allerdings werben auch andere Städte damit, Geburtsort Manfreds von Hohenstaufen gewesen zu sein, darunter das in der Nähe von Melfi gelegene Venosa. Für diesen Ort spricht, dass sich Friedrich im Juni 1232 in Melfi aufgehalten und dort das große Fest anlässlich der Geburt seines Sohnes veranstaltet hat. Und natürlich gibt es auch in Venosa ein Kastell. Den aus dem 11. Jahrhundert stammenden Bau bestimmte Friedrich II. als königliche Schatzkammer (»Tesoro del Regno«). Auch das wäre also ein durch seine Bedeutung hervorgehobener Ort gewesen.

Wie sehr Friedrich Bianca geliebt hat, zeigt ein Gedicht, das er für sie geschrieben hat. Schon die ersten Zeilen geben einen Eindruck von der tiefen Empfindung des Kaisers:

> Poi che ti piace amore
> Faronde mia possanza
> Dat'agio lo mio core
> Ch'io degia trovare
> Ch'io venga a compimento
> In voi, madonna, amore

> (Da Euch die Liebe gefällt,
> werde ich mich anstrengen.
> Ich habe Euch mein Herz gegeben.
> Ich hoffe, die Liebe finden zu können
> und zur Vollendung zu bringen
> mit Euch, oh, meiner Geliebten.)

Doch so groß die Liebe Friedrichs zu Bianca auch war, beide Beteiligten wussten, dass eine Heirat nicht in Frage kam. Dazu standen die Lancia in der adligen Rangordnung zu weit unter den Staufern. Zwar hatte Friedrich mit Heinrich und Konrad zwei legitime Söhne, doch was bedeutete dies im Mittelalter, in dem schon eine größere Infektion lebensgefährlich war? Und dennoch hat Friedrich sich nach dem Tod Isabellas von Jerusalem lange standhaft geweigert, eine weitere Ehe einzugehen; vielleicht auch das ein Zeichen der Zuneigung zu Bianca, die in diesen Jahren die einzige Frau an seiner Seite war. Jedenfalls gibt es keinerlei Hinweis darauf, dass der Kaiser – anders als während seiner ersten beiden Ehen – weitere Beziehungen eingegangen ist. Außer den Kindern aus der Verbindung mit Bianca Lancia gab es keine weiteren unehelichen Nachkommen in diesen Jahren, und das bedeutete für Friedrich schon eine ganze Menge. Bianca Lancia gebar ihm im September 1234 ihr drittes und letztes Kind, eine Tochter, die Violante genannt wurde.

Damals waren über dem Liebesidyll allerdings schon bedrohliche Wolken aufgezogen. Am Pfingstfest des Jahres 1234 hatte sich Friedrich mit Papst Gregor IX. in Rieti getroffen. Der Heilige Vater war wieder einmal von den aufmüpfigen Römern aus der Stadt geworfen worden. Ohne die Hilfe des Kaisers konnte Gregor des Aufruhrs nicht Herr werden. Doch auch Friedrich musste in dieser Zeit an einem leidlichen Auskommen mit dem Pontifex gelegen sein. So erkannten viele Städte in der Lombardei weiterhin die Oberhoheit des Kaisers nicht an, und auch sein Sohn Heinrich regierte in Deutschland nicht nach dem Willen des kaiserlichen Vaters. Er agierte ungeschickt und unstet und machte es damit seinen Gegnern leicht, ihn bei Friedrich II. anzuschwärzen. An seinem Hof überwogen niedrige Adlige aus der schwäbischen Stammheimat der Staufer. Anders als im Statut zugunsten der Fürsten angelegt und als er es seinem kaiserlichen Vater 1232 in Cividale versprochen hatte, überzog Heinrich den bayerischen Herzog Otto II. 1233 mit Krieg, und auch den Markgrafen von Baden und die Grafen von Hohenlohe ließ er die königliche Macht spüren. Doch die Macht der Fürsten konnte er nicht mehr brechen, schon gar nicht gegen den erklärten Willen seines Vaters. Dass der Kaiser Entscheidungen seines Sohnes einfach rückgängig machte, verschärfte die Problematik, denn Heinrich wurde dadurch nur immer wieder von Neuem bewusst, dass er ein König von Vaters Gnaden war. Ein weiterer Faktor in der gestörten Vater-Sohn-Beziehung war das Vorhaben Heinrichs, sich von seiner Ehefrau Margarete von Österreich (um 1204–1267) zu trennen, um Agnes von Böhmen (1211–1282) zu heiraten, in die er schon seit seiner Jugend verliebt war. Aus heutiger Sicht mag das sympathisch erscheinen, in der Diplomatie des hohen Mittelalters wirkte dieses Ansinnen wie ein politischer Affront.

Schließlich verscherzte es sich der junge Staufer auch noch mit dem Papst. Seit November 1231 war Konrad von Marburg (um 1189/90–1233) als einer der ersten Inquisitoren in Deutschland mit der Ketzerverfolgung beauftragt worden. Fortan loderten die Scheiterhaufen beim geringsten Verdacht. Mit Stumpf und Stiel wollte dieser asketische Fanatiker die Ketzerei ausrotten, sein Name wurde zu einem Synonym für Angst und Schrecken. Lieber wolle er hundert Unschuldige verbrennen als einen Ketzer am Leben lassen, tönte Konrad. In dieser Zeit gerierte sich Friedrich II. in seinem Königreich Sizilien ebenfalls als eifriger Verfolger jeglicher Ketzerei. Doch erkannte Papst Gregor IX., dass der Kaiser unter diesem Vorwand vor allem mit seinen politischen Gegnern aufzuräumen gedachte. Schon vor diesem Hintergrund und um nicht wieder in Konfrontation mit dem Papst zu geraten, konnte Friedrich es nicht gutheißen, dass sein Sohn 1233 den Prozess gegen den von Konrad der Ketzerei bezichtigten mächtigen Grafen von Sayn der außerordentlichen kirchlichen Inquisitionsgerichtsbarkeit entzog und vor ein königliches Gericht stellte, wo die Sache dann mit einem Freispruch endete. Am 30. Juli 1233 wurde Konrad von Marburg erschlagen, wahrscheinlich von Gefolgsleuten des Grafen von Sayn. Der Tod des Fanatikers löste zwar nördlich der Alpen nur wenig Trauer aus, und das Eingreifen des Königs gegen das Schreckensregiment erhöhte durchaus das Ansehen des Staufers im Reich – nicht aber in Rom und auch nicht in Sizilien.

Neben den beiderseitigen Problemfeldern gab es jedoch noch einen weiteren Gegenstand der Gespräche zwischen Papst und Kaiser in Rieti: die Möglichkeit einer neuerlichen Verheiratung Friedrichs. Und wie schon bei den ersten beiden Eheschließungen Friedrichs war es dieses Mal ebenfalls der Papst – wenn auch diesmal ein anderer –, der dem Staufer eine Braut ans Herz legte. »Auf Vorschlag und Anordnung unseres lieben Vaters, des Herrn Gregor«, werde er »Isabella von England, die Schwester des erlauchten Königs von England, zur rechtmäßigen Gemahlin nehmen«.

Vielfach wird angenommen, dass Bianca Lancia in diesem Zeitraum, um 1233 oder 1234, gestorben ist. Doch stützt sich diese Annahme nur auf Indizien: Erstens, dass Violante offenbar das letzte gemeinsame Kind Biancas und Friedrichs gewesen ist, und zweitens eben auf die Heirat des Staufers mit der englischen Königstochter. Doch beide Indizien setzen nicht zwangsläufig den Tod Biancas voraus. Zwar geht die Forschung mittlerweile einmütig davon aus, dass Friedrich Bianca auf dem Totenbett geheiratet hat, doch das muss nicht 1234 gewesen sein, und damit wäre Bianca rein juristisch betrachtet kein Hindernis für eine Eheschließung gewesen. Auch die Tatsache, dass keine weiteren Kinder mehr geboren wurden, kann einfache biologische Ursachen gehabt haben – und zum Teil auch die Folge der Heirat Friedrichs gewesen sein. Die Existenz Biancas dürfte am englischen Hof bekannt und die Trennung Friedrichs von ihr könnte eine Bedingung für die Einwilligung in die Eheschließung gewesen sein. Bianca wäre demnach lediglich von der Bildfläche verschwunden. Zugegeben, auch das sind nur Vermutungen. Die zeitgenössischen Quellen lassen aber, wie noch aufzuzeigen sein wird, tatsächlich eher den Schluss zu, dass Bianca damals nicht gestorben ist.

Die dritte Frau
Isabella von England

Die Idee, die Schwester des englischen Königs zu heiraten, musste für Friedrich II. durchaus verlockend erscheinen, verlören dadurch doch die konkurrierenden Welfen ihren Rückhalt auf der Insel und wären damit als potenzielle Störenfriede beinahe ausgeschaltet. Ein zweiter Grund war der Wunsch nach weiteren legitimen Nachkommen, denn Friedrich hatte zu diesem Zeitpunkt, wie erwähnt, nur zwei erbberechtigte Söhne: Heinrich aus seiner Ehe mit Konstanze von Aragonien und Konrad aus der Verbindung mit Isabella von Jerusalem. Friedrich selbst hat diesen Punkt in einem Rundschreiben angesprochen: »Notwendigerweise … muss das Menschengeschlecht in seiner Nachkommenschaft weiterleben, damit es nicht nach dem Tode der Lebenden auf ewig unter der Erde liege.«

Dieser Wunsch war umso wichtiger, als sein Sohn Heinrich mittlerweile offen zu rebellieren begann. Nachdem der Kaiser sein Erscheinen in Deutschland angekündigt hatte, wandte sich der junge König an den Lombardenbund – in der Hoffnung, dieser würde die Alpenpässe sperren und der Kaiser so in Italien festsitzen. Das war naiv – und es machte ihn in den Augen Friedrichs endgültig zum Verräter. Verzweifelt suchte – und fand – Heinrich zunächst auch Verbündete, wie die *Kölner Königschronik* berichtet: »König Heinrich hielt in Boppard eine Versammlung mehrerer Fürsten; hier empfing er von etlichen Bösewichtern den Rat, sich gegen den Kaiser aufzulehnen, was er auch ausführte. Denn fortan begann er, wen er nur konnte, mit Drohen, Bitten und Bieten aufzustacheln, auf dass sie ihm gegen seinen Vater Beistand leisteten, und er fand nicht wenige.«

Im April 1235 machte sich Friedrich II., von einem großen Heer begleitet, auf den Weg nach Norden. Aber allein schon sein Nimbus genügte, und die Verbündeten des Königs fielen in Scharen von dem unglücklichen Jüngling ab. In der Kaiserpfalz von Wimpfen am Neckar wollte Heinrich seinen Vater um Verzeihung bitten, doch Friedrich wollte keine Entschuldigung, sondern eine vollständige Unterwerfung. In völliger Verkennung seiner Situation und in dem festen Glauben, im Recht zu sein, weigerte sich Heinrich, die Burg Trifels samt der Reichsinsignien an seinen Vater zu übergeben. Daraufhin lehnte es Friedrich ab, seinen Sohn überhaupt zu empfangen. Damit war das Schicksal Heinrichs besiegelt. Der letzte Akt spielte dann in Worms, wo der Sohn sich tatsächlich unterwarf, doch war es bereits zu spät, mehr als sein Leben zu retten. Es muss eine eisige Atmosphäre im Raum geherrscht haben, als der Sohn sich dem Vater zu Füßen warf – und dieser den um Gnade flehenden Jüngling überhaupt nicht beachtete. Erst als einige Fürsten darum baten, dem Trauerspiel ein Ende zu bereiten, nahm Friedrich den unglücklichen jungen Mann wahr – doch nur, um ihn in Ketten legen und als Gefangenen abführen zu lassen. Zu seinem Kerkermeister ernannte er ausgerechnet den Herzog von Bayern, einen der schärfsten Gegner Heinrichs. Zu Beginn des Jahres 1236 ließ Friedrich seinen Sohn nach Apulien bringen, wo er in der Burg San Felice bei Melfi eingekerkert wurde. Als er im Februar 1242 auf eine andere Burg verlegt werden sollte, stürzte er mit seinem Pferd in eine Schlucht – ein Selbstmord ist sehr wahrscheinlich. Ob Friedrich ihn jemals wieder freigelassen hätte, muss offen bleiben. Doch der Kaiser musste fürchten, dass sein Sohn, umso mehr nach den bitteren Jahren im Kerker, sich wieder gegen ihn auflehnen würde. Das Rundschreiben, mit dem Friedrich seine Getreuen über den Tod des Sohnes informierte, ist einer der wenigen Briefe, die ein wenig in das Herz des Staufers blicken lassen:

»Beim Tod eines Sohnes leidet die Natur und zwingt die väterliche Liebe zu Tränen, die sie den Kränkungen des Sohnes versagte, und wenn auch die Bosheit dem Sohn die Zuneigung entzogen hatte, so nahm sie dem Vater doch nicht das liebevolle Wohlwollen … Trauert daher mit uns und lasst die Tränen fließen, da wir über den Tod unseres Erstgeborenen bittersten Schmerz leiden …«

Während Heinrich im Kerker in Worms auf seinen Abtransport zunächst nach Bayern und dann nach Italien wartete, schmückte sich die Stadt für ein festliches Ereignis: Denn nur drei Tage nach der Verdammung des Sohnes fand in der Stadt am Rhein die Hochzeit des Kaisers statt. Was für eine bittere Ironie der Geschichte: Zehn Jahre zuvor war Isabella von England einmal als Braut Heinrichs im Gespräch gewesen; nun heiratete sie den Vater, und der Sohn war tiefer gestürzt, als er es sich in seinen finstersten Träumen ausgemalt hätte.

Rückblende: Doch wie war es nach den ersten Gesprächen mit Papst Gregor IX. in Rieti zu dieser Hochzeit gekommen?

Unmittelbar danach hatte Friedrich einen seiner engsten Vertrauten und fähigsten Köpfe, Petrus de Vinea (um 1190–1249), nach England gesandt: Er sollte König Heinrich III. im Namen des Kaisers um die Hand seiner

Schwester bitten. Der Großhofrichter kam nicht mit leeren Händen an den englischen Hof. Wohl wissend, dass
der König Wert auf eine gute Ausstattung seiner Schwester
legen würde, kündigte er im Auftrag des Kaisers an, dass
dessen Gemahlin als Morgengabe »das Val Mazzara [im
Osten Siziliens] und die Herrschaft Monte Sant'Angelo
[in Apulien] mit ihren Städten, Burgen und Landgütern,
Besitzungen, bebauten und unbebauten Ländereien, Was-
serläufen und Zubehör« erhalten sollte, so wie es ihre beiden Vorgängerinnen ebenfalls besessen hatten. Die Morgengabe war ein »Liebesgeschenk«, das der Ehemann
traditionell am Morgen nach der Hochzeitsnacht seiner
Frau übergab. Da Friedrichs Leumund, was Frauen anbetraf, nicht der beste war, versicherte er darüber hinaus,
»sie mit kaiserlichen Ehren und ehelicher Liebe« aufzunehmen. Ein Minusgeschäft sollte diese Ehe gleichwohl nicht werden. Und so gab er Petrus de Vinea mit
auf den Weg: »Er darf nicht mit einer geringeren Summe
der versprochenen Mitgift einverstanden sein als der von
30 000 Mark Silber, die uns ausgezahlt werden sollen.«

Vom guten Einvernehmen, das in dieser Zeit aus-
nahmsweise zwischen Papst und Kaiser geherrscht hat,
zeugt, dass Gregor IX. die Ehe nicht nur angeregt – in der
Hoffnung auf einen neuerlichen römisch-deutsch-eng-
lischen Kreuzzug, den Gesandte des Papstes bereits predigten –, sondern deren Zustandekommen auch aktiv gefördert hat. Ein Unsicherheitsfaktor in dieser politischen
Ehe war allerdings die französische Reaktion: Musste Ludwig IX. (1214–1270) von Frankreich, der später den Beinamen »der Heilige« erhielt, sie nicht als unfreundlichen
Akt, ja als Bündniswechsel der Staufer ins englische Lager
interpretieren? Um diese Ängste zu zerstreuen, schrieb
Gregor IX. an den französischen König:

»Damit Du keinerlei Argwohn schöpfst, ersuchen und ermahnen wir Deine Hoheit in väterlicher Liebe, es, ohne deshalb auch nur eine Wolke der Trübung aufsteigen zu lassen, für sicher zu halten, dass von uns und dem genannten Kaiser nichts geschehen wird, was Deiner Lage auch nur im Mindesten abträglich ist, zumal der Kaiser sehnlichst wünscht, dass die besondere Freundschaft, die zwischen seinen und Deinen Vorfahren von alters her blühte, zwischen Dir und ihm nicht nur fest bestehen bleibe, sondern durch dauernde Vermehrung wachse.«

Um dies zu bekräftigen, wandte sich auch Friedrich selbst an den König von Frankreich. Darin erklärt er Ludwig zunächst in beinahe epischer Breite, dass es der Papst gewesen sei, der die Ehe vorgeschlagen, und er selbstverständlich darauf hingewiesen habe, »dass wegen des zwischen uns und euch bestehenden Bündnisses ein Zweifel aufsteigen könne«. Doch der Papst habe diese Zweifel ausgeräumt und gedrängt, die »beschworene Ehe zum Vollzug« zu bringen.

Die schwierigste Mission von allen hatte jedoch Petrus de Vinea zu erfüllen. Denn auf der Insel hatte man keineswegs vergessen, dass Friedrichs Vater Heinrich VI. den englischen König Richard Löwenherz gefangen genommen hatte und nur gegen ein unverschämt hohes Lösegeld wieder ziehen ließ. Und Richard Löwenherz war immerhin der Onkel Isabellas gewesen. Ebenso wenig war vergessen, dass der deutsche Thronstreit zwischen Friedrich II. und Otto IV. durch die Schlacht von Bouvines zwischen englischen und französischen Rittern entschieden worden war. Hinzu kam, dass Heinrich III. seine Schwester wohl nur ungern ziehen lassen wollte. Die Königskinder verband ein ungewöhnlich enges und herzliches

Verhältnis. Das legen zumindest die Geschenke nahe, die der König Isabella gemacht hat, darunter kostbare Messkelche und Sättel, aber auch hundert Mandeln, weil er wusste, wie sehr seine Schwester die in England nicht heimische Köstlichkeit mochte. Er wollte ihr mit dem Hauch Exotik eine Freude machen.

Petrus de Vinea kam am 23. Februar in England an; in seinem Gepäck »ein mit einer goldenen Bulle versehenes Schreiben, in dem der Kaiser Isabella, die Schwester des Königs, zur Ehe verlangte«. Drei Tage lang, berichtet der englische Chronist Roger von Wendover (gest. 1236), unser Hauptgewährsmann für das staufisch-englische Heiratsprojekt, habe sich der König daraufhin »mit den Bischöfen und den Großen seines Reichs beraten«. Diese hätten alle Umstände sorgfältig geprüft. Doch dann hatte endlich das Warten für Petrus de Vinea ein Ende: »Einmütig« seien der König und seine Berater zu der Ansicht gekommen, »dass man die junge Frau dem Kaiser geben solle«. Sogar zur Zahlung der Mitgift von 30 000 Mark erklärte sich der König bereit, obwohl alle Lehen und Kirchen Englands einen Beitrag leisten mussten, um diese hohe Summe aufzubringen. Sogar eine Pflugsteuer führte Heinrich III. ein – zwei Mark auf jeden Pflug in seinem Reich …

Nun gab es nur noch eine Unbekannte in dieser Gleichung von Macht und Geld: Isabella. Nein, nach ihrer Meinung sollte nicht gefragt werden. Doch was wäre, wenn die Prinzessin schon rein äußerlich dem in diesen Fragen höchst anspruchsvollen Kaiser nicht genügen würde? So bat Petrus de Vinea den König darum, die Braut zu sehen. Isabella wurde nach Westminster gebracht, wo sie in Gegenwart des Königs der sizilianischen Delegation vorgestellt wurde – und alle Bedenken waren vergessen: Die 21-Jährige erstrahlte, wie Roger von Wendover schreibt,

»in der Blüte ihrer Jungfräulichkeit«, geschmückt mit »königlichen Gewändern und entsprechenden Sitten«. Auch das war für Petrus de Vinea wichtig, legte sein Auftraggeber doch großen Wert auf höfische Bildung und gepflegtes Auftreten.

Nach diesem Auftritt Isabellas waren alle Bedenken ausgeräumt und der Auftrag erfüllt. Nachdem sich Petrus de Vinea und seine Begleiter »noch eine Weile an dem Anblick der Jungfrau erquickt und sie des kaiserlichen Bettes in allem für würdig erachtet hatten, bekräftigten sie im Namen des Kaisers den Ehebund durch einen Eid und boten ihr seitens des Kaisers den Verlobungsring. Nachdem sie ihr diesen an den Finger gesteckt hatten, begrüßten sie sie als Kaiserin des Römischen Reichs mit dem gemeinsamen Ruf: Es lebe die Kaiserin. Sie lebe!«

Friedrich befand sich zu dieser Zeit noch in Italien, doch brach er – unmittelbar, nachdem er vom Erfolg der Mission seines Großhofrichters unterrichtet worden war – nach Deutschland auf. Natürlich in erster Linie, um die Rebellion seines Sohnes niederzuschlagen, doch stand wohl von vornherein fest, dass im Falle eines positiven Ergebnisses hier auch die Hochzeit gefeiert werden sollte. Die Reise nach Deutschland war für die Braut wesentlich weniger strapaziös als der weite Weg nach Sizilien. Man traf sich hier sozusagen in der Mitte des Wegs.

Der hohe Rang, den der Kaiser seiner zukünftigen Frau beimaß, zeigt sich in den beiden Gesandten, die er nach England schickte, um Isabella abzuholen und nach Deutschland zu begleiten, nämlich den Erzbischof von Köln und den Herzog von Brabant, der eine einer der mächtigsten geistlichen, der andere einer der mächtigsten weltlichen Fürsten des Reichs. An Ostern 1235 kamen sie in London an, damit sie Isabella »dem Kaiser zuführen und das bereits geschlossene Ehebündnis durch die fleischliche Vereinigung vollzogen würde«.

Als der Bischof und der Herzog die reisefertige Isabella mit ihrer Entourage sahen, dürfte es ihnen zunächst die Sprache verschlagen haben. Heinrich III. hatte seine Schwester so ausgestattet, dass »es fast schien, als überstiege sie selbst königliche Reichtümer«. Friedrich II. sollte im wahrsten Sinne des Wortes sehen, welchen Schatz er hier bekam:

> »Denn zum Schmucke der Kaiserin wurde eine Krone aus feinstem Gold und mit kostbaren Edelsteinen auf das Kunstvollste angefertigt, auf der vier Könige von England, Märtyrer und Bekenner eingraviert waren, die der König eigens als Schutzheilige seiner Schwester erwählt hatte. Die goldenen Ringe und Münzen, mit verschiedenen wertvollen Steinen geziert, der übrige glänzende Schmuck, die seidenen und leinenen Oberkleider, reichen Schatz an Silber und Gold, der dem Betrachter in die Augen sticht und weibliche Herzen mit Sehnsucht erfüllt, gaben ihr aber einen solchen Glanz, dass alles unschätzbar schien, und die verschiedenartigen Festkleider von Seide, Wolle und Leinwand waren so schön, dass man kaum entscheiden konnte, in welchem sie dem Kaiser liebenswürdiger erscheinen würde.«

Und Isabella nahm nicht nur Schmuck und prächtige Kleider aus England mit, sondern auch eine komplette Aussteuer: »Auch das Brautbett mit seinen bunten seidenen Decken und Kissen und mit Leintüchern von der schönsten Leinwand und allem sonstigen Zubehör war so kostbar, dass es durch seine Weichheit die darin Ruhenden zu süßem Schlummer einlud« – wie sollte Friedrich einer solchen Versuchung widerstehen, mag man hinzufügen. Und Roger von Wendover zählt immer weiter auf, was die schöne Königstochter alles bei sich hatte: »Die Gefäße, sowohl für Getränke wie für Speisen, waren aus reinem Gold oder Silber, und sogar die Kochtöpfe, große und kleine, waren, was allen überflüssig erschien, aus Silber.« Selbst wenn unser Chronist voller Stolz auf Isabella und die Heirat mit dem Kaiser ein wenig übertrieben haben sollte, es bleibt doch in jedem Fall so viel übrig, dass der Gedanke, der dahinter stand, offensichtlich wird: Wenn dieser Prunk auch ein Zeichen der Wertschätzung des Königs für seine Schwester war, so sollte die prachtvolle Ausstattung aber vor allem den Kaiser beeindrucken.

Am 6. Mai 1235 fand in Westminster das große Abschiedsfest für Isabella statt. Tags darauf setzte sich ein Zug aus 3000 Rittern in Bewegung, um die Schwester des Königs über Rochester und Canterbury nach Sandwich zu bringen, wo die Schiffe auf Isabella und ihre Begleitung warteten. Jetzt hieß es auch, Abschied vom Bruder zu nehmen, der Isabella ebenfalls bis zum Hafen begleitet hatte. Es wurde ein tränenreicher Abschied der Geschwister, die sich so offensichtlich nahe standen. Immerhin hatte Isabella weiterhin vertraute – englische – Gesichter um sich: Dazu gehörten der Bischof von Exeter, der königliche Seneschall »und andere Edle aus dem Hofstaat ihres Bruders sowie weitere edle Frauen und Jungfrauen, die alle in höfischer Sitte wohl erfahren waren«. Auch das war dem englischen König und Isabella wichtig: Es war in England bekannt, dass der Kaiser ein gebildeter und auf höfische Sitten achtender Mann war. Er sollte spüren, dass er eine ebensolche Prinzessin zur Frau bekam.

Die Überfahrt Isabellas wurde zu einem Triumphzug. Nach drei Tagen auf See betrat sie in Antwerpen erstmals den Boden des Heiligen Römischen Reichs, dessen Kaiserin sie nun war: »Die gesamte Geistlichkeit der Gegend kam ihr in feierlicher Prozession unter Glockenklang und Freudengesängen entgegen; mit ihnen kamen alle Meister und Künstler jedweder Art von Musik mit ihren Instrumenten und begleiteten sie in aller hochzeitlichen Freude fünf Tage auf dem Weg nach Köln.« Dass die »unzählbare Menge bewaffneter Edler … welche der Kaiser … geschickt hatte, um Tag und Nacht ihre Person in sorgfältiger Obhut zu behalten«, der Abwehr einer mutmaßlichen Entführung Isabellas durch den König von Frankreich diente, darf man allerdings getrost der mittelalterlichen Gerüchteküche zuschreiben. Das hätte Ludwig IX. niemals gewagt. Viel plausibler scheint es, dass Friedrich durch die gewaltige Eskorte Isabellas Rang nach außen sichtbar demonstrieren wollte.

Für die Einwohner von Köln war die Ankunft der Kaiserin am Donnerstag vor Pfingsten ein Jahrhundertereignis. Kein Wunder also, dass die ganze Stadt auf den Beinen war, um Isabella willkommen zu heißen. Als sie sich der Stadt näherte, sollen ihr »an die 10000 Bürger aus der Stadt mit Blumen und Palmzweigen und in festlichen Kleidern« entgegen gezogen sein; das entspräche rund einem Viertel der gesamten damaligen Bevölkerung der Stadt, die damals die größte Deutschlands war. Das Programm des Empfangs war sehr aufwendig und muss lange vorher vorbereitet worden sein. Die Bürger spielten ein ritterliches Turnier nach, »und es kamen auch Schiffe … die scheinbar auf dem Trockenen ruderten und von versteckten, durch seidene Decken verhüllten Pferden gezogen wurden. In diesen Schiffen spielten Geistliche auf wohlklingenden Instrumenten zur Überraschung der Hörenden liebliche, bisher nicht gehörte Weisen.« Für den Einzug Isabellas waren die Straßen der Stadt festlich ge-

schmückt. Nun fehlte nur noch eins zum Glück der neugie-
rigen Kölner: Isabellas Gesicht war, wie es sich geziemte,
durch Hut und Kopftuch verdeckt. Doch als Isabella den
Wunsch der Kölner vernahm, nahm sie beides ab, »sodass
alle sie ungehindert anschauen konnten. Dafür lobte man
sie nicht wenig, weidete sich an ihrem Anblick und pries
ihre Schönheit.«

In der *Kölner Königschronik* wird die Begeisterung der
Menschen bestätigt: Isabella sei in allen »Flecken und
Städten«, durch die sie gekommen ist, »ehrenvoll« empfangen worden, »doch von den Kölnern mit größerem
Jubel als von den anderen«. Ihr Quartier nahm die Kaiserin »im Haus des Propstes von Sankt Gereon«, einem Ka-
nonikerstift, dessen Kirche zu den ältesten Kölns und zu
den bedeutendsten des ganzen Abendlands gehört. Die
Unterbringung in diesem durch seine Geschichte und Ar-
chitektur hervorgehobenen Stift war eine weitere Ehren-
bezeugung für Isabella. Isabella blieb sehr lange in Köln,
insgesamt einen Monat, »in großen Ehren«, wie die *Kölner Königschronik* noch einmal anfügt. Und sie wartete
dort »auf die Befehle des Kaisers«.

Es war also nicht nur der vielleicht übertreibende englische Chronist, der so enthusiastisch war. Nein, Isabella
scheint die Herzen der Rheinländer im Sturm erobert zu
haben. Doch wichtiger als die Begeisterung der Chronisten und der einfachen Menschen auf der Straße war die
Frage: Welchen Eindruck würde Isabella auf den Kaiser
machen? Anfang Juli 1235 begab sich die Braut, begleitet vom Erzbischof von Köln und vom Bischof von Exeter, auf den Weg nach Worms. Aufgehalten »von hochzeit-
lichem Gepränge und Jubel« an allen Orten der Strecke,
benötigte der Tross sieben Tage. Am 15. Juli fand dann im
Wormser Dom, neben Mainz und Speyer einer der drei
großen Kaiserdome am Rhein, die feierliche Vermählung

statt. Vier Könige, elf Herzöge, dreißig Grafen und Markgrafen waren dabei zugegen, dazu noch eine große Zahl an hohen kirchlichen Würdenträgern.

Friedrich war vom ersten Augenblick an angetan von der jungen Engländerin. Bei ihrer Ankunft empfing er sie mit großen Ehrenbezeugungen, »weil sie ihm über die Maßen gefiel, als er sie betrachtete, denn die Natur hatte sie mit ganz besonderer Sorgfalt geziert«. Ebenso gefiel es dem Staufer, dass er seine junge Frau »mit der Gabe anmutiger Beredsamkeit ausgestattet fand«.

Ein interessantes Detail erzählt Roger von Wendover aus der Hochzeitsnacht: Seine Astrologen hatten dem Kaiser berichtet, dass er die Ehe erst in den frühen Morgenstunden vollziehen sollte, weil dies die geeignete Zeit sei, um einen Sohn zu zeugen. Damit zeigt sich einmal mehr der für Friedrich natürlich vordringliche Zweck der Ehe mit Isabella: Er musste die Zukunft seiner Dynastie auf sichere Beine stellen, umso mehr, nachdem sein Sohn Heinrich als Thronfolger ausgeschieden war und damit einzig der kleine Konrad übrig blieb. Was würde geschehen, wenn er stürbe? Wäre dann alles vergebens gewesen? So wird die Hoffnung Friedrichs auf einen weiteren Sohn – und zwar aus einer legitimen Verbindung – verständlich. Dass er zu diesem Zweck seine Astrologen befragt hat, ist ein weiterer interessanter Hinweis auf seine Nähe zur islamischen Welt. Im frühen und hohen Mittelalter wurde die Astrologie im christlichen Abendland als vermeintliches Teufelszeug betrachtet, anders als in der arabischen Welt, in der vor wichtigen politischen Entscheidungen gerne die Sterne befragt wurden und die Astrologie sich zu einer eigenen Wissenschaft entwickelt hatte. Friedrich hat die Astrologie entweder durch seine Sarazenen in Lucera oder bei seinem Kreuzzug ins Heilige Land schätzen gelernt. Dass neun Monate später tatsächlich ein – dann früh verstorbener – Junge zur Welt gekommen sei, wie Roger von Wendover berichtet, ist allerdings unwahrscheinlich; zumindest ist in keiner anderen Quelle von einem solchen Jungen mit dem sehr ungewöhnlichen Namen Jordan je die Rede gewesen. Die Hoffnung auf die Sterne war wohl vergebens.

Wo lebte Isabella nach der vier Tage währenden Hochzeitsfeier? Natürlich kommen auch dieses Mal wieder die Sarazenen ins Spiel. Der englische Chronist Matthäus von Paris schrieb bedauernd:

»Der Kaiser übergab seine Gemahlin eingeschlossen und gleichsam eingekerkert vielen sarazenischen Eunuchen und ähnlichen alten Gespenstern zur strengsten Bewachung bei Tag und bei Nacht, sodass die Kaiserin es wohl vorgezogen hätte, dem ärmsten englischen oder französischen Ritter in unauflöslicher Ehe anzugehören.«

Noch ein Jahrzehnt später, 1245, als Friedrichs letzter großer Konflikt mit der Kirche begann, zeterte Papst Innozenz IV., dass der Kaiser die Männer im Gefolge seiner Frau Isabella kastriert habe – aus rasender Eifersucht. Es mag nun zwar sein, dass im Gefolge, das der Kaiser für seine Gemahlin zusammenstellte, Sarazenen waren, doch alles andere scheint eher aus der Gerüchte- oder päpstlichen Propagandaküche zu stammen. Von da war es dann auch nicht mehr weit zu dem Verdacht, dass Isabella gleichfalls in Friedrichs Harem gelandet sei. Doch Isabella und Friedrich machten das, was auch heute noch die meisten Ehepaare nach der Hochzeit machen: Sie verbrachten ihre Flitterwochen in der Kaiserpfalz im elsässischen Hagenau – gemeinsam und mutmaßlich ohne Eunuchen.

Es ist richtig, dass Isabella keinerlei politischen oder wie auch immer gearteten Einfluss auf Friedrich hatte. Dafür war sie zu jung und zu unerfahren – und dazu war der Staufer eine viel zu starke Persönlichkeit. Wenn Isabellas Bruder, König Heinrich III. von England, sich später bei Friedrich darüber beschwert hat, dass die beiden nie zusammen »unter der Krone gegangen seien«, dann ist dies ebenfalls kein Hinweis auf ein einsames Darben der jungen Kaiserin. »Unter der Krone gehen« bedeutete im damaligen Sprachgebrauch, dass ein Herrscher die Krone ohne besondere Krönungszeremonie trägt. Isabella ist nie zur Königin oder Kaiserin gekrönt worden, und man hätte vielleicht erwarten können, dass Friedrich ihr wenigstens diese Zeremonie gönnte. Das hätte Isabella aufgewertet und wäre ein Zeichen der besonderen Achtung gewesen. Doch hat der Staufer dies offensichtlich nicht als notwendig empfunden, wofür er Jahre später von seinem Schwager noch heftig getadelt werden sollte.

Dass die zahlreichen Begleiter aus England nach den Hochzeitsfeierlichkeiten wieder auf die Insel zurückkehrten, war für Isabella sicher schwer zu verkraften. Aber das war ebenfalls kein Zeichen für Friedrichs Hartherzigkeit, sondern ganz normal und üblich. Immerhin konnten die beiden Frauen, die Isabella am nächsten standen, bei ihr bleiben: ihre Kammerzofe Margaret Biset und ihre Dienerin Katherine, die sich durch ihre Stickkunst am staufischen Hof große Achtung erworben hat. Auch Isabella war in dieser in England hoch entwickelten Kunst sehr geschickt, dank der Anleitung durch Katherine.

Allzu lange blieb das frisch vermählte Paar nach der Hochzeit nicht gemeinsam in Hagenau. Am 15. August befand sich Friedrich bereits in Mainz, wo er einen glänzenden Hoftag veranstaltete, bei dem nahezu alle Großen des Reichs anwesend waren – nur nicht die Kaiserin. Allem

Anschein nach ist Isabella in Hagenau geblieben. Vielleicht hat der Ärger des englischen Königs über die Zurücksetzung seiner Schwester darin seine Ursache gehabt.

Nach der chaotischen Endphase der Herrschaft seines Sohnes war es in Mainz ein Hauptanliegen Friedrichs, wieder geordnete Verhältnisse in Deutschland zu schaffen. Dem diente zunächst die Verkündung eines allgemeinen Landfriedens, in dem die gewalttätigen Auseinandersetzungen innerhalb des Adels, die viel beschworenen Fehden, verboten wurden. Stattdessen sollten die Adligen sich an die kaiserliche Rechtsprechung wenden. Eigens zu diesem Zweck gründete Friedrich ein Reichshofgericht als oberste Instanz. Das war ein großer Schritt, selbst wenn dessen Einfluss recht beschränkt blieb. Es zeigt aber auch, dass der Staufer sich keineswegs – wie ihm immer vorgeworfen wurde – nicht um die politische Organisation Deutschlands gekümmert hätte. Doch Friedrich wusste, dass er sich angesichts der realen Machtverteilung niemals gegen einen oppositionellen Fürstenblock würde durchsetzen können. Diese realistische Sichtweise zeigte sich, als Friedrich die Fürstenprivilegien von 1232 in Mainz noch einmal ausdrücklich erneuerte. Ein weiterer wichtiger Punkt des Mainzer Hoftags war die Errichtung des Herzogtums Braunschweig, das Friedrich seinen alten welfischen Widersachern übertrug. Damit war die Familie wieder in Gnaden aufgenommen – doch erst, nachdem der junge Otto von Lüneburg, ein Neffe Ottos IV., vor dem Kaiser auf die Knie gefallen war und ihm Treue geschworen hatte.

Doch in Mainz herrschte nicht nur eitel Sonnenschein: Friedrichs Entgegenkommen, sein Bestreben, sich mit den Fürsten ins Einvernehmen zu setzen, hatte einen sehr handfesten Hintergrund: Noch immer gärte es in der Lombardei, waren die Städte, die treu zum Kaiser hielten, in der Minderheit. Vor allem das stolze Mailand zeigte Friedrich wie eh und je die kalte Schulter. Der Kaiser hatte zwar versucht, den Papst davon zu überzeugen, dass es sich bei den aufsässigen Lombarden doch nur um Ketzerfreunde handle, deren Unterwerfung auch in seinem Interesse liegen sollte. Aber ein paar Ketzer in Mailand waren für Gregor IX. ein kleineres Problem, als ein Kaiser, der in Oberitalien nicht nur de jure, sondern auch de facto herrschte. Der Pontifex sah deshalb keinen Anlass, Friedrich in dieser Frage zu unterstützen. Statt vermeintliche Ketzer in Mailand zu bekämpfen, sollte Friedrich lieber zu einem Kreuzzug ins Heilige Land aufbrechen – dieses Mal zu einem richtigen und nicht zu einem mit staufisch-muslimischer Verbrüderung. Doch Friedrich dachte nicht daran; für ihn saßen die Ketzer – und das waren alle, die ihn nicht als Herrn anerkennen wollten – in Mailand. Dem Papst kündigte der Staufer Ende August in einem Brief dementsprechend an, »die dem Reiche von den Lombarden angetanen Unbilden rächen zu wollen«. Die Fürsten hätten sich in Mainz »an Eides statt« dazu verpflichtet, sich im April 1236 zu einer Heerfahrt über die Alpen einzufinden. »Das«, schreibt der Chronist Matthäus von Paris, »machte der römischen Kirche viel Kummer und Ärger«.

Zu den Lombarden gesellte sich jedoch noch ein weiteres Problem. Ein Gegner war auch nördlich der Alpen übrig geblieben: Herzog Friedrich von Österreich aus der Familie der Babenberger mit dem schönen Beinamen »der Streitbare« war einer der letzten Anhänger des unglücklichen Königs Heinrich gewesen. Er ließ den Kaiser spüren, was er nach wie vor von ihm hielt, nämlich gar nichts. Und so hielt es der streitbare Österreicher auch nicht für angebracht, beim Hoftag des Staufers in Mainz zu erscheinen.

Trotz dieser bleibenden Herausforderungen konnte Friedrich den Hoftag in Mainz als Erfolg verbuchen. Eine fürstliche Opposition gab es bis auf den Herzog von Österreich nicht mehr, nachdem selbst die Welfen ihr Knie vor ihm gebeugt hatten. Das wenige Monate zuvor noch zerrissen wirkende Reich stand in seltener Einmütigkeit hinter seinem Herrscher, der mit seinem glanzvollen Auftritt zudem das Kaisertum auf eine Weise inszeniert hatte, wie dies zuletzt unter seinem Großvater Friedrich I. Barbarossa der Fall gewesen war.

So konnte der Staufer Ende August 1235 nach Hagenau zurückkehren, wo er Isabella wiedertraf und – mit Ausnahme der Zeit, die ein Hoftag in Augsburg in Anspruch nahm – auch blieb. Für die junge Kaiserin war die elsässische Kaiserpfalz zum Lebensmittelpunkt geworden und sollte dies in den folgenden Monaten auch bleiben. Hagenau war ein Ort, an dem sich Isabella durchaus wohl fühlen konnte – und Friedrich ebenso, der gerne in der Umgebung zur Jagd ging. Schon Herzog Friedrich II. von Schwaben (1090–1147) hatte auf einer Insel in der Moder, einem Nebenfluss des Rheins, eine Burg errichten lassen, Friedrich I. Barbarossa machte eine prächtige Pfalz daraus. Und wenn sein Enkel Kaiser Friedrich II. in seinem nordalpinen Reich war und entspannen wollte, dann tat er dies in Hagenau. Von der Anlage ist leider nichts erhalten, doch gibt es Beschreibungen, welche den Glanz erahnen lassen, der von dieser elsässischen Pfalz ausgegangen ist. So war die Kapelle der Pfalz nicht nur zweistöckig wie die der anderen Pfalzen, sondern dreistöckig. Ausgegrabene Reste des Skulpturenschmucks belegen darüber hinaus, wie aufwendig dieser Bau gewesen sein muss. Die hohe Bedeutung, welche die Staufer Hagenau beigemessen haben, zeigt sich zudem daran, dass in der dortigen Pfalz zeitweise sogar die Reichsinsignien aufbewahrt wurden. Wenn also Friedrich seiner Frau Hagenau als Aufenthaltsort in Deutschland zuwies, war dies alles andere als eine Verbannung in die Provinz. Im Gegenteil: Er hätte ihr kaum eine angenehmere Unterkunft geben können. Friedrich war auch sonst darum besorgt, dass es Isabella an nichts fehlte. Er bestellte ihr kostbare Kleider und Schuhe, ja sogar eine Posaune.

Von Hagenau aus schrieb Friedrich einen recht ungewöhnlichen Brief an Heinrich III. von England. Darin bat er, der König möge seinen Bruder Richard von Cornwall zu ihm schicken, um mit dessen Unterstützung im Kampf gegen den König von Frankreich die verloren gegangenen englischen Besitzungen auf dem Kontinent zurückzuerobern. Das brachte Heinrich in nicht geringe Verlegenheit, denn Richard war zu diesem Zeitpunkt der einzige Erbe des Königreichs, und den wollte er nicht in einen Krieg mit ungewissem Ausgang schicken, auch wenn man in England mit dieser Hochzeit durchaus die Hoffnung verbunden hatte, zusammen mit dem Kaiser gegen Frankreich zu ziehen. Dennoch muss es Heinrich III. in diesem Moment eher seltsam vorgekommen sein, dass es sein Schwager war, der ihn – trotz aller beschwichtigenden Beteuerungen gegenüber dem Franzosen – auf einmal zu diesem Krieg aufforderte. Auch wenn man sich in Friedrichs Lage hineinversetzt, wirkt diese »Einladung« bizarr, denn er hatte in der Lombardei und in Österreich eigentlich schon genügend ungelöste Aufgaben, und an einer endgültigen Entzweiung mit Frankreich konnte ihm nicht gelegen sein. Ob der Brief vielleicht auf Anregung Isabellas zustande gekommen ist? Wir wissen es nicht, doch so überraschend das Projekt vorgetragen wurde, so schnell verschwand es auch wieder in der Versenkung.

Die Kontakte zur englischen Verwandtschaft blieben aber auch in der Folge eng. Dies zeigte sich etwa bei den exotischen Geschenken, die Friedrich über den Kanal schickte – zuerst ein Kamel »als Zeichen der fortdauernden Liebe«, schließlich drei Leoparden. Einiges Aufsehen erregte in dieser Zeit ein Ereignis, das Friedrichs Rechtsauffassung und Rationalität widerspiegelt. In den Weihnachtstagen des Jahres 1235 waren bei einem Brand in Fulda fünf Kinder ums Leben gekommen. Sogleich kam der alte Vorwurf auf, dass es sich um einen Ritualmord von Juden gehandelt habe, die das Blut der Christenkinder getrunken hätten. Um diesen Vorwurf zu untermauern, brachte eine aufgebrachte Menschenmenge die verkohlten Leichen der Kinder zum Kaiser nach Hagenau. Friedrich weigerte sich jedoch, der allgemeinen Empörung nachzugeben, sondern ordnete an, die Angelegenheit grundlegend zu untersuchen. Dabei ging es ihm nicht nur um den speziellen Fall von Fulda, sondern um die grundsätzliche Frage, ob es überhaupt denkbar sein könnte, dass Juden christliche Kinder umbrächten, um an ihr Blut zu kommen. So bat er die Herrscher der westlichen Königreiche, ihm konvertierte – also dem Christentum freundlich gesinnte – Juden nach Hagenau zu schicken, um darüber Bericht zu erstatten. Selbstverständlich ging einer dieser Briefe auch zu seinem Schwager nach England. Und Heinrich III. sandte sogleich »zwei der hervorragendsten Neubekehrten, die in unserem Reich zu finden waren und bereit sind, Euren Anordnungen in jeder Hinsicht nach Kräften zu entsprechen«.

Auch hier muss offen bleiben, ob es einen direkten Einfluss Isabellas gegeben hat, die ähnliche Vorwürfe aus ihrer Heimat kannte. Jedenfalls ist der Umstand, dass Heinrich tatsächlich zwei gelehrte Konvertiten ins Elsass geschickt hat, sicher in erster Linie der Verwandtschaft der beiden Herrscher geschuldet. Natürlich kam bei der Untersuchung heraus, dass Juden niemals menschliches

Blut trinken würden, im Gegenteil, ihre Religion ihnen jegliche Verunreinigung durch Blut verböte. Damit war der Fall aber für den Staufer noch nicht erledigt. Er nahm ihn zum Anlass, ein allgemeines Privileg für die Juden in Deutschland zu verkünden. Darin erklärte er alle Juden zu »Kammerknechten«, die unter seinem besonderen Schutz standen, und bestätigte ihnen jene Rechte, die sie von seinem Großvater Friedrich I. Barbarossa erhalten hatten. Niemand sollte die Juden mehr wegen des Ritualmordvorwurfs »angreifen oder irgend etwas Schimpfliches oder Lästiges ihnen darüber vorwerfen«. Wer dagegen verstoße, werde »die Ungnade unserer Erhabenheit auf sich ziehen«.

Ende April 1236 nahmen Friedrich und Isabella Abschied von der Pfalz in Hagenau. Während Friedrich seine Frau zu den Hoftagen von Mainz und Augsburg nicht mitgenommen hatte, begleitete Isabella ihren Mann nun nach Marburg, um gemeinsam mit ihm einem Jahrhundertereignis beizuwohnen: Die Gebeine der kurz zuvor heilig gesprochenen Elisabeth von Thüringen sollten im Mai 1236 in einen goldenen Schrein umgebettet werden. »Zwölfmal hunderttausend Menschen« sollen zu diesem Anlass nach Marburg geströmt sein. Das ist zwar sicher eine mittelalterliche Übertreibung, aber selbst wenn man eine Null wegnimmt, sind es noch unüberschaubare Massen. Friedrich wollte sich diese Gelegenheit nicht entgehen lassen: Konnte er dabei nicht unter Beweis stellen, was für ein christlicher Herrscher er war? Und da die Heilige seine Tante war, fiel der Strahl ihrer Heiligkeit doch auch ein wenig auf ihn. Wie ein weiteres Mosaiksteinchen passte in die prachtvolle Inszenierung hinein, dass der Name seiner Frau, Isabella, ja nur eine Variante des Namens der frisch gekürten Heiligen war. Friedrich übernahm eine Hauptrolle in der Marburger Feier: »Der Kaiser selbst nahm zuerst den Stein von ihrem Sarkophag hinweg und setzte eine goldene Krone aus seinem Schatz auf das Haupt der hochheiligen Witwe. Abgesehen von vielen anderen Wundern floss dabei Öl aus dem heiligen Körper.« Auch einen goldenen Becher, »aus dem er selbst zu trinken pflegte und in den nun ihr Haupt gelegt wurde«, schenkte der Kaiser der Heiligen. Voller Begeisterung über diesen feierlichen Akt schrieb der Kaiser an den General des noch jungen Franziskanerordens nach Rom und berichtete ihm von dem Ereignis – in der Hoffnung, der Mönch würde diese Botschaft weiter verbreiten.

Zwar hatte Friedrich mit Unterstützung der Großen des Reichs den Krieg gegen den lombardischen Städtebund beschlossen, doch als er sich in Koblenz mit der niederdeutschen Ritterschaft traf, musste er zu seinem Leidwesen erkennen, »dass nur wenige seinem Gebot Folge« geleistet hatten. Zwar stießen bis zum eigentlichen Treffpunkt auf dem Lechfeld bei Augsburg noch Ritter aus Schwaben und dem Elsass hinzu, doch war das Aufgebot noch immer nicht besonders beeindruckend, zumal er den Herzog von Bayern und den König von Böhmen nach Österreich schicken musste, um endlich Friedrich von Österreich zur Räson zu bringen. Die *Kölner Königschronik* berichtet, dass der Staufer letztlich von 1000 Rittern über die Alpen begleitet wurde. Das war zu wenig für eine große Schlacht gegen die mächtigen Städte. Am 15. August 1236 erreichten Friedrich und seine Ritter Verona. Erst nach einem Monat, als Unterstützung aus Cremona und anderen kaisertreuen Städten Norditaliens eingetroffen war, setzte sich der Zug wieder in Bewegung. Was folgte, war lediglich Geplänkel, der Versuch, Macht zu demonstrieren und auf diese Weise die Lombarden zum Einlenken zu zwingen. Friedrichs Ritter eroberten Vicenza und Bergamo, plünderten und verwüsteten, so gut sie konnten, allen voran Ezzelino da Romano, doch zu einer alles entscheidenden Schlacht kam es nicht. Das war im Mittelalter nicht ungewöhnlich, zugleich aber auch eine Folge der dafür nicht ausreichenden Truppen des Staufers. Andererseits entschieden sich die Mailänder ebenfalls dazu, das Ganze erst einmal auszusitzen. Noch vor Wintereinbruch kehrte Friedrich zurück in sein nördliches Reich.

In Graz feierte Friedrich das Weihnachtsfest, bei dem er in diesem Jahr noch einen ganz persönlichen Grund zur Freude hatte. Im Dezember 1236 hatte seine Frau Isabella einer Tochter das Leben geschenkt, die auf den Namen Margarete getauft wurde. Sie wurde später mit dem Markgrafen Albrecht von Meißen verheiratet und starb 1270. Wie sehr sich Friedrich über die Geburt dieser Tochter gefreut hat, zeigt ein Brief, den er an die Bürger von Palermo schrieb, doch lässt sich aus dem Schreiben auch schließen, was Friedrich zuvorderst ersehnte – einen Sohn.

»Wie aus der Hand des Herrn«, verkündete der Kaiser in blumiger Sprache, strömten ihm »unablässig Wohltaten« zu, »dem Glücke immer wieder Glück, und so erquicken wir mit Recht sorglich eure Wünsche, indem wir euch fröhlich verkünden, dass von unserer geliebten Gemahlin kürzlich eine Tochter geboren wurde. Denn wir wünschen die Freude über unser und nicht weniger euer Glück in häuslicher Eintracht mit euch zu teilen. Unter allem anderen nämlich, was uns und euch die Macht Gottes gemeinsam durch dieselbe Wohltat gewähren kann, halten wir kein Geschenk den gemeinsamen Wünschen für entsprechender, keines für unsere und eure Zukunft für ersprießlicher, als dass der Schoß unserer Fruchtbarkeit durch die Geburt eines neuen Nachkommens vermehrt wird, da ja dadurch eure Ruhe infolge der größeren Macht unserer Herrschaft gewährleistet wird.«

Mit diesem Hinweis waren natürlich vor allem die Söhne gemeint, doch »obgleich die Rechte der Königreiche und die Throne der Herrscher nicht auf weiblichen Sprösslingen beruhen, so soll uns dennoch diese Tochter mit den Söhnen willkommen sein; denn wie die vorangehende Anführerin der Folgenden und die sicherste Verkünderin von Söhnen hat sie aus der Verbindung mit der neuen Kaiserin eine unbezweifelbare Menge von Königen uns und euch mit Gottes Hilfe versprochen.«

Isabella hat ihren Mann auf dem Feldzug des Jahres 1236 nicht nach Italien begleitet. Sie dürfte das Kind daher in Hagenau zur Welt gebracht haben, wohin sie sich nach dem Besuch in Marburg zurückgezogen hat. So musste Friedrich sich noch eine ganze Weile gedulden, ehe er seine Tochter zum ersten Mal sah. Denn der Staufer blieb bis April 1237 in Wien. Im Februar hielt er dort einen glänzenden Hoftag ab. Der äußere Glanz hatte seine politische Berechtigung: Friedrich ließ in Wien seinen Sohn Konrad aus der Ehe mit Isabella von Brienne zum König und damit zu seinem Nachfolger wählen. Diese Wahl war ein großer politischer Erfolg, doch konnte die damit gesicherte Erbfolge im Reich nicht darüber hinwegtäuschen, dass sie auf den schwachen Schultern eines neunjährigen Kindes lag und Friedrich außer dem inhaftierten Heinrich keinen anderen legitimen Sohn hatte.

Sollte Isabella auch nicht bis nach Wien gekommen sein, gibt es gleichwohl ein »spätestes« Datum für ihr Wiedersehen mit Friedrich, denn im Mai oder Juni 1237 wurde sie neuerlich schwanger. In diesem Fall müsste Isabella ihrem Mann von Hagenau aus entgegengezogen sein. Im Mai hielt sich Friedrich nämlich in Ulm an der Donau auf, im Juni weilte er in der alten salischen Kaiserstadt Speyer. Das Ziel der diplomatischen Aktivitäten Friedrichs war das Gleiche wie im Vorjahr: die Vorbereitung eines Feldzugs gegen die Lombarden. Und dieses Mal hat Isabella ihren Mann – trotz Schwangerschaft – über die Alpen begleitet, wie einem Brief Hermanns von Salza zu entnehmen ist. Die Strapazen, die damit verbunden waren, müssen eine außerordentliche Belastung für die junge Kaiserin gewesen sein.

Im August 1237 brach Friedrich mit seinem Heer wiederum von Augsburg aus auf, um über den Brenner nach Italien zu ziehen. Immerhin hatte er dieses Mal 2000 Ritter dabei, dazu kamen 7000 Sarazenen, die von Lucera nach Norden aufgebrochen waren, und weitere Ritter aus den staufertreuen italienischen Städten. So dürfte Friedrich nun über 10 000 bis 15 000 Mann befehligt haben – eine stolze Streitmacht, vor deren Hintergrund es nicht wundernimmt, dass der lombardische Städtebund Kompromissbereitschaft erkennen ließ. Doch die Verhandlungen führten zu keinem Erfolg, wohl auch, weil Friedrich den militärischen Erfolg suchte. Das war aber einfacher gesagt als getan. Die Mailänder hatten nicht vor, sich ihm auf offenem Feld zu stellen, und so blieb es bei Scharmützeln. Fast sah es so aus, als würde der Feldzug wie jener des Jahres 1236 ohne greifbaren Erfolg enden. Friedrich konnte und wollte das Jahr nicht auf diese Weise beenden. Und es gelang ihm: Er täuschte den Rückzug seiner Streitmacht nach Cremona vor und lockte die Lombarden auf diese Weise aus dem Hinterhalt. Wie Berserker griffen seine Sarazenen die überraschten Mailänder am 27. November bei dem kleinen Ort Cortenuova südlich von Bergamo an. Zwar wehrten sich die Lombarden nach Kräften und töteten zahlreiche Sarazenen, doch am Ende stand nicht nur ein Erfolg, sondern ein veritabler Triumph für den Kaiser. Er erbeutete den »caroccio«, den wie einen Staatsschatz gehüteten Fahnenwagen der Mailänder, auch fiel der Podestà, der höchste Vertreter der Stadt, in die Hände des Staufers. Und dieser Podestà war nicht irgendjemand: Es war Pietro Tiepolo, der Sohn des venezianischen Dogen. Nach diesem Sieg veranstaltete Friedrich einen an die antiken römischen Kaiser erinnernden Triumphzug durch Cremona, der treuesten der treuen Städte. Ein Elefant zog den Mailänder Fahnenwagen, an dessen niedergelegten Mast Pietro Tiepolo gefesselt war. 4000 gefangene Mailänder Kämpfer zogen unter dem Hohn und Spott der Cremoneser durch die Straßen der Stadt.

Die überschäumende Stimmung im kaiserlichen Lager spiegelt ein Bericht des Großhofrichters Petrus de Vinea:

»Frohlocken möge nun des römischen Reichs Gipfel, und der gesamte Erdkreis möge sich freuen über den Sieg eines solchen Herrn! Erröten möge die widerrechtliche Genossenschaft der Lombarden, zerschmettert werde der Wahnwitz der Empörer, und angesichts des Ausgangs der Schlacht mögen die feindlichen Völker erzittern. Vor allem jedoch möge das unglückliche Mailand seufzen und jammern … Und es möge sich unverzüglich daran gewöhnen, dem Herrn der Welt zu gehorchen … Wahrlich vom Throne Gottes ging das Gericht der Rache aus, denn die Gräber reichten nicht für die Gefallenen, und die Paläste Cremonas fassten die Menge der Gefangenen nicht. Deshalb feiert, ihr getreuen Völker, das Fest des kaiserlichen Sieges mit feierlicher Freude, und freut euch in überströmendem Jubel über die Verkündung solchen Sieges!«

Allein die Tatsache, dass Friedrich einen an die römischen Cäsaren gemahnenden Triumphzug in Cremona veranstaltet hatte, musste den Papst in höchste Alarmbereitschaft versetzen. Umso mehr, als Friedrich den Fahnenwagen der Mailänder »an den Senat und das Volk von Rom« sandte. Auch mit dieser Floskel und Geste knüpfte Friedrich wiederum an die Antike an. In einem Brief an die Römer warb er um ihr Wohlwollen: »Empfanget dankbar … das Siegeszeichen eures Imperators. Aus ihm mag euch die schönste Hoffnung blühen. Denn wie gern wir den alten feierlichen Gebräuchen folgen, so sind wir doch lieber auf die Erneuerung des alten Adels der Stadt bedacht.« Die stolzen Römer stellten den Wagen auf das Kapitol, wo er vom Sieg ihres Herrschers Zeugnis ablegen sollte, waren doch die Ritter Friedrichs mit dem Schlachtruf »Soldaten des Kaisers, Soldaten von Rom« gegen die Mailänder ins Feld gezogen. Würde der glänzende Sieger bald selbst nach Rom kommen? Und den ungeliebten Papst zum Teufel jagen? Gar das alte Imperium wieder errichten?

Fürs erste blieb Friedrich in Oberitalien. Er tat dies im Hochgefühl des Sieges, und er tat dies nach dem wohl größten Fehler seines Lebens. Nach der Schlacht bei Cortenuova hatten ihn die Vertreter Mailands aufgesucht – sie gelobten die Oberherrschaft des Kaisers anzuerkennen und den lombardischen Städtebund aufzulösen. Doch der Staufer verlangte die bedingungslose Kapitulation und Unterwerfung. Dazu aber waren die Mailänder nicht bereit. Friedrich verkannte, dass die Lombarden geschlagen, aber nicht vernichtet waren und im Hintergrund der Papst weiter seine Fäden ziehen konnte. Ebenso verkannte der Staufer, dass nach einem solchen Sieg »milte« von ihm erwartet wurde, eine der vier Tugenden, die von einem Herrscher verlangt wurden und die in etwa mit »Gnade«, »Barmherzigkeit« oder »Sanftmut« gleichzusetzen ist.

Doch daran mochte der Staufer in diesen Momenten nicht denken. Der Erfolg fiel ihm scheinbar in den Schoß. Und wie zur Bestätigung seines Glücks brachte Isabella von England im Februar 1238 ein weiteres gesundes Kind zur Welt. Und diesmal war es ein Sohn, der in den Quellen einmal Heinrich, in anderen »Carlotto« (»Karlchen«) genannt wird. Er kam in Ravenna zur Welt, also doch ein gutes Stück entfernt von den kriegerischen Ereignissen in der Lombardei. Friedrich war zu dieser Zeit in Turin, wo Manfred Lancia das Amt des Reichsvikars innehatte.

Über die Geburt seines Sohnes war der Kaiser so begeistert, dass er Gott und die Welt an seinem und Isabellas Glück teilhaben lassen wollte. In mehreren Briefen, in denen er und seine Kanzlei das Geburtsdatum einmal auf den 17. Februar und ein anderes Mal auf den 18. legen, sprudelt es aus Friedrich nur so heraus. Die Briefe sind zugleich eine beredte Quelle für seine Hochstimmung und seine vor diesem Hintergrund zu verstehende Zukunftsplanung. Einer der Adressaten war sein späterer Schwiegersohn Ezzelino da Romano:

»Am ersten Tag der heiligen Fastenzeit … wurde uns nach dem Beschluss der Vorsehung des Königs der Könige, der den Königen Ursprung und Heil verleiht, aus dem fruchtbaren Schoß unserer geliebten Gemahlin ein Sohn geboren und ein neuer König geschenkt, über den des Vaters Geist jubelt und über den sich die Gesamtheit der Untertanen mit uns freut. Siehe, unter dem Frohlocken des Vaters erglänzt die Wiege des jungen Königs, und während uns in Italien glückliche Erfolge zufallen, stellt sich der ersehnte glückhafte Nachwuchs ein, der unserem weit und breit nach seinem alten Wahrzeichen wieder erhobenen Kaisertum die Kraft des erwünschten Friedens und Rechts noch für die Nachkommen durch sein Gedeihen verbürgt und zur Hoheit der ersten Würde das Vertrauen der unterworfenen Völker stärkt. So nämlich krönen der Werkmeister der Dinge und die Natur unsere glücklichen Erfolge, da gerade jetzt unser Geschlecht sich mehrt, wo Italien als des Kaisertums altes Erbe zu unserem Besitz hinzukommt und der gegenwärtige Sieg Wohlstand und Recht in unseren Reihen einzigartig auffrischt.«

Den Anspruch auf die Herrschaft über Italien hatte Friedrich auch dem Papst gegenüber offen kundgetan, doch nun schien es möglich, diesen Anspruch in die Realität umzusetzen. Goldene Zeiten schienen anzubrechen, und man kann sich gut vorstellen, dass Ezzelino da Romano, als er diesen Brief erhielt, in ähnlicher Hochstimmung war wie der Kaiser.

Den Bürgern von Palermo teilte Friedrich die Geburt seines zweiten Kindes aus der Ehe mit Isabella ebenfalls in einem Brief mit. Auch in diesem Schreiben wird deutlich, wie wichtig ihm die Geburt dieses Sohnes war, »da durch dieses Ereignis Euch und Euren Nachkommen Heil ersteht, da durch die Fruchtbarkeit unseres Geschlechts der Thron unserer Herrschaft gestärkt wird«. Das Fehlen von Thronfolgern dagegen schwäche die Staaten und zerstöre die Reiche. Weshalb Friedrich letzten Endes, trotz seiner Liebe zu Bianca Lancia, die Ehe mit Isabella eingegangen ist, wird offensichtlich: Über allem stand der Wunsch nach einem weiteren legitimen Thronfolger.

Natürlich versäumte es der Kaiser nicht, die frohe Botschaft auch nach England zu melden. Er tat dies in einem Brief an den Herzog von Cornwall, seinen Schwager und Bruder des englischen Königs: »Das erfreuliche und allgemein sehnlichst erwartete Ereignis, das freudiger als die Erfüllung aller anderen Wünsche der Menschen von der wohltätigen Natur in Empfang genommen wird und durch das die Throne der Herrscher mit der erwünschten Nachkommenschaft beschenkt werden, glauben wir umso rascher zu Deiner Kenntnis bringen zu sollen, als die Unmittelbarkeit der Freude darüber keinen Aufschub duldet. Wir haben nämlich die Freude, Eurer Erwartung durch die feierliche Mitteilung gegenwärtigen Schreibens zu melden, dass uns durch die Gnade der Vorsehung des höchsten Herrn, aus dem fruchtbaren Schoß unserer Gemahlin, Deiner Schwester ... ein neuer Sohn und Dir ein neuer Neffe geboren wurde.« Als Richard diesen Brief in Händen hielt, »freute er sich sehr und lobte Gott, weil er hoffte, dass dies ihm und dem Reiche England mit der Zeit zum Heile gereichen werde«.

Isabella blieb auch während des Jahres 1238 in Oberitalien, wo der Kaiser hoffte, den Lombarden die entscheidende Niederlage beibringen zu können. Im Zentrum des Feldzugs stand die Belagerung Brescias vom 11. Juli bis zum 9. Oktober. Vor diesem entscheidenden Kampf hatte Friedrich noch einmal Grund zur Freude: Am 22. Mai fand die oben erwähnte Hochzeit seiner Tochter Selvaggia aus der Beziehung mit Bianca Lancia mit dem Haudegen Ezzelino da Romano statt. Acht Tage soll das Fest gedauert haben. Doch die Überzeugung, weiterhin ein Schoßkind des Glücks zu sein, verflog vor den Mauern Brescias rasch. Friedrich hatte ein gewaltiges Heer um sich versammelt, darunter »hundert Ritter, mit Waffen und Pferden stattlich ausgerüstet«, die ihm Isabellas Bruder Heinrich III. von England geschickt hatte, »nebst einer nicht geringen Geldsumme«. Doch all den stolzen Rittern, auch aus Spanien und Frankreich waren sie zum Kaiser geeilt, gelang es nicht, die Mauern der Stadt zu brechen. Fried-

rich hatte schließlich keine andere Wahl, als die Belagerung abzubrechen, wohl wissend, welchen Eindruck dies
hervorrufen würde. Matthäus von Paris schreibt darüber:
Der Kaiser sei seinen Feinden fortan »weniger schrecklich, den Freunden weniger achtungswürdig« vorgekommen, »weil er die im Vergleich [vor allem zu Mailand]
kleine Stadt Brescia nicht hatte erobern und seiner Herrschaft unterwerfen können«. Von Brescia aus zog sich
Friedrich nach Cremona zurück – doch in welchem Kontrast stand sein Aufenthalt nun im Vergleich zu seinem triumphalen Einzug in der Stadt im Jahr zuvor! Den Winter
1238/39 verbrachte der Kaiser an wechselnden Orten in
Oberitalien. Dabei wird er zumindest gelegentlich auch
Isabella getroffen haben, die ihren Wohnsitz in Noventa
bei Padua genommen hatte, zusammen mit ihrem kleinen Söhnchen. Ob sie und ihr Mann wussten, was sich in
Rom in diesen Wochen zusammenbraute?

Am 20. März 1239 wurde Friedrich II. zum zweiten Mal
exkommuniziert und damit aus der Gemeinschaft der
Gläubigen ausgeschlossen. Grund war die Einsetzung seines Lieblingssohns Enzio aus der Beziehung mit der schwäbischen Adligen Adelheid zum König von Sardinien. Zwar
hatte dieser die Erbin zweier sardischer Provinzen geheiratet, doch begründet hat Friedrich den Anspruch für seinen Sohn nicht aus dieser Ehe: »Da es unbestreitbar ist,
dass Sardinien der Krone gehört, ist es unser Recht, diese
Insel mit dem Reich wieder zu vereinen.« Allerdings war
Gregor IX. umgekehrt der Auffassung, dass Sardinien
ein päpstliches Lehen sei. Die kirchenrechtliche Begründung des Papstes für die Exkommunikation stand aber
auf schwachen Füßen: Friedrich habe in Rom eine Verschwörung gegen ihn angezettelt und unterdrücke die
Kirche in seinem Königreich Sizilien, weil er die Eroberung des Heiligen Landes verzögert habe …

Friedrich zerpflückte die einzelnen Punkte in einem offenen Brief an alle Fürsten des Abendlands förmlich und schickte sogar eine Gesandtschaft nach Rom, die jedoch nicht empfangen wurde. Für Friedrich war es fatal, dass ausgerechnet an dem Tag, an dem der Papst in Rom die Exkommunikation über ihn aussprach, sein treuer Weggefährte Hermann von Salza starb. Er hatte es bis dahin verstanden, zwischen Kirche und Kaiser zu vermitteln. Vielleicht hätte der Staufer, beraten von Hermann, in seiner Antwort auf den Bannfluch darauf verzichtet, Gregor IX. als »unwürdig« für das Amt des Nachfolgers Petri zu bezeichnen. Vielleicht war es das, was den Papst dazu bewog, alle diplomatischen Masken fallen zu lassen und die Vermittlungsversuche von Königen und Fürsten zurückzuweisen. Auch Gregor wandte sich nun an die Großen der Christenheit und formulierte Verdammungen, wie sie zuvor noch nie von einem Papst gehört worden waren: »Es steigt aus dem Meer die Bestie voller Namen der Lästerung, die mit den Tatzen des Bären und dem Rachen des Löwen wütet und mit den übrigen Gliedern wie ein Leopard ihren Mund zu Lästerungen des göttlichen Namens öffnet und die nicht aufhört, auf Gottes Zelt und die Heiligen, die in den Himmeln wohnen, die gleichen Speere zu schleudern. Mit eisernen Krallen und Zähnen will sie alles zermalmen und mit ihren Füßen die ganze Welt zerstampfen …« Ein »König der Pestilenz« sei Friedrich, ja, er habe sich sogar dazu verstiegen, Christus, Moses und Mohammed als »Betrüger« zu bezeichnen.

Friedrich schlug daraufhin auf gleiche Weise zurück und ließ seinen Brief sogar als Flugblatt verbreiten – als Teil der nun einsetzenden Propagandaschlacht, in der sich Papst und Kaiser mit Schmutz und Schlamm bewarfen. Über Gregor schreibt Friedrich: »Der da aber auf dem Lehrstuhl der verkehrten Lehre sitzt, der Pharisäer, gesalbt mit dem Öl der Bosheit über seine Genossen, der römische Priester … er ist bestrebt zu vernichten, was aus der Nacheiferung der himmlischen Ordnung herabgekommen ist.« Gregor sei nur »Papst dem Namen nach« und selbst jenes Ungeheuer der Apokalypse, der »Vater des Zwistes und der Verwüstung«. Unverhohlen drohte der Kaiser, »mit dem Schwerte cäsarische Rache« zu bringen. In einem Brief an den König von England, dessen Datierung und Echtheit allerdings umstritten sind, meinte er gar, dass der Papst und die Kurie mit ihren Erpressungen die ganze Welt verpesteten, sie seien »unersättliche Blutsauger … Wurzel und Ursprung allen Übels«.

Aufgebracht war Friedrich auch über König Heinrich III. von England, der es zuließ, dass in seinem Land die päpstlichen Legaten die Exkommunikation des Kaisers verkündeten. Der Staufer schickte daraufhin zwei Boten mit einem Schreiben nach England, in dem er seinem Schwager mitteilte, »wie er nicht ohne Grund sich sehr verwundere, dass er ihn ohne irgendeinen Widerspruch in seinem … Lande so schrecklich und unvernünftig exkommunizieren lasse und dass er, gänzlich uneingedenk der Verschwägerung und der zwischen ihnen durch die Heirat der Kaiserin Isabella geschlossenen Freundschaft, die Person und den Ruf des Kaisers so anschwärzen lasse«. Heinrich beeilte sich daraufhin, seine Notlage als Lehensmann des Papstes zu erklären. Gleichzeitig schrieb er aber auch an den Papst und bat ihn darum, »nicht so hart gegen den Kaiser vorzugehen«. Damit brachte er zwar Gregor IX. gegen sich auf, doch hoffte er, so wenigstens den Familienfrieden halbwegs wieder herzustellen. Eine dauerhafte Verstimmung zwischen Friedrich und Heinrich hätte sicherlich auch Folgen für Isabella gehabt, denn in den Augen des Staufers sollte sie der Garant für gute Beziehungen zwischen den beiden

Reichen sein. Allerdings hallte Friedrichs Ärger noch nach, und er schrieb einen zweiten Brief, in dem er seinem Schwager sein Verhalten vorwarf. Heinrich III. reagierte darauf mit Ausflüchten und Gegenvorwürfen: So kritisierte der König seinen Schwager, weil er – wie bereits an anderer Stelle erwähnt – noch nie mit Isabella »an den viel besuchten Orten und in den Städten des Reichs die Krone mit Prunk getragen habe«. Wenn der Kaiser von seiner englischen Verwandtschaft Unterstützung erwartete, dann sollte er doch wenigstens auch Isabella auf diese Weise auszeichnen.

Das ganze Jahr 1239 über blieb der Kaiser in Oberitalien, rast- und ruhelos, doch keinesfalls gewillt, dem Papst das Feld zu überlassen: Als wollte er ebenfalls alle Brücken hinter sich abreißen, erklärte er die Mark Ancona und das Herzogtum Spoleto wieder als zu seinem Reich gehörig, egal, welche Ansprüche der Papst stellte. In dieser Zeit entstand auch der eingangs zitierte Brief Friedrichs an die Bürger von Iesi, in dem er seine Geburtsstadt mit Bethlehem und seine Mutter mit der Gottesmutter Maria verglich. In einem Schreiben an die Bürger von Viterbo ging er noch weiter, wenn er sein Kommen mit den Worten ankündigte: »Bereitet den Weg des Herrn, macht seine Pfade gerade, öffnet die Riegel eurer Tore, damit euer Kaiser komme, schrecklich den Rebellen, euch friedlich gesinnt.« Hier spielte er auf Worte des Matthäusevangeliums an, mit denen der Evangelist Johannes den Täufer Christus ankündigen lässt: »Eine Stimme ruft in der Wüste: Bereitet den Weg des Herrn! Macht seine Straßen eben!« Und wenn Friedrich feierlich in eine Stadt einzog, ließ er sich ein Kreuz vorantragen und segnete die Menschen auf den Straßen. Der Kaiser als segnender Priester, als neuer Messias – die Auseinandersetzung nahm auf beiden Seiten apokalyptische Dimensionen an. Doch inmitten dieser Endzeitstimmung gab es auch den anderen Friedrich, den rationalen, kühl denkenden Staatsmann, der die Arbeit seiner Kanzlei zentralisierte, Anweisung um Anweisung diktierte, die Kastelle in seinem Königreich Sizilien instand setzen ließ und dank eines eingespielten Nachrichtendienstes sehr schnell erfuhr, was seine Gegner im Schilde führten.

Und doch: In all diesem Chaos vergaß Friedrich Isabella nicht. So trug er in mindestens vier Briefen – geschrieben im Februar, im März, im April und im Mai 1240 – Sorge dafür, dass es seiner Gemahlin an nichts fehlte, als wollte er selbst das Zerrbild widerlegen, das seine Gegner von ihm zeichneten. Und er vertraute Isabella auch nicht irgendwelchen Monstern an, sondern treuen Gefolgsleuten aus dem Königreich Sizilien, zunächst Giovanni de Amato und nach dessen Tod Jacopo Capece. Den Erzbischof Berard von Palermo wies er an, Jacopo Capece zu sich kommen zu lassen, »ihn zum Dienst am Hof unserer geliebten Gemahlin zu bestimmen und eifrig für alles zu sorgen, was für ihn erforderlich ist«. Dass Friedrich hierzu den mächtigen Erzbischof von Palermo einschaltete, ist ein weiteres Zeichen dafür, welche Bedeutung er der Aufgabe beimaß. Und es blieb nicht bei symbolischen Gesten: Die Beamten des Königreichs sollten angewiesen werden, »Geld und andere Erfordernisse für den genannten Hof bereitzustellen«. Diese Anweisung konkretisierte der Kaiser noch in einem gesonderten Erlass. Darin wurde Jacopo Capece befohlen, auch für den Hofstaat Isabellas neue Kleider zu besorgen und auf Anforderung »alles Erforderliche für sie und ihr Gefolge bereitzuhalten«.

Dank der Briefe Friedrichs wissen wir, wo sich Isabella in dieser Zeit aufhielt. Denn in seinem ersten Schreiben vom Januar 1240 teilte Friedrich seinen Beamten im Süden mit, dass er Isabella in das Königreich Sizilien zurückgeschickt habe. Der Kaiser selbst befand sich damals noch in Umbrien, traf aber gleichfalls schon Vorbereitungen für seine Rückkehr. Und in seinem folgenden Schreiben gab er den Befehl, die Burg Salvatoris ad Mare bei Andria in Apulien für die Kaiserin neu einzurichten.

Während Isabella bereits auf dem Weg in das Königreich Sizilien war, trieb Friedrich den Konflikt mit dem Papsttum auf die Spitze: Er eroberte, ohne auf Widerstand zu treffen, das Herzogtum Spoleto und besetzte anschließend gar das zweifellos zum Kirchenstaat gehörende Viterbo – die Bürger selbst hatten den Staufer dazu aufgerufen, und der ließ sich nicht lange bitten. Gregor IX. war als Landesherr extrem unbeliebt, und da schien manchen selbst ein gebannter Kaiser die bessere Gewähr für eine gedeihliche Zukunft zu bieten. Selbst im Kardinalskollegium wuchs die Opposition gegen den Pontifex.

Doch Friedrichs erste Sorge galt fortan nicht Oberitalien oder dem Herzogtum Spoleto, sondern dem Land, dem er sich zugehörig fühlte und das er liebte wie kein anderes: seinem Königreich Sizilien. Am 26. März 1240 überschritt er – nach fast fünf Jahren – endlich wieder dessen Grenzen. Apricena, Foggia und Salpi waren seine ersten Stationen in Apulien. Dass es Friedrich nicht etwa nach Palermo zog, lag zum einen an seiner Vorliebe für Apulien. In einem Brief, den er am 4. Januar 1238 an die Menschen dort geschrieben hat, brachte er dies fast poetisch zum Ausdruck:

»Eure Treue strahlt wie ein Stern in uns, beneidet von allen Völkern … Aus diesem Grund haben wir das Königreich des Südens als persönlichen Schatz und ständigen Wohnsitz ausgewählt. Auch wenn wir mit dem glänzenden Titel des Kaisers ausgestattet sind, betrachten wir es doch nicht ohne Ruhm, dass wir als Apulier bezeichnet werden. Und jedes Mal, wenn die kaiserlichen Pflichten uns rufen und wir fern den Häfen unseres Königreichs sind, dann fühlen wir uns verbannt, fern unserer Heimat.«

Zum anderen hatte es aber auch schlichte politische beziehungsweise militärische Gründe. Wenn er möglichst schnell wieder in anderen Regionen Italiens eingreifen wollte, lag Apulien sehr viel günstiger als Sizilien. Von Foggia oder Lucera aus war er schneller im Herzogtum Spoleto, in der Lombardei oder wo auch immer sein Eingreifen gefordert war. Und wenn eine päpstliche Invasion zu befürchten war, dann wäre der Süden der italienischen Halbinsel und nicht die Insel Sizilien deren erstes Ziel gewesen. Friedrich hatte schon in den Monaten zuvor die notwendigen Vorbereitungen getroffen, um eine solche Invasion zu verhindern. Doch der beste Schutz war die Anwesenheit des Herrschers, die im Mittelalter durch nichts ersetzt werden konnte.

Keine Quelle verzeichnet, wann der Staufer Isabella wiedergesehen hat. Friedrich hat sich im April und Mai des Jahres 1240 fast ausschließlich in Foggia und Lucera oder anderen Orten in der Nähe aufgehalten. Von dort waren es immerhin gut 50 Kilometer nach Andria. Da kein Aufenthalt Friedrichs in Andria in dieser Zeit bezeugt ist, muss offen bleiben, wann und ob überhaupt es in dieser Zeit Kontakt zwischen den Eheleuten gegeben hat. Allerdings ist anzunehmen, dass Isabella ihren Mann begleitet hat, als dieser im Juli 1240 erneut in den Kirchenstaat einfiel. Zuerst belagerte er – erfolglos – die Grenzstadt Ascoli und schlug in deren Umgebung alles kurz und klein. Anschließend zog er weiter nach Norden, um nach nur sechs Tagen Belagerung das von ihm abgefallene Ravenna zu besetzen. Am 26. August begann er mit der Belagerung Faenzas, die sich anscheinend unendlich in die Länge zog. Doch Friedrich wusste: Ein erneuter Rückzug wie vor Brescia würde seinen Nimbus unweigerlich zerstören. Faenza musste fallen. Und so hielt er die Belagerung auch während des ganzen Winters über aufrecht. Erst am 14. April 1241 gelang dem Kaiser die Einnahme – dank unterirdischer Gänge, die seine Männer gegraben hatten, und aufgrund der Hungersnot, die in der Stadt ausgebrochen war. Mit der besiegten Stadt und ihren Einwohnern ging der Staufer erstaunlich nachsichtig um. Offensichtlich hatte er erkannt, dass ihm dies als Zeichen kaiserlicher Milde hoch angerechnet werden würde.

»Während alle fürchteten, unter ausgesuchten Qualen sterben zu müssen, weil sie sich so lange die Ungnade des Kaisers zugezogen hatten, sowohl durch früheren Frevel … als auch deswegen, weil er bei der langen und kostspieligen Belagerung seinen Schatz aufs Äußerste erschöpft hatte, verzieh ihnen der Sieger hochherzig und eroberte sich dadurch die Herzen Vieler«, schreibt Matthäus von Paris.

Derweil hatte sich schon das nächste Problem drohend am Horizont zusammengebraut: Der Papst hatte für Ostern 1241 ein Konzil nach Rom einberufen. Anfänglich sah Friedrich darin eine Möglichkeit, zum Ausgleich zu kommen. Doch hätte ein solches Konzil aus seiner Sicht von den Kardinälen einberufen werden müssen. Nun aber zeigte sich, dass Gregor IX. mit dieser Kirchenversammlung nur den nächsten Schritt auf dem Weg zu Friedrichs Sturz einläuten wollte. Zwar ließ sich der ursprünglich anberaumte Termin nicht halten, doch Gregor hielt daran fest und forderte die Bischöfe auf, nach Rom zu kommen. Die Teilnehmer aus Frankreich, England und Spanien sollten sich in Genua sammeln, wo Schiffe warteten, um sie nach Ostia zu bringen, von wo aus sie weiter nach Rom hätten ziehen sollen. Friedrich warnte seinerseits die Kardinäle und Bischöfe: Er werde nicht zulassen, dass dieses Konzil stattfinde. Doch nur die englischen Konzilsteilnehmer traten von Genua aus die Heimreise an, als sie den beklagenswerten Zustand der genuesischen Schiffe sahen – vielleicht auch aus Respekt vor der Warnung des Staufers. Am Ende stachen 60 Schiffe mit fast 4000 Menschen an Bord in See. Doch Friedrichs Galeeren warteten bereits auf sie. Vor der Küste der Toskana, zwischen den Inseln Giglio und Monte Christo, griffen sie am 3. Mai 1241 an. Nur drei Schiffe entkamen, alle anderen wurden versenkt, die Konzilsteilnehmer – darunter zwei Kardinäle, zahlreiche Bischöfe und Äbte – festgenommen. Auf der Überfahrt nach Neapel sollen die hohen kirchlichen Würdenträger gefesselt gewesen sein, »von Fliegen umschwärmt, die gleich Skorpionen stachen, gequält von Hunger und Durst, dabei den beliebigen Beleidigungen gemeiner Matrosen preisgegeben«. Schließlich habe der Kaiser sie in die Kerker seines sizilianischen Königreichs geworfen, »zusammengedrängt wie Schweine«.

Friedrich war nun wieder ganz obenauf. An seinen Schwager schrieb er:

»Wir also, da der Herr uns seinen Rat vom Himmel her erschließt und so viel Widerwärtiges ausgleicht, wollen, ohne kriegerischen Schweiß und sommerlichen Staub zu scheuen, unseren glückhaften Weg und jeglichen Plan und jedes Wagnis auf das lenken, was uns mit den anderen Herrschern Zuwachs an Hoheit und Ruhm bringt, wie wir uns freuen, dass ihr unserer aufgezählten Erfolge teilhaftig werdet, der ihr, wie wir wünschen, an jedem zukünftigen glücklichen Erfolg in der Einhelligkeit, die uns eint, teilhaben sollt.«

Es war Friedrich ungeheuer wichtig, im Einvernehmen mit der Familie seiner Frau zu handeln. Keinen anderen Herrscher in Europa hat er so sehr umgarnt. Und es ergab sich bald eine Möglichkeit, die freundschaftlichen Bande zu Isabellas Familie weiter zu vertiefen. Im Juli 1241 landete sein Schwager Richard von Cornwall im sizilianischen Trapani. Er kehrte von einem fehlgeschlagenen Kreuzzug zurück, zu dem Papst Gregor IX. aufgerufen hatte.

Friedrich hatte seinen Beamten aufgetragen, Richard alle Wünsche zu erfüllen: von neuen Kleidern bis zu neuen Pferden von »sanftester Gangart«. Der Kaiser und die Kaiserin waren selbst zu dieser Zeit aber nicht in ihrem Königreich. Den Triumph zur See ausnutzend, zog Friedrich gegen Rom, wo der alte Papst bereit schien, einzulenken und »dem Kaiser den Frieden zu gewähren, wenn er sich den Geboten der Kirche unterwirft«. Doch Friedrich war nicht zur Unterwerfung bereit, schon gar nicht zu einem Friedensschluss, in den auch die lombardischen Städte eingeschlossen gewesen wären. So eroberte Friedrich Tivoli und verwüstete die Umgebung von Rom. Einen Angriff auf Rom unterließ er jedoch. Zum einen, weil er die Risiken einer solchen Belagerung seit Brescia fürchtete, umso mehr als Roms Mauern sehr viel stärker waren, zum anderen, weil er noch immer auf einen wirklichen Verständigungsfrieden hoffte. Mit Giovanni Colonna hatte sich einer der mächtigsten Kardinäle auf seine Seite geschlagen. Wie lange würde Gregor IX. diesem Druck noch standhalten? Dass Friedrich Rom nicht angegriffen hat, mag aber noch einen weiteren Grund gehabt haben: Konnte der Kaiser die Ewige, die Heilige Stadt dem unsäglichen menschlichen Elend aussetzen, das mit jeder Belagerung verbunden war, ohne das Wohlwollen zu verspielen, das ihm viele Römer entgegenbrachten? Und wie würde es wirken, wenn Friedrich die Stadt des Papstes hauptsächlich mit der Hilfe von muslimischen Sarazenen eroberte?

Das Treffen mit Isabellas Bruder fand schließlich im umbrischen Terni statt. Schon auf dem Weg nach Norden hatte Friedrich dafür gesorgt, dass seinem Schwager in den Städten des Königreichs ein überschäumender Empfang bereitet wurde, »indem ihm die Männer und Frauen mit Pauken und Gesängen, mit grünen Zweigen und Blumen, mit festlichen Kleidern geschmückt entgegenkamen«. Nicht minder herzlich war der Empfang durch den Kaiser selbst, »mit Umarmungen und Küssen … unter dem lebhaften Beifall aller Anwesenden«. Dass es im kaiserlichen Heerlager keinesfalls spartanisch zuging, zeigt das »Wellnessprogramm«, mit dem der Staufer seinen Besucher beglückte: »Sie erfreuten sich der ersehnten Unterhaltungen und erfrischten sich mehrere Tage lang wie Freunde mit vielfältiger Ergötzlichkeit. Der Kaiser ließ ihn mit Bädern, Aderlass und ärztlichen Stärkungsmitteln nach den Gefahren der Seefahrt gelinde und sanft zur Herstellung seiner Kräfte verpflegen.« Hier mag man sich durchaus an eine orientalisch anmutende Lebensweise erinnert fühlen.

Und Isabella? Erst als Richard schon einige Tage in Terni war, hatte er »die ersehnte und nach seinem Belieben ausgedehnte Unterhaltung mit seiner Schwester, der Kaiserin«. Auch dieser Hinweis wurde dahin gehend interpretiert, dass Friedrich seine Frau abgeschlossen wie in einem Harem gehalten habe. Doch es kann dafür auch ganz andere Gründe gegeben haben. Schon bei früheren Feldzügen war Isabella nicht im Feldlager ihres Mannes gewesen, sondern in einer nahe liegenden Stadt. Könnte dies nicht jetzt wieder der Fall gewesen sein? Wie auch immer, das Zusammentreffen verlief in einem prunkvollen Rahmen, und ganz offensichtlich wollte Friedrich seinen Schwager beeindrucken:

>>Auf Befehl des Kaisers sah er mit großem Ergötzen mannigfaltige ihm unbekannte Spiele und Vorstellungen mithilfe musikalischer Instrumente, die zur Erheiterung der Kaiserin aufgeführt wurden. Zwei schön gestaltete sarazenische Mädchen stellten sich auf dem glatten Boden mit ihren Füßen auf vier Kugeln, sie fortrollend bewegten sie sich, in die Hände klatschend, hierhin und dorthin und wohin es ihnen einfiel, die Arme im Spiel und unter Gesang verschiedentlich bewegend und den Körper nach der Melodie wendend, indem sie tönende Zimbeln oder Tafeln mit den Händen zusammenschlugen und allerhand Scherze aufführten und in wunderbarer Weise darstellten. Und so boten sie und andere Gaukler den Zuschauern ein erstaunliches Schauspiel dar.<<

Für Isabella müssen es glückliche und bewegende Tage gewesen sein, in denen sie endlich wieder einmal den geliebten Bruder sehen konnte und mit ihm vielleicht auch Erinnerungen an die gemeinsame Kindheit auffrischen konnte.

Doch Friedrich und Richard tauschten während des Besuchs nicht nur Höflichkeiten aus. Der Staufer bat seinen Schwager, nach Rom zu ziehen und einen Vermittlungsversuch zu wagen. Er versprach sich davon zwar nicht viel, aber Richard hoffte, dass der Papst ihn als Kreuzfahrer zumindest anhören würde. Doch diese Mission war nicht erfolgreich:

>>Den Papst fand er so unerbittlich und unbeugsam, dass ihm keine Form des Friedens, welche dem Her-

zog gefiel, recht war. Er wollte nämlich durchaus, dass der Kaiser sich unbedingt seinem Willen und Gutdünken unterwürfe und den kirchlichen Anordnungen fügte … Nachdem er noch am Hofe viel gesehen und gehört, was ihm mit Recht missfiel, reiste er ab, ohne etwas ausgerichtet zu haben.«

Wieder im Lager Friedrichs angekommen, fand dieser seine Skepsis nur bestätigt: »Es freut mich, dass Ihr in der Tat erfahren habt, was wir vorausgesagt haben.« Danach blieb Richard noch zwei Monate lang bei Friedrich und seiner Schwester, »wie ein Sohn bei seinem Vater, und wurde durch viele freundliche Reden erfreut und durch begehrenswerte Geschenke geehrt«. So bekam Richard auch mit, dass Isabella wiederum schwanger war. Ein drittes Kind, vielleicht neuerlich ein Sohn – Friedrich konnte hoffen, dass sich doch noch alles zum Guten wenden würde.

Zwar waren Schwangerschaften aus dynastischen Gründen hoch willkommen, und nicht umsonst hat Friedrich II. den »fruchtbaren Schoß« seiner Gemahlin bei jeder Gelegenheit hervorgehoben. Aber im Mittelalter brachte jede Schwangerschaft die werdende Mutter in Lebensgefahr. Unzählige Frauen starben damals während der Schwangerschaft oder bei der Geburt. Dies galt auch für Frauen aus königlichem Geblüt, die immerhin über bessere hygienische Rahmenbedingungen und medizinische Betreuung verfügten, am Hof Friedrichs II. noch mehr, als es nördlich der Alpen damals der Fall war. Und doch war schon Isabella von Brienne bei der Geburt ihres Sohnes Konrad gestorben, und ein solches Schicksal sollte schließlich auch das Leben Isabellas von England beenden.

Doch so weit war es im Sommer 1241 noch nicht. Im Gegenteil: Friedrich war aufgrund der Schwangerschaft seiner Frau in bester Stimmung und entschlossen, seinen Konflikt mit dem Papsttum noch in diesem Jahr zu lösen. War er bisher vor einem Angriff auf Rom zurückgeschreckt, so war er nun überzeugt davon, dass er den päpstlichen Löwen aus seiner Höhle vertreiben musste. Mitte August stand Friedrich bereits in Grottaferrata, nur 20 Kilometer südöstlich von Rom. Friedrich war bereit, den Angriff zu wagen, in der Hoffnung, in der Stadt nicht als Eroberer, sondern als Befreier empfangen zu werden. Da starb, am 22. August 1241, Papst Gregor IX. Bedeutete dies nun endgültig den Triumph des Staufers? Doch was vordergründig als Zeichen des Schicksals oder gar Gottes hätte interpretiert werden können, entpuppte sich für Friedrich als Pyrrhussieg. Denn was sollte er nun tun? Trotzdem nach Rom marschieren – oder darauf hoffen, dass die Kardinäle einen kompromissbereiten neuen Papst wählen würden, mit dem eine Aussöhnung möglich war? Friedrich entschied sich für letztere Variante, was nachträglich betrachtet wohl ein Fehler war. Doch nach den Jahren des Kampfes war der Staufer müde geworden, immer mehr und immer stärker zog es ihn in sein geliebtes Apulien. Und so nutzte er denn auch den Tod des Papstes dazu, mit seinen Truppen umzukehren. In Foggia verbrachte Friedrich, abgesehen von kürzeren Aufenthalten in Lucera und Troia, zusammen mit seiner schwangeren Frau den Rest des Jahres.

Doch der Tag, der Friedrich und Isabella neues Glück bringen sollte, brachte Isabella am 1. Dezember 1241 im Alter von erst 27 Jahren den Tod. »Der Ruhm und die Hoffnung der Engländer«, wie Matthäus von Paris schrieb, starb bei der Geburt des dritten Kindes in Foggia. Ihre letzten Worte sollen den Brüdern in England und ihrer fernen Heimat gegolten haben. Anders als im Falle Isabellas von Brienne überlebte auch das Kind nicht. Die

Kaiserin wurde, wie ihre Vorgängerin, mit einem feierlichen Leichenbegängnis im Dom von Andria beigesetzt. Zugleich befahl Friedrich seinen Amtsträgern in Sizilien und Kalabrien, Trauergottesdienste für die Verstorbene abzuhalten, »dass sich alle in den großen Kirchen versammeln und ihr Gedächtnis unter Glockenklang … im Herrn feiern, ihre Seele in gemeinsamen Gebeten Gott … empfehlen und den Tag ihrer Beisetzung in den Annalen verzeichnen … Und hüte Dich, etwas anderes zu tun, wenn Du nicht willst, dass Dich der Stachel unseres Zorns treffe.« Friedrich handelte hier ganz im Einklang mit dem mittelalterlichen Denken: Ein Verstorbener bedurfte möglichst vieler Gebete für sein Seelenheil, sein Leben im Paradies. Denn das menschliche Leben auf Erden war nur ein Zwischenschritt, das eigentliche Ziel lag bei Gott. Das änderte nichts an der persönlichen Trauer über seinen Verlust, den der Staufer auch in den Briefen an seine Beamten durchscheinen ließ: Der »Becher der Bitterkeit« quäle und bedränge ihn seit dem Tod der »erlauchten Kaiserin«.

Relativ lange ließ Friedrich sich Zeit, ehe er König Heinrich III. von England offiziell über den Tod seiner Schwester informierte. Vielleicht war doch noch ein wenig Bitterkeit zurückgeblieben, nachdem Heinrich seinen Schwager nach dessen Exkommunikation nicht so eindeutig unterstützt hatte, wie der Kaiser sich dies gewünscht hätte. Der Brief ist datiert auf den 30. Januar 1242, geschrieben wurde er auf seinem Jagdschloss L'Incoronata südöstlich von Foggia. Zwar ist das Schreiben von den üblichen Trauerfloskeln geprägt, aber es enthält doch auch einige Abschnitte, die uns vielleicht einen kleinen Blick in das Gefühlslcbcn des Staufers werfen und auf eine gewisse Zuneigung zu Isabella schließen lassen. So wenn er etwa schreibt, dass er den Todestag der Kaiserin »in schrecklicher Erinnerung« habe, was darauf hinweisen könnte, dass Friedrich an ihrem Sterbebett war.

»Zu ihrer Rettung hätten wir, wenn es das Schicksal gewollt und die Gläubigerin Natur die unvermeidliche Schuld der Sterblichkeit gestundet hätte, da uns eine so zärtliche Liebe und ein so glühender Eifer für unsere Gemahlin beseelte, kein Mittel und keinen Aufwand an Mühe, Kosten und Lasten gescheut. Da aber der König der Könige und der Herr der Herrscher … dessen Willen niemand widerstehen kann, sie von der Einheit unseres Leibes und von dem Bande eurer Brüderlichkeit hinwegnahm, sorgte er durch die Anordnung seines hohen Ratschlusses oder vielmehr durch seine ausgleichende Güte, dass sie uns und euch nach dem Tod im Gedenken zweier Kinder [Margarete und »Carlotto«] weiterlebe.«

Damit leitet Friedrich einmal mehr zu dem über, was natürlich der Hauptzweck dieser Ehe war und worauf sich ein gut Teil seiner Dankbarkeit gegründet hat:

»Es leben nämlich als Geschenk des allmächtigen Gottes die königlichen Sprösslinge, aus denen unter den Augen des Vaters ein König und eine Königin als Zeugen ihrer Mutter erwachsen. Als edle Pfänder empfingen wir sie von ihrer Fruchtbarkeit, die die gemeinsame Verwandtschaft stärken und den kaiserlichen und königlichen Thron gewissermaßen durch das einzigartige Symbol des kindlichen Blutes und das feste Band der Schwesterkinder verbinden, auf dass eine neue Liebe durch sie die Söhne ihrer Nachkommenschaft erfasst, zu dauernder verwandtschaftlicher Liebe und Rücksicht verpflichtend erstehe …«

Eine vierte Ehefrau
und weitere Heiratspläne

Keine Quelle verrät uns, was Bianca Lancia während der Ehe Friedrichs mit Isabella gemacht und wo sie gelebt hat. Ob die Trennung der Geliebten eine vollständige war oder ob sie sich doch bisweilen gesehen haben – niemand weiß es. Auch ob die Beziehung danach wieder aufgenommen wurde, ist nicht eindeutig belegt. Wir stellen uns deshalb erneut zunächst die Frage: Könnte Bianca nicht doch bereits 1233/34 gestorben sein? In zwei zeitgenössischen Quellen wird der Zeitpunkt von Biancas Tod erwähnt, und die sprechen gegen eine solche Annahme: Die *Annali Genovesi* geben für den Tod Biancas die Jahre zwischen 1244 und 1246 an, und Matthäus von Paris berichtet, dass sie 20 Jahre nach dem ersten Zusammentreffen mit dem Kaiser gestorben sei – das wäre 1246 gewesen.

Doch zunächst zurück in das Jahr 1241, das Todesjahr Isabellas von England, in dem Friedrich vor allem eine Frage bewegte: Wer würde der nächste Papst – und wie würde er sich zur Exkommunikation Friedrichs stellen? Der mächtigste Mann in Rom war damals der römische Senator Matteo Rosso Orsini, der dem Kaiser spinnefeind gesinnt war und der möglichst schnell einen Mann seiner Wahl auf den Thron Petri hieven wollte. Deshalb sperrte er die anwesenden Kardinäle bei katastrophalen hygie-

nischen Bedingungen und tropischer Hitze in ein herun-
tergekommenes Gebäude ein, und als diese trotzdem
keine Neigung zeigten, einen neuen Pontifex zu wählen,
drohte er ihnen damit, den in der Sommerhitze verwesen-
den Leichnam Gregors IX. aus seinem Grab zu holen und
in ihre Mitte zu setzen. Die Demütigungen taten ihre Wirkung – und die Kardinäle bestimmten am 25. Oktober
1241 den Kardinalbischof von Sabina zum Papst, der sich
Cölestin IV. nannte. Doch geschwächt von den Strapazen
des Konklaves, starb Cölestin nur zwei Wochen später.
Und die Kardinäle durften schon wieder ins Konklave …
Allerdings war ein Teil von ihnen schon nach Anagni ge-
flüchtet, um ja nicht mehr in die Klauen Orsinis zu geraten. So konnten sich die Kirchenfürsten nicht einmal
über einen Ort einigen, um den neuen Papst zu wählen.
Dabei konnten nun auch die beiden Kardinäle wieder
mitmischen, die Friedrich bis dahin gefangen gehalten
hatte – und von denen einer sich sogar zum Parteigänger des Staufers gewandelt hatte. Deshalb ließ ihn Matteo
Rosso Orsini seinerseits in den Kerker werfen, nachdem
der Kardinal in Rom aufgetaucht war. Die »Beratungen«
zogen sich zäh in die Länge.

Friedrich, der endlich Gewissheit darüber haben
wollte, wie es weiterging, sandte Boten zu den Kardinälen und drängte sie zu handeln. Doch nichts geschah …
Schließlich zog Friedrich im Juli 1242 in Richtung Rom,
doch es blieb beim halbherzigen Versuch, die ihm wohl-
gesinnten Kardinäle aus den Klauen Orsinis zu befreien.
Dann zog er sich im August 1242 wieder nach Apulien zurück – ohne konkrete Ergebnisse. Als im Frühjahr 1243
noch immer kein Papst gewählt war, versuchte es der Kaiser mit einer Machtdemonstration: Mit einer Streitmacht
von 10 000 Mann zog er im Juni wieder vor die Tore Roms –
und hinderte seine Sarazenen nicht, die Dörfer und Be-

sitzungen der Kardinäle zu verwüsten und niederzubrennen ... Vielleicht beschleunigte ja diese etwas handfeste Methode ihre Beratungen. Und endlich, am 25. Juni 1243, wählten sie Sinibaldo Fieschi Graf von Lavagna zum neuen Pontifex Maximus. Die Fieschi galten als Parteigänger der Staufer, und dementsprechend war Friedrich in Hochstimmung, als er von dieser Wahl erfuhr. In seinem sizilianischen Königreich ordnete er Dankgottesdienste an und beeilte sich, eine Gesandtschaft nach Rom zu schicken, um dem neuen Papst, der sich Innozenz IV. nannte, zu seiner Wahl zu gratulieren.

Friedrich sehnte die Lösung vom Bann förmlich herbei und versuchte daher, so schnell wie möglich Kontakt zu dem neuen Papst aufzunehmen. Doch brach im September 1243 in Viterbo ein Aufstand gegen die kaiserliche Herrschaft aus, an dessen Spitze Kardinal Rainer von Viterbo stand. Die überraschten Kaiserlichen zogen sich in die Burg zurück. Nun zeigte sich, wie schon vor Brescia, die Schwäche des kaiserlichen Heeres: Friedrich musste die Belagerung der Stadt unter demütigenden Bedingungen abbrechen. Doch es gelang ihm immerhin, den freien Abzug seiner in der Burg eingeschlossenen Getreuen zu vereinbaren. Als sie aber aus der Burg auszogen, wurden sie dennoch reihenweise niedergemacht. Friedrich blieb nur ohnmächtige Wut. Der geschwächte Kaiser wurde nun noch kompromissbereiter und gab zu erkennen, dass er sich auch aus den besetzten päpstlichen Gebieten zurückziehen werde. Als Innozenz IV. dies jedoch zur Vorbedingung für eine Lösung vom Bann machte, lehnte Friedrich ab. Er hoffte darauf, im persönlichen Zusammentreffen die letzten Hürden für einen Friedensschluss mit dem Papst aus dem Weg räumen zu können, und zog wieder einmal in Richtung Rom. Doch der Staufer wartete vergeblich: Ob nun von langer Hand geplant oder weil er wirklich befürchtete, dass der Kaiser ihn in seine Gewalt bringen wollte – Innozenz IV. nahm Reißaus. Er floh im Juni 1244 zuerst nach Genua und im Oktober weiter nach Lyon, das unter der Kontrolle des französischen Königs stand. Hier glaubte Innozenz sicher sein zu können – und berief ein allgemeines Konzil ein, das sich einmal mehr mit einem Kreuzzug ins Heilige Land, aber auch mit dem gebannten Kaiser befassen sollte.

Friedrich war sich wohl bewusst, welche Folgen ein solches Konzil haben konnte, doch während er einerseits weiterhin seine Friedensbereitschaft signalisierte, gab er seine Tochter Konstanze aus der Verbindung mit Bianca Lancia im Dezember 1244 Johannes III. Dukas Vatatzes, Kaiser von Nikaia, zur Frau. Diese Ehe konnte nun wahrlich nicht dazu angetan sein, das Misstrauen des Papstes in den Staufer zu entkräften – ganz im Gegenteil! Wer war dieser Johannes Vatatzes, dass der Heilige Stuhl sich über seine Verbindung mit der Tochter des Kaisers so echauffierte? Um dies zu erklären, bedarf es einer kurzen Rückblende in das Jahr 1204. Damals eroberten die Kämpfer des vierten Kreuzzugs die byzantinische Hauptstadt Konstantinopel und plünderten sie. Doch, möchte man einwenden, waren die Byzantiner nicht auch Christen, orthodoxe Christen? In einer völligen Verdrehung des Kreuzzugsgedankens hatten sich die Kreuzfahrer zugunsten venezianischer Handelsinteressen einspannen lassen. In der Folge dieses Kreuzzugs wurde in Konstantinopel ein lateinisches, also katholisches, Kaiserreich errichtet, dem es jedoch nie gelang, seine Herrschaft auf das ganze Byzantinische Reich auszudehnen. In Konkurrenz zu ihm entstanden kleinere Reiche mit orthodoxen Herrschern, deren Ziel die Vertreibung der Latciner und die Wiedererrichtung des griechischen Kaiserreichs in Konstantinopel war. Eine dieser Herrschaften, und zwar die mächtigste, war das Kaiserreich Nikaia, und dessen Krone trug seit 1221 Johannes III. Dukas Vatatzes. Aus der Ehe mit seiner verstorbenen ersten Frau Irene hatte Johannes nur einen einzigen, 1222 geborenen, Sohn. Damit stand seine Nachfolge auf wackligen Füßen. Im Alter von 52 Jahren entschloss er sich daher, noch einmal auf Brautschau zu gehen.

Zwischen Johannes III. Vatatzes und Friedrich II. hatte es schon 15 Jahre zuvor Kontakte gegeben. Damals hatte der Kaiser von Nikaia auf die Hilfe des Staufers in seinem Kampf gegen das lateinische Kaiserreich in Konstantinopel gehofft. Doch wieso erwartete er vom Römisch-Deutschen Kaiser Hilfe in dieser Auseinandersetzung? 1229 war der nimmermüde Johann von Brienne zum Mitkaiser von Byzanz aufgestiegen, und da Johannes sicher von den Querelen zwischen Friedrich und seinem ehemaligen Schwiegervater wusste, lag der Gedanke nahe. Umgekehrt schickte Johannes im Jahr 1238 Ritter aus Nikaia zur Unterstützung Friedrichs bei der Belagerung von Brescia.

Es ist sehr unwahrscheinlich, dass Friedrich dem Kaiser von Nikaia die Hand einer legitimen Tochter gegeben hätte. Für Papst Innozenz IV. machte das aber schon fast keinen Unterschied mehr: Wie konnte der Römisch-Deutsche Kaiser sich überhaupt auf diese Weise mit dem Ketzer von Nikaia verbinden, der doch die Existenz des lateinischen Kaiserreichs und damit die Macht der römischen Kirche bedrohte? Das war in der Tat eine Provokation, und dem Staufer muss klar gewesen sein, welche Folgen diese Hochzeit gerade in seiner brenzligen Situation haben musste. Tatsächlich gehörte die Eheschließung Konstanzes mit dem Kaiser von Nikaia zu den Punkten, die Papst Innozenz IV. auf dem Konzil von Lyon als Begründung für die Verdammung des Kaisers nannte:

»Und dem Vatatzes, diesem Feinde Gottes und der Kirche, der aus der Gemeinschaft der Gläubigen mitsamt seinen Beiständen, Ratgebern und Günstlingen durch die Exkommunikation feierlich ausgeschlossen wurde, gab er seine Tochter zur Gattin.« Für die Außenstehenden mag dies umso verwunderlicher gewesen sein, als Friedrich 1244/45 auch mit Johannes' Gegner, dem lateinischen Kaiser Balduin, enge Beziehungen gepflegt und dieser den Staufer gegen die vom Papst erhobenen Vorwürfe in Schutz genommen hat.

Dass Friedrich vor der Reaktion der Kurie gleichwohl nicht zurückschreckte, mag mehrere Gründe gehabt haben: die Hoffnung, dass Johannes als Schwiegersohn noch mehr Ritter schicken würde und dass er selbst durch eine Mittlerrolle im Streit zwischen den Kaisern von Nikaia und Byzanz an Ansehen gewinnen und seinem Anspruch auf Oberherrschaft Nachdruck verleihen konnte. Tatsächlich gelang es Friedrich, einen einjährigen Waffenstillstand zwischen den Streithähnen zu vermitteln.

Die Hochzeit zwischen Johannes III. Vatatzes und Konstanze fand im Dezember 1244 in Apulien, wahrscheinlich in Foggia, statt, wo der Staufer mit seinem Hof den ganzen Winter verbrachte. In den Quellen ist von einem Fest mit wahrhaft orientalischer Prachtentfaltung die Rede. Dass Konstanze den Trubel um ihre Person genossen hat, mag man aber füglich bezweifeln: Die Tochter von Bianca Lancia war gerade einmal 14 Jahre alt, ihr Bräutigam, wie erwähnt, 52. Er hätte also nicht nur ihr Vater, sondern schon ihr Großvater sein können. Keine Quelle antwortet uns auf die Frage, ob die Mutter der Braut, Bianca Lancia, auch an den Feierlichkeiten teilnahm. Bianca bleibt weiter für uns »unsichtbar«, ein »Gespenst«, wie sie es seit der Hochzeit Friedrichs mit Isabella von England gewesen war.

So bleibt der Ausblick auf das weitere Schicksal Konstanzes. Johannes III. Vatatzes hatte in Westeuropa einen denkbar schlechten Ruf: Er sei ein Mann der etwas gröberen Art gewesen, der seiner jungen Frau übel mitgespielt habe. Sicher kann man davon ausgehen, dass die Ehe für Konstanze, die zum orthodoxen Glauben übertrat und sich fortan Anna nannte, alles andere als ein Zuckerschlecken war. Zumal sich der Ehemann lieber mit einer Hofdame der jungen Kaiserin vergnügte als mit seiner Frau. Konstanze nahm ihr Schicksal an, so wie es ihr Vater erwartete, der für eventuelle Klagen seiner Tochter kaum Verständnis gehabt hätte. Konstanze hatte ihre machtpolitische Rolle zu erfüllen, nicht anders als er selbst. Immerhin musste Johannes die erwähnte Hofdame schon bald nach Italien zurückschicken, denn das Verhältnis wurde von der sittenstrengen griechischen Geistlichkeit streng gerügt. Eine »Königin der Schamlosigkeit, Schandfleck der Welt, Ärgernis des Universums, tödliches Gift, wollüstiges Weib, Mänade und Hure« schimpfte sie der Abt Nikophoros Blemmydes. Doch auch nach dem erzwungenen Abgang der Geliebten ging es in der Ehe zwischen Johannes und Konstanze nicht harmonischer zu. Doch sollte man über den Kaiser von Nikaia nicht zu früh urteilen: Als Herrscher leistete er Vorbildliches. Das betrifft nicht nur seine kluge Bündnispolitik, sondern auch seine vorausschauenden Maßnahmen im Inneren: So beugte er Hungersnöten in der Bevölkerung durch die Anlage von Getreidespeichern vor. Die Untertanen des Kaisers von Nikaia lebten in sicheren Grenzen – und das hatten sie nicht zuletzt Johannes III. Vatatzes zu verdanken. So ist es nicht verwunderlich, dass er in der griechisch-orthodoxen Kirche als Heiliger verehrt wird. Auch sein Beiname »der Barmherzige« spricht gegen das ihm im Westen nachgesagte Rüpelimage.

Friedrich II. verheiratete aber in dieser Zeit nicht nur seine Tochter. Auch er selbst dachte daran, noch einmal den Ehebund zu schließen. Seine Wahl fiel auf Gertrude von Österreich (1226–1288). Das mag überraschend wirken, denn Gertrude war die Nichte Herzog Friedrichs des Streitbaren, über den der Kaiser einst die Reichsacht verhängt hatte. Diese alten Händel waren vielleicht nicht vergessen, aber vorerst beiseite gelegt. Der Staufer konnte es sich nicht leisten, den wieder erstarkten Österreicher zum Feind zu haben, und andererseits hatte Friedrich der Streitbare erfahren müssen, dass der Papst nicht einmal dazu bereit war, seine Residenzstadt Wien zum Bischofssitz zu machen. Da klang das Angebot des Kaisers doch sehr viel verlockender: Er bot an, Österreich zum Königreich zu erheben! Das wäre im wahrsten Sinne des Wortes die Krönung im Leben des Babenbergers gewesen. Bei näherer Betrachtung offenbarte sich aber, weshalb der Kaiser ein solches Angebot gemacht hatte: Es war gekoppelt an eine Ehe mit Gertrude – und Gertrude war die Erbin des Herzogtums Österreich! Friedrich der Streitbare hatte keine Kinder, und so bestand für Friedrich II. die reelle Chance, mit Gertrude als Ehefrau letztlich auch in den Besitz Österreichs zu kommen. Dabei hätte den Kaiser wohl auch wenig gekümmert, dass dieses Erbe nicht ihm, sondern zunächst seiner Frau und deren Kindern zustand – ähnlich wie im Falle Isabellas von Brienne.

Für Anfang Juni 1245 lud Friedrich die Großen des Reichs zu einem Hoftag nach Verona ein – der gebannte Kaiser wollte sich des Rückhalts der Fürsten versichern. Einer der Höhepunkte dieses Hoftags sollte die Verkündung seiner Verlobung mit Gertrude sein. Die Verhandlungen waren weit vorangeschritten und die Urkunde zur Erhebung des Herzogtums Österreich zum Königreich schon geschrieben. Friedrich der Streitbare hatte sich zunächst zusammen mit einigen anderen Fürsten mit dem Kaiser in Kärnten treffen wollen, doch hatte der Staufer nicht vor, über die Alpen zu gehen. Der Herzog sollte zum Hoftag nach Norditalien kommen, und zwar nicht allein:

> »Wir befehlen Dir daher, Dich mitsamt Deiner Nichte, unserer zukünftigen Gemahlin, in diesem Monat in Verona unseren Blicken vorzustellen und die Fürsten, deren Namen uns Dein Schreiben aufzählte, mitzubringen … Wenn sie wollen, sollen sie an der festlichen Handlung der feierlichen Verlobung teilnehmen …«

Es hätte dem Kaiser schon zu denken geben müssen, als sich der Österreicher verspätete. Als er endlich eintraf, kam er allein.

Gertrude war zu Hause in Wien geblieben – eine Blamage für den streitbaren Herzog wie für den Kaiser. Die letzte Babenbergerin scheint eine selbstbewusste Frau gewesen zu sein, denn die Entscheidung gegen den Staufer hatte die 19-Jährige allein getroffen. Sie hatte sich schlicht geweigert, bei dem zwischen ihrem Onkel und dem Kaiser verhandelten Deal mitzuspielen. Sie habe sich der Umarmung des Kaisers »voll Abscheu entzogen, da ihm als einem Exkommunizierten die Gefahr der Absetzung bevorstand«. Die Ablehnung Gertrudes kann vor diesem Hintergrund sowohl politisch als auch religiös motiviert gewesen sein: Ein Exkommunizierter war aus dem Schoß der Kirche ausgeschlossen. Konnte sich eine gläubige Christin einem solchen Mann anvertrauen, ohne ihr eigenes Seelenheil zu gefährden? Aber auch politisch barg diese Ehe für Gertrude Gefahren: Was würde geschehen, wenn der Kaiser seinen Kampf gegen den Papst verlöre, als Gebannter stürbe? Würde damit nicht sogar ihr Erbe, das Herzogtum Österreich, in Gefahr geraten?

Dieser politischen und religiösen Motivation können auch noch persönliche Gründe hinzugefügt werden. Der Ruf Friedrichs, was Frauen anbelangte, konnte schlechter nicht sein, und eigentlich war Gertrude schon lange einem anderen Mann versprochen: Wladislaw, dem ältesten Sohn König Wenzels I. von Böhmen. Davon wollte Gertrudes Onkel nichts mehr wissen, doch ließ sich die junge Frau nicht beirren. 1246, unmittelbar nach dem frühen Tod Friedrichs des Streitbaren, heiratete sie Wladislaw.

Für Friedrich II., dessen Ansehen durch die Weigerung Gertrudes gelitten hatte, sollte es 1245 noch viel schlimmer kommen. Dabei hatte es vor dem Hoftag von Verona so ausgesehen, als könne es zu einem Friedensschluss zwischen Papst und Kaiser kommen. Im August 1244 war Jerusalem wieder in muslimische Hände gefallen, und die verbliebenen Kreuzritter standen auf verlorenem Posten. Der Patriarch von Antiochia bat den Kaiser um Hilfe und bot ihm im Gegenzug an, zwischen ihm und dem Papst zu vermitteln. Eigentlich musste Innozenz IV. Friedrichs atemberaubende Angebote annehmen. Denn der Kaiser sagte nicht nur einen Kreuzzug zu, sondern verpflichtete sich, frühestens nach drei Jahren zurückzukehren. Die besetzten Gebiete des Kirchenstaats werde er vorher räumen und die Frage der Lombardei ganz der Entscheidung des Pontifex überlassen. Aber sollte Innozenz nach einem Vorwand gesucht haben, sogar diese Offerte zurückzuweisen, so musste er nicht lange warten. Der Staufer selbst lieferte ihm die Argumente: Auf dem Weg nach Verona ließ er seine Sarazenen zwei Wochen lang in der Umgebung von Viterbo plündern, morden und brandschatzen. Dieser Ausbruch von Gewalt war wunderbar dazu geeignet, das weitreichende Angebot Friedrichs als nicht ernst gemeint zurückzuweisen und darin sogar eine Bestätigung dafür zu sehen, dass dieser Mann »der Fürst der Tyrannei und Meister der Grausamkeit« sei, wie Kardinal Rainer von Viterbo zeterte. In seinem Hass auf Friedrich warf er ihm gar vor, seine 1241 verstorbene Frau vergiftet zu haben. Und er rief die Christenheit auf:

> »Werft ihn hinaus aus dem Heiligtum Gottes, dass er nicht länger herrsche über das christliche Volk. Vernichtet Namen und Leib, Spross und Samen dieses Babyloniers.«

Friedrich II. scheint gar nicht erkannt zu haben, welche Trümpfe er seinem päpstlichen Gegenspieler in die Hand gegeben hatte. In optimistischer Stimmung zog er nach Turin, um – für den Fall, dass sein Unterhändler Thaddäus von Suessa einen Ausgleich mit dem Pontifex zustande bringen sollte – gleich selbst auf dem Konzil in Lyon erscheinen zu können. Hier wollte er die Versöhnung durch eine direkte Begegnung mit dem Papst vollenden. Am 26. Juni 1245 begannen die Vorbesprechungen. Dabei erläuterte zunächst Thaddäus von Suessa, »ein kluger und ungewöhnlich beredter Mann«, das Angebot seines Herrn: Kreuzzug, Wiedergutmachung aller Schäden, Rückgabe des Kirchenguts. Ja, Friedrich ließ sogar mitteilen, dass er das griechische Kaisertum seines Schwiegersohns Johannes III. Vatatzes »zur Einheit mit der römischen Kirche zurückführen« werde. Die Antwort Innozenz' IV. machte jedoch klar, dass der Bruch zwischen Kaiser und Papst endgültig war: »O wie viel, wie viel wurde schon versprochen, aber niemals und zu keiner Zeit gehalten! Aber auch das wird, das ist sicher, nur versprochen, um die bereits an die Wurzel gelegte Axt aufzuhalten, wenn erst die Kirchenversammlung getäuscht und aufgelöst ist.« Die Vorwürfe an die Adresse des Staufers waren die altbekannten: Ketzerei und Kirchenschändung, die Protektion der Muslime in Lucera und seine Freundschaft mit dem Sultan von Ägypten, sein Umgang mit »sarazenischen Huren«, Meineid … 14 Tage wollte der Papst dem Kaiser Zeit geben, um persönlich auf dem Konzil zu erscheinen. Doch vor diesem Hintergrund verspürte Friedrich keinerlei Neigung mehr, dieser Einladung, die eher eine Vorladung war, zu folgen: Den Papst treibe doch nur sein Wunsch nach Rache, »denn um keiner anderen Ursache willen hat er die Kirchenversammlung einberufen, und dem heiligen Kaisertum ziemt es nicht, sich einem noch dazu feindlich gesinnten Synodalgericht zu stellen«.

Diese Weigerung führte dazu, dass die Stimmung unter den Konzilsteilnehmern endgültig kippte. Am 17. Juli 1245 verkündete Papst Innozenz IV. in einem theatralischen Akt die Absetzung Friedrichs: »Alle, welche ihm durch den Eid der Treue verpflichtet sind, lösen wir für immer von diesem Eid, verbieten kraft apostolischer Vollmacht strengstens, dass in Zukunft ihm irgendjemand als König oder Kaiser gehorche … Jene aber, welchen es obliegt, für das Reich einen Kaiser zu wählen, sollen ungehindert die Wahl eines Nachfolgers vornehmen. Über das Königreich Sizilien werden wir mit dem Rat unserer Brüder so verfügen, wie wir es für zweckmäßig halten.« – »Das ist der Tag des Zorns, des Unglücks und des Elends«, kommentierte Thaddäus von Suessa – und entschwand.

Friedrich selbst war außer sich vor Wut, als er von seiner Absetzung durch den Papst erfuhr – und natürlich weit davon entfernt, diesen Spruch in irgendeiner Weise hinzunehmen. Auf gewisse Weise habe die Entscheidung des Papstes sogar für klare Verhältnisse gesorgt; nun müsse auch er nicht mehr den Schein wahren und diesen Papst ehren, den er keineswegs für ehrenswert hielt. In einem Brief an den König von England hielt Friedrich mit seiner Kritik am Zustand der Kirche nicht zurück: Die Geistlichen seien der Weltlichkeit ergeben, »von ihrer Herrlichkeit trunken und achten nicht auf Gott; durch das Übermaß ihres Reichtums wird die Religion erstickt«. Wenn man diese Geistlichen um ihren Reichtum erleichtere, sei dies nur ein »Werk der Liebe«. Die Kirche müsse wieder zu ihren apostolischen Ursprüngen zurückfinden. Mit dieser Kritik traf Friedrich eine im 13. Jahrhundert weit verbreitete Stimmung, die er für sich zu nutzen dachte. Ebenso geschickt wandte sich der Kaiser an seine Kollegen auf den Thronen Europas, sie mögen nicht »den Schriftgelehrten und Pharisäern« glauben. Den König von Frankreich bat er zu bedenken, »was für ein Ende nach solchen Anfängen zu erwarten ist: Bei uns beginnt es, aber Ihr wisst, dass es bei Euch endet, da sie, wenn unsere Macht erst einmal zerschlagen ist, keinen Widerstand mehr erwarten.«

Die Appelle stießen durchaus auf Widerhall, und auch der im zitierten Brief angesprochene Ludwig IX. von Frankreich machte keine Anstalten, die Absetzung des Kaisers durch den Papst zu akzeptieren. Er reiste sogar zum Papst, um zwischen Innozenz und Friedrich zu vermitteln. Der Pontifex spürte, dass sich die Stimmung gegen ihn zu wenden begann. So griff er auf seine diplomatischen Möglichkeiten zurück und ließ Franziskanermönche den Kreuzzug gegen den Kaiser predigen. Während Friedrich sich in Grosseto in der Toskana aufhielt, erreichten ihn weitere beunruhigende Nachrichten: Er hörte, dass sich in Deutschland Landgraf Heinrich Raspe von Thüringen gegen ihn aufzulehnen gedenke, und ihm wurde nahegebracht, dass sogar Petrus de Vinea »Verleumdern sein Ohr leihe«. Im März 1246 wurde gerade noch rechtzeitig eine Verschwörung aufgedeckt, der der Kaiser selbst und sein Sohn Enzio, König von Sardinien, zum Opfer fallen sollten. Unter den Verschwörern waren einige »der angesehensten Personen unseres Hauses«.

Friedrich begann nun, überall Verrat und Verleumdung zu wittern. Eilig zog der Staufer zurück in sein Königreich, nach Sizilien. Kaum dort angekommen, erfuhr er, dass Heinrich Raspe tatsächlich zum deutschen Gegenkönig erhoben worden war. Die verbliebenen Verschwörer im Königreich Sizilien hatten sich derweil auf die Burg Capaccio in Kampanien südöstlich von Salerno zurückgezogen, wo sie vergeblich auf militärische Hilfe durch den Papst warteten. Am 17. Juli 1246 eroberten Friedrichs Truppen die Burg, deren Verteidiger keine Gnade zu erwarten hatten: Sie »ernteten zusammen mit ihren Frauen und kleinen Kindern einen grausamen Tod«. Der Kaiser ließ sie zunächst blenden, anschließend »an Hand, Nase und Bein verstümmeln«. Eigentlich wollte Friedrich die Verschwörer in dieser Verfassung – mit einem in Capaccio gefundenen Brief des Papstes an die Stirn geheftet – »durch die verschiedenen Teile der Welt schicken … zur öffentlichen Anprangerung des Verrats«. So weit kam es zwar nicht, aber durch die Städte seines Königreichs Sizilien ließ er die Halbtoten zur Abschreckung treiben: Alle sollten wissen, welches Schicksal Verräter zu erwarten hatten – und sie sollten auch wissen, dass ihnen niemals, so wenig wie den nun Todgeweihten, ein Papst zu Hilfe kommen würde. Der Kaiser empfand dies keineswegs als unnötige Grausamkeit: »Wir handeln nicht ungerecht, wenn wir die töten, die uns ermorden wollten, wenn wir sie, die wir in väterlicher Liebe wie Söhne aufzogen, vernichten, wenn wir sie, die wir als treulose Vatermörder bei ihren verderblichen Anschlägen ertappten, in das nahe Meer werfen … gegen sie … die unserer Großmut uneingedenk und für unsere Wohltaten undankbar, der geziemenden Treue vergessend, nicht Söhne unseres edlen Königreichs

Sizilien waren, sondern Stiefsöhne, Gott und die Menschen unglaublich beleidigten, sodass weder eine Strafe dem Vergehen genügend noch eine Schande der Schuld entsprechend erscheint.«

Und in diesem so unglücklichen Jahr 1246 muss, stimmen die eingangs angeführten Schlussfolgerungen, Bianca Lancia gestorben sein. Das heißt, wenn die Nachrichten über eine späte Eheschließung stimmen, muss auch in diesem Jahr Friedrichs Hochzeit mit der langjährigen Geliebten stattgefunden haben – auf deren Totenbett. Was wissen wir darüber? Der Chronist Tommaso Tosco schreibt, dass die Initiative hierzu von Friedrich ausgegangen sei. Durch diese Eheschließung, darauf weist der Chronist gleichfalls hin, seien die drei Kinder aus der Verbindung, Manfred sowie dessen Schwestern Violante und »Konstanze, die dem griechischen Kaiser Vatatzes zur Frau gegeben wurde«, legitimiert worden. Der letzte Hinweis ist interessant, denn er impliziert, dass Konstanze bei der Hochzeit mit Johannes III. Vatatzes 1244 noch nicht legitimiert war – ein weiteres Indiz dafür, dass Bianca Lancia damals noch gelebt hat.

Auch Matthäus von Paris berichtet über die Eheschließung zwischen Friedrich und Bianca Lancia auf deren Totenbett. Doch geht bei ihm die Initiative von der einstigen Geliebten aus. Als Bianca den Tod kommen spürte, habe sie den Kaiser »im Namen Gottes« darum gebeten, nicht zu versäumen, sie zu besuchen, was man als Hinweis darauf deuten kann, dass es in dieser Zeit keine enge Beziehung mehr zwischen den beiden gegeben hat. In bewegten Worten schildert der Chronist Biancas Angst vor dem Sterben und ihre Bitte, dass der Kaiser ihr in diesen Stunden beistehen möge. Doch Bianca hatte nicht nur Angst um ihren schwachen Körper, sondern vor allem um ihr Seelenheil: »Du hast einen natürlichen Sohn, Manfred, den ich dir geboren habe. Nun lass dich herab, mich zu heiraten. Damit würde nicht nur Manfred legitimiert, sondern du würdest auch meine Seele aus der Gefahr befreien.« Ob erst der Hinweis auf seinen Lieblingssohn Manfred den Kaiser bewogen hat, diesen letzten Wunsch Biancas zu erfüllen, sei dahingestellt. Ein weiterer Beweggrund könnte die Dankbarkeit dafür gewesen sein, dass es der mit seiner und Bianca Lancias Tochter Violante verheiratete Graf Richard von Caserta gewesen war, der die jüngste Verschwörung gegen das Leben des Kaisers aufgedeckt hatte.

Für Friedrich stand allerdings auch ganz nüchtern fest, dass er durch die Eheschließung mit Bianca Lancia einen weiteren Sohn legitimieren konnte, selbst wenn ihm bewusst gewesen sein muss, dass eine Ehe auf dem Totenbett Manfred niemals dazu befähigen würde, seinem Vater auf dem Kaiserthron zu folgen. Doch diese Nachfolgerrolle füllte ohnehin schon Konrad aus, der Sohn Isabellas von Brienne. In Sizilien aber könnte der auf diese Weise legitimierte Manfred durchaus eine größere Rolle spielen. Jedenfalls kann es als gesichert gelten, dass die Hochzeit mit Bianca Lancia stattgefunden hat, wahrscheinlich in der Kapelle der Burg von Gioia del Colle, in der Bianca Lancia die ganze Zeit über gelebt haben dürfte. Dass Erzbischof Berard von Palermo die Trauung vornahm, spricht für die Bedeutung, die der Kaiser diesem Akt beimaß. Es könnte aber auch ein Hinweis darauf sein, dass die Entscheidung zur Hochzeit auf dem Totenbett nicht ganz so spontan gefallen ist, wie die Beschreibungen der Chronisten dies nahelegen. Wie ihren Vorgängerinnen verlieh Friedrich Bianca die Herrschaft Monte Sant'Angelo – das brachte der Todkranken selbst zwar nichts mehr ein, wohl aber ihrem Sohn Manfred, dem der Kaiser das gesamte Gebiet mit allen Rechten später testamentarisch vermachen sollte. Dass Friedrich selbst die Ehe mit Bianca nicht als nachrangig betrachtete, zeigte sich 1248: In einem Schreiben bezeichnete er Biancas Onkel Manfred als »unseren teuren Verwandten«.

Den Winter 1246/47 verbrachte Friedrich in Foggia. Doch bei aller Liebe zu seinem Königreich Sizilien kam es für den Staufer niemals in Frage, auf seine Kaiserwürde zu verzichten und sich in Sizilien einzuigeln. Die Ereignisse in Deutschland, wie zuletzt die Wahl des Gegenkönigs Heinrich Raspe, ließen es geboten erscheinen, noch einmal über die Alpen zu ziehen, um seinen Sohn Konrad zu unterstützen. Niemals hätte es der Kaiser dulden können, dass sein Sohn von einem Gegenkönig gestürzt worden wäre – es wäre auch für ihn selbst eine Bankrotterklärung gewesen. Vor seinem neuerlichen Zug nach Norden ernannte Friedrich noch seinen neunjährigen Sohn Heinrich (»Carlotto«) aus der Ehe mit Isabella von England zum Statthalter im Königreich Sizilien, natürlich nicht, ohne ihm erfahrene Männer zur Seite zu stellen.

Als der Kaiser im März 1247 in der Toskana ankam, erreichte ihn jedoch eine Botschaft, die den Zug nach Deutschland obsolet erscheinen ließ: Nachdem der Gegenkönig Heinrich Raspe zunächst erfolglos Ulm belagert – die Stadt hielt treu zu Friedrichs Sohn Konrad – und sich darauf auf die Wartburg in Thüringen zurückgezogen hatte, »stürzte er vom Pferde, und nachdem er wenige Tage krank gelegen hatte, starb er«. Damit war Konrad zumindest vorerst der einzige deutsche König. Friedrich konnte sich daher wieder auf die Lage in Oberitalien konzentrieren – und einen kühnen Plan in die Tat umsetzen. Er wollte nach Lyon in die Höhle des Löwen ziehen, wo noch immer Papst Innozenz IV. ausharrte. Friedrich hatte nicht vor, dies als demütiger Büßer zu tun, wie einst Heinrich IV. in Canossa, um die Lösung vom Bann zu erreichen. Nein, Friedrich wollte als unbesiegter Kaiser und König vor den Papst treten und ihn notfalls mit Waffengewalt dazu zwingen, die Exkommunikation zurückzunehmen. Er wollte den Fuchs in seinem eigenen Bau ausräuchern. Erst danach wollte er nach Deutschland ziehen, um auch hier alle Zweifel an der Allmacht des Kaisers auszuräumen. Doch dazu kam es nicht: Friedrich war mit seinen Truppen schon in Turin angekommen, als er im Juni 1247 von der Besetzung Parmas durch aufständische papsttreue Adlige erfuhr. Dies hätte das Fanal für Aufstände auch in anderen Städten sein können, und mit einem unruhigen Oberitalien im Rücken konnte Friedrich nicht nach Lyon ziehen. So kehrte er zurück und begann im Juli mit der Belagerung Parmas. Die vier Wochen, die seit dem Verlust der Stadt vergangen waren, hatten Friedrichs Gegner dazu genutzt, Gräben zu ziehen und Palisaden zu errichten. Enzio, einer der unehelichen Söhne des Kaisers, hätte wohl zuvor die Chance gehabt, die Stadt im Handstreich wieder einzunehmen, doch er hatte gezögert und nicht ohne seinen Vater ein solches Unternehmen beginnen wollen.

Friedrich wusste, dass die Belagerung Parmas eine langwierige Angelegenheit werden und ein Sturmangriff kaum möglich sein würde. Zermürben und aushungern war die Devise. Der Staufer selbst legte auch vor Parma großen Wert auf eine kaiserliche Hofhaltung. Dieses Mal stampfte er sogar eine ganze Stadt aus dem Boden, die er »Victoria«, »die Siegreiche«, nannte. Von überall her mussten Holz und Ziegel für ihren Bau gebracht werden. Wie nach der Schlacht von Cortenuova war er so siegessicher, dass er die zarten Anzeichen von Friedensbereitschaft aus Parma hinwegwischte und den Menschen in der eingeschlossenen Stadt empfahl, »sie möchten mit ihrem Getreide sparsam und vorsichtig umgehen, weil sie … niemals mehr als dieses essen würden«. Derweil frönte Friedrich des Morgens seiner Jagdleidenschaft oder ließ sich von sarazenischen Tänzerinnen die Zeit verkürzen. Er war sich so sicher, dass er Teile seiner Truppen an andere Brennpunkte in Oberitalien ziehen ließ. Als die eingeschlossenen Menschen in Parma dies bemerkten, entschlossen sie sich am 18. Februar 1248 zu einem letzten verzweifelten Ausbruch, um ihr Leben zu retten. Nachdem Friedrich zur Jagd ausgeritten war, lockten sie Teile der Belagerer durch einen Scheinangriff an einen fern von Victoria gelegenen Abschnitt der Stadtmauer – und griffen die Stadt des Kaisers an: Dabei »zerstörten sie den ganzen Aufbau des Lagers … warfen alles auseinander und verbrannten es«. Sogar den »unermesslichen Schatz«, den der Kaiser mit sich geführt hatte, erbeuteten sie. »Und nachdem sie das ganze Heer Friedrichs zerstreut und geschlagen hatten, kehrten sie unter Frohlocken, Waffen, Schatz, Lebensmittel, Zelte, sonstiges Gerät und Gefangene mit sich führend, als Sieger in ihre Stadt zurück«, berichtet Matthäus von Paris. Selbst das kaiserliche Siegel nahmen die siegreichen Bürger mit in ihre Stadt. Friedrich blieb nichts anderes übrig, als sich zurückzuziehen, froh, wenigstens die eigene Haut gerettet zu haben. Zwar kehrte er, nachdem er in Cremona Verstärkung geholt hatte, noch einmal kurz vor die Tore Parmas zurück. Doch ein eiligst einberufener Kriegsrat sprach sich gegen eine Fortführung der Belagerung zu diesem Zeitpunkt aus.

Noch mehr als die fehlgeschlagene Belagerung von Brescia waren die Ereignisse von Parma nicht nur eine militärische Niederlage, sondern eine Demütigung. Der Verlust des mitgeführten Staatsschatzes hatte derweil ganz praktische Auswirkungen: Friedrichs Geld ging zur Neige, weshalb er im Königreich Sizilien kräftig an der

Steuerschraube drehte, und das gefiel den Menschen damals so wenig wie heute. Friedrichs Krieg gegen die italienischen Städte glich der vergeblichen Arbeit des Sisyphus, wie es schon im 19. Jahrhundert der Schriftsteller Ferdinand Gregorovius beschrieb:

> »Die fürchterliche Natur des Städtekriegs zersplitterte die Kraft des Kaisers; fielen einige Städte, so erhoben sich andere, und selbst die Treue freundlich gesinnter Gemeinden war unsicher, denn über Nacht konnte sich wie ein Sturmwind die feindliche Partei erheben und ihre Banner auf die Stadttore pflanzen.«

Friedrich reagierte darauf in normannischer Tradition mit Grausamkeit und Zerstörung, doch Oberitalien mit seinen großen, traditionsreichen Städten war nicht Sizilien, wo er sich die Barone mit eiserner Hand hatte untertan machen können.

Ungünstig hatten sich während der Belagerung Parmas die Dinge in Deutschland entwickelt: Schon am 3. Oktober 1247 war Graf Wilhelm von Holland als weiterer Gegenkönig gewählt worden; allerdings wurde auch er fast nur von geistlichen Fürsten unterstützt. Immerhin öffnete ihm die Stadt Köln kurze Zeit später ihre Tore, und die Bürger, »die bis dahin Anhänger des Kaisers geblieben waren«, ließen ihn in Frieden einziehen. Friedrich hielt sich nach der Niederlage vor Parma weiter in Oberitalien auf, von Oktober bis Dezember in Vercelli im Piemont. Hier feierte er im Dezember 1248 auch die Hochzeit seines Sohnes Manfred mit einer Tochter des Grafen Amadeus von Savoyen, dessen Treue er sich damit sicherte. Und da die Grafen von Savoyen traditionell die westlichen Alpenübergänge beherrschten, konnte dieser Schachzug auch noch militärische Bedeutung erlangen –

Innozenz IV. war schließlich immer noch in Lyon. Nachdem er Vercelli und das Gebiet um Asti Manfred Lancia, Biancas Onkel, anvertraut hatte, kehrte Friedrich selbst in das treue Cremona zurück, wo sich alsbald eine Tragödie abspielte, die gleichermaßen Friedrichs Einsamkeit wie auch sein Misstrauen widerspiegelt.

Im Dezember des Jahres 1248 wurde Petrus de Vinea festgenommen und in den Kerker geworfen. Was war geschehen? Matthäus von Paris berichtet, dass der vom Papst bestochene ehemalige Ratgeber mithilfe eines Arztes einen Giftanschlag auf den Kaiser geplant habe. Dieser sei jedoch rechtzeitig gewarnt worden und habe von dem dargereichten Trank nichts zu sich genommen. Den Arzt ließ Friedrich sogleich aufhängen. Petrus de Vinea dagegen wurde »verdientermaßen der Augen beraubt« und anschließend durch viele Städte »Italiens und Apuliens« geführt, »damit er vor allen öffentlich das beabsichtigte Verbrechen bekannte«. Schließlich wollte Friedrich seinen einstigen Ratgeber an die Pisaner, »die ihn tödlich hassten«, zur Hinrichtung übergeben. Als Petrus dies vernahm, »wollte er nicht nach dem Gutdünken seiner Feinde sterben … rannte mit dem Kopf mit aller Gewalt gegen die Säule, an welcher er gefesselt war, und entleibte sich so selbst«. Nach einer anderen Schilderung stürzte sich Petrus von dem Esel, auf dem er dem gaffenden Pöbel vorgeführt wurde, und brach sich dabei das Genick. Friedrich soll den Tod seines langjährigen Wegbegleiters so kommentiert haben: »Er, der aus dem Nichts gekommen ist, ist in das Nichts zurückgekehrt.«

Dass Petrus de Vinea in den Giftanschlag des Arztes verwickelt war, lässt sich jedoch nur durch Matthäus von Paris belegen. Wahrscheinlicher ist, dass er, der ja schon zuvor die Kritik Friedrichs auf sich gezogen hatte, neuerlich in Ungnade gefallen war: In der herrschenden Atmosphäre des Misstrauens, in der der Kaiser fast nur noch auf seine Söhne und Schwiegersöhne vertraute, konnte dies leicht geschehen. Petrus soll Geld unterschlagen und sich selbst bereichert haben, wurde gemunkelt – ob dies der Wahrheit entsprach oder nicht, ist bis heute ungeklärt. Sein tiefer Sturz ist symptomatisch für die Atmosphäre am Hof des Staufers. Für Friedrich gab es derweil noch mehr zu betrauern als den vermeintlichen oder wirklichen Verrat seines einstigen Vertrauten: Im Mai 1249 starb einer seiner unehelichen Söhne, Richard von Chieti, der als Generalvikar der Mark Ancona, der Romagna und des Herzogtums Spoleto treue Dienste für seinen Vater geleistet hatte. Und im selben Monat wurde auch sein Sohn Enzio von den Bolognesern gefangen genommen. Bis zu seinem Tod kam er nicht mehr frei. Zwar wurde er von den Bolognesern gut behandelt, residierte in einem Palazzo und erfreute sich der Besuche zahlreicher hübscher junger Frauen der Stadt, doch freigelassen wurde er nicht. Und so wurden die Gedichte des jungen Staufers immer trauriger. Erst 1272 ist Enzio gestorben, betrauert von den Bürgern Bolognas, die doch seine Feinde gewesen waren. Er sei, rühmt der Chronist Salimbene da Parma, »von edler Anlage« gewesen, »sodass ihn alle seine Gegner einen rühmenswerten Mann nannten«. Der Palast, in dem er gefangen saß, heißt bis heute »Palazzo di Re Enzio« – Palast des Königs Enzio.

Natürlich trafen Friedrich, der im Mai 1249 in das Königreich Sizilien zurückgekehrt war, diese Schicksalsschläge schwer. Auch gesundheitliche Probleme machten ihm, der nun schon über 50 Jahre alt war, zu schaffen. Doch ganz so schlecht stand es um die Sache des Kaisers nicht. Der Papst saß noch immer in Lyon fest, Wilhelm von Holland war in Deutschland weit davon entfernt, sich gegen Konrad durchzusetzen, und auch Enzio hoffte der Kaiser bei günstiger Gelegenheit noch freizubekommen, zumal Friedrichs Statthalter in Oberitalien zahlreiche Erfolge aneinanderreihen konnten: Piacenza und Ravenna kehrten ins kaiserliche Lager zurück. Es gab Siege zu feiern, in Umbrien und sogar gegen das renitente Parma, auch wenn es wieder nicht gelang, die Stadt einzunehmen. Dass der Papst sogar Verhandlungen mit Johannes III. Vatatzes aufnahm, mag ein Gradmesser für seine schwierige Lage sein. Friedrich II. erinnerte seinen Schwiegersohn im Mai 1250 in einem Brief denn auch daran, dass es doch ebendieser Papst gewesen sei, der ihn, den Römischen Kaiser, wegen der Heirat seiner Tochter mit einem »Ketzer« verdammt habe: Viele Geistliche verwechselten doch den Hirtenstab, der ihnen eigentlich nur zustehe, mit der Lanze. Und um die Sache des Papstes stehe es doch nur so lange gut, solange die von den Kirchen erpressten Einkünfte weiter flössen.

Würde Friedrich doch noch zum entscheidenden Schlag ausholen, den Papst in die Knie zwingen oder ihn zumindest zur Aufhebung der Exkommunikation bewegen können? Oder würden die nicht enden wollenden Feldzüge noch Jahre andauern? Das Schicksal entschied anders: Wohl schon im Herbst 1250 war Friedrich an der Ruhr erkrankt. Anstatt sich aber zu schonen, ging er weiter auf die geliebte Falkenjagd, über die er sogar ein Buch geschrieben hatte. Bei einem dieser Jagdausflüge in der Nähe von Lucera erlitt der Kaiser einen Rückschlag. Sein Zustand war so besorgniserregend, dass seine Begleiter es nicht riskieren wollten, ihn nach Lucera zurückzubringen. Im nahen Castel Fiorentino stabilisierte sich sein Zustand vorübergehend, doch bald schon war klar, dass der Kaiser im Sterben lag. Zwei Menschen waren in diesen Stunden in seiner Nähe, die ihm besonders nahe standen: Erzbischof Berard von Palermo und sein Sohn Manfred. Sterben wollte Friedrich wie ein gläubiger Christ: Er ließ sich, als Zeichen der Demut und des Abschieds von allen irdischen Gütern, eine Zisterzienserkutte anlegen, die Tracht eines Ordens, den er – im Gegensatz zu den papsttreuen Franziskanern – besonders gefördert hatte, und der alte Erzbischof Berard nahm ihm die Beichte ab und spendete ihm die Sterbesakramente. Am 13. Dezember 1250 starb Friedrich II., Kaiser des Heiligen Römischen Reichs und König von Sizilien, im Alter von 56 Jahren. Seine treuen Sarazenen trugen den Leichnam durch Apulien nach Kalabrien und begleiteten ihn über die Meerenge von Messina nach Sizilien. Denn Friedrich wollte neben seinen Eltern im Dom von Palermo beigesetzt werden.

Tiefe Trauer, aber auch Stolz sprechen aus den Worten, mit denen Manfred seinem Halbbruder Konrad die Nachricht vom Tod des Vaters überbrachte: »Die Sonne der Völker, die Leuchte der Gerechtigkeit, ist untergegangen, untergegangen der Hort des Friedens! Ein reicher Trost aber ist uns geblieben: Glücklich und siegreich lebte unser Herr Vater bis an sein Ende!« Und Matthäus von Paris schrieb in seiner Chronik: »Um diese Zeit starb Friedrich, der größte unter den irdischen Fürsten, das Wunder und der Umgestalter der Welt …«

Die Enkelin
Konstanze II. von Aragonien

Testamentarisch hatte Friedrich seinen Sohn Konrad, »den erwählten Römischen König und Erben des Königreichs Jerusalem, unseren geliebten Sohn«, als Erben im Deutsch-Römischen Kaiserreich »und besonders in unserem Königreich Sizilien« eingesetzt. »Wenn er kinderlos dahinscheiden sollte, soll ihm unser Sohn Heinrich [Carlotto] nachfolgen. Nach dessen etwaigem kinderlosen Tod soll ihm unser Sohn Manfred nachfolgen. Solange sich aber Konrad in Deutschland aufhält … setzen wir den zuvor genannten Manfred zum Statthalter in Italien und besonders im Königreich Sizilien ein.«

Diese Verfügungen Friedrichs konnten vor allem dem Papst in Rom überhaupt nicht passen, sollte damit doch sein Albtraum der Umklammerung des Kirchenstaats eine Fortsetzung finden. Für Innozenz IV. war klar: Das »Natterngezücht« der Staufer musste ausgerottet werden. Umso mehr, als Konrad dem Beispiel seiner Vorfahren folgte und im Herbst 1251 südwärts über die Alpen zog. Manfreds Begeisterung darüber hielt sich zwar in Grenzen, doch verhielt er sich seinem Halbbruder gegenüber zumindest anfänglich loyal. Tatsächlich gelang es den beiden Kaisersöhnen mit vereinten Kräften, bis 1253 das gesamte Königreich unter ihre Kontrolle zu bringen. Doch die Friedensfühler, die die Staufer daraufhin in Richtung Papst ausstreckten, konnten keinen Erfolg haben, solange das Römisch-Deutsche Kaiserreich und das Königreich Sizilien eine wie auch immer verbrämte Einheit bildeten. Der Papst habe, berichtet Matthäus von Paris, Konrad regelrecht gehasst. Innozenz IV. beschuldigte ihn nicht nur, ein Ketzer, sondern auch ein »Totschläger« zu sein. Dahinter steckt der Verdacht, dass er seinen Halbbruder Heinrich (Carlotto) habe vergiften lassen, weil er seine Konkurrenz fürchtete. Tatsächlich ist Heinrich zwar damals gestorben, doch dürfte der Vorwurf des Giftmords eine pure Verleumdung gewesen sein. Aber Papst Innozenz IV. hatte schon bald Anlass zu frohlocken: Am 21. Mai 1254 starb König Konrad IV. im Alter von nur 26 Jahren in Lavello in der Basilicata an einer Fieberattacke. Wahrscheinlich war er, wie so viele, ein Opfer der Malaria geworden. Er hinterließ einen zweijährigen Sohn: Konradin.

In Sizilien versuchte Manfred daraufhin, seine eigene recht unsichere Stellung durch eine Annäherung an den Papst zu stabilisieren. Dies schien eine Zeit lang sogar möglich zu sein, denn von Manfred war kaum zu erwarten, dass er auch Ansprüche auf die Kaiserkrone anmelden könnte. Stand doch seine nachträgliche Legitimation durch die Heirat Friedrichs II. mit Bianca Lancia auf ziemlich wackligen Füßen. Anders sah dies im Königreich Sizilien aus. Zwar gab Manfred stets vor, auch hier nur im Namen seines Neffen Konradin zu handeln, doch könnte es für den Papst ein reizvoller Gedanke gewesen sein, die beiden Staufer gegeneinander auszuspielen. Aber letztlich blieben alle Ansätze einer Versöhnung erfolglos. Das sah auch Manfred ein und rang sich zu der Erkenntnis durch, dass es immer schwerer werden würde, die Statthalterschaft für ein Kind durchzuhalten, von dem niemand wusste, ob es überhaupt jemals das Erwachsenenalter erreichen würde. Dazu kam sicherlich eigener Ehrgeiz, und so ließ sich der Lieblingssohn Friedrichs II. am 10. August 1258 in Palermo zum König von Sizilien krönen. Der Chronist Nikolaus von Jamsilla rühmte die äußere Erscheinung des jungen Königs geradezu hymnisch: »Die Natur machte ihn empfänglich für alle ihre Gaben und schuf seinen Leib in allen Teilen in so vollkommener Schönheit, dass nichts an ihm war, was hätte besser sein können.« Manfreds Vater wäre stolz gewesen auf das, was dieser in den folgenden Jahren leistete: Es gelang ihm, weite Teile des Königreichs unter seine Kontrolle zu bringen, und auch auf kulturellem Gebiet trat er in die Fußstapfen Friedrichs. Kein anderes Kind war dem großen Staufer so ähnlich wie Manfred. Zwar machte Manfred keine Anstalten, nach Deutschland zu ziehen. Doch wollte auch er in der großen Politik mitmischen: Nach dem Tod seiner ersten Frau aus dem Haus Savoyen heiratete Manfred 1257 Helena von Epiros, deren Familie im nördlichen Griechenland beheimatet war und ihm die Insel Korfu als Besitz in die Ehe brachte. Diese Verbindung stellte für den jungen König ein Sprungbrett in den östlichen Mittelmeerraum dar.

Dass Manfred inzwischen Anerkennung als legitimer Sohn seines Vaters und König von Sizilien fand, zeigt die Hochzeit seiner ältesten Tochter Konstanze aus der ersten Ehe mit Beatrix von Savoyen mit dem aragonesischen Thronfolger Peter. Im Juli 1260 reisten die Unterhändler Manfreds nach Barcelona. Die Ankündigung einer gewaltigen Mitgift, die die Sizilianer zu ihrem großen Verdruss aufbringen mussten, beschleunigte die Verhandlungen. Sowohl der König wie der Thronfolger von Aragonien stimmten der Verbindung zu. Peter versprach, seine Frau zu lieben und mit all der Achtung zu behandeln, die ihrer Abstammung entspräche. Nun war es Aufgabe der aragonesischen Delegation, die freudige Botschaft nach Neapel zu bringen, wo sich Manfred gerade aufhielt. Der König von Sizilien bereitete den Besuchern von der Iberischen Halbinsel einen rauschenden Empfang. Das war sicher mehr als Gastfreundschaft; es war auch eine Demonstration seiner Macht: Manfred, so die Botschaft, war kein Usurpator oder illegitimer Bastard, sondern der uneingeschränkte Herrscher von Sizilien. Die Besucher aus Aragonien waren von der Pracht, die sie zu sehen bekamen, gebührend beeindruckt. Für den katalanischen Chronisten Ramón Muntaner stand fest:

>Der König Manfred lebte prächtiger und glänzender denn irgendein anderer Herrscher der Welt; daher gefiel diese Ehe dem Herrn König Jakob von Aragonien und seinem Sohn.<

Und obwohl Jakob >stattliche Gesandte< nach Neapel geschickt hatte, mussten diese sich dort vorkommen wie arme Verwandte – Manfreds zweite Gemahlin rümpfte denn auch vernehmlich ihre vornehme Nase über die aus ihrer Sicht wenig königlichen Boten. Gleichwohl wurde man sich auch in den letzten noch offenen Fragen einig. Daran konnte auch eine Intervention Papst Urbans IV. nichts mehr ändern, der König Jakob I. von Aragonien bedrängte, seinen Sohn nicht mit Konstanze zu verheiraten, deren Vater ein wahres Monster sei. Da müsse sich doch eine >würdigere Gemahlin aus königlichem Geschlecht< finden lassen. >Müsste es Dich nicht bitter schmerzen, wenn Dir von einer solchen Schwiegertochter Nachkommen geboren würden, welche Deinem ganzen Haus, allen Deinen Verwandten, am meisten aber Dir zur Schande gereichten? Fern also, fern sei Dir eine solche Befleckung Deiner Ehre, fern eine Entscheidung, die den boshaften

Gegner Gottes und der Kirche so sehr verstärken und Dich unseren Feinden zugesellen würde.« Das war ein deutlicher Hinweis darauf, dass der Papst Manfreds Legitimität nicht anerkannte, und zugleich eine unverhohlene Drohung für den Fall, dass sich Jakob von Aragonien auf die Seite der Staufer schlagen würde.

Im Frühjahr 1262 stachen »zwei schön geschmückte Galeeren« mit der sizilianischen Braut an Bord in See. Das Mädchen war 14 Jahre alt, also – aus der Sicht des Mittelalters – gerade im heiratsfähigen Alter. Muntaner beschrieb Konstanze als »das schönste, gebildetste und anständigste Geschöpf«, das zu jener Zeit gelebt habe. Konstanze wurde von einem großen Hofstaat aus Sizilien begleitet. In Montpellier, das damals zum Königreich Aragonien gehörte, wurde die Stauferin vom König und ihrem Bräutigam empfangen. Am 13. Juni 1262 fand die Hochzeit statt – in die Kirche schritt sie über zu ihren Füßen ausgelegte kostbare Wandteppiche. Mit »prächtigen Festen« wurde die Hochzeit im Anschluss gefeiert. Als Morgengabe erhielt Konstanze von ihrem Mann die Stadt Gerona und die alte Königsburg von Collioure in den Pyrenäen mit allen Rechten und Besitzungen übertragen.

Bestärkt durch seine eigene und die Eheschließung seiner Tochter, beschränkte sich Manfred in der Folge nicht auf Sizilien: Auch nach Oberitalien griff er aus. Der bald ebenfalls exkommunizierte Manfred entwickelte sich damit für den Pontifex zu einer ähnlichen Gefahr, wie es sein Vater gewesen war, und dass Manfred gleich ihm gute Kontakte mit der islamischen Welt unterhielt, hatte ihn ohnehin schon längst in den Ruf gebracht, »ein Feind der heiligen Kirche« zu sein.

Innozenz IV. war klar, dass er den Staufer aus eigener Kraft nicht würde vertreiben können. Also suchte er nach einem mächtigen Verbündeten: Diesen fand Innozenz'

Nachfolger Klemens IV. in Karl von Anjou, einem nachgeborenen Sohn König Ludwigs VIII. von Frankreich. Ihn belehnte er 1265 mit dem Königreich Sizilien – »dies war ein verwünschter Tag für die Christenheit«, vermerkte ein zeitgenössischer Chronist. Doch Karl war entschlossen, »sein« Reich zu erobern. Am 26. Februar 1266 kam es bei Benevent zur entscheidenden Schlacht, in der Manfred den Tod fand. Karl von Anjou triumphierte – und mit ihm der Papst: »Zu Boden geworfen sind die Pferde und Türme Pharaos, die Kriegshäupter gefangen oder getötet, die sie so lange stolz durch Italien erhoben.« Die Ehefrau und die Nachkommen Manfreds hatten von dem Sieger kein Mitleid zu erwarten, ganz im Sinne des Papstes sollten sie von der Erde verschwinden, als ob sie niemals gelebt hätten.

Insgesamt lebten damals sechs Kinder Manfreds. Einzig Konstanze hatte das Glück, durch ihre Heirat bereits außerhalb der Reichweite Karls von Anjou zu sein. Die anderen fünf wurden wie ihre Mutter Helena von Epiros in den Kerker geworfen und lebten dort keineswegs in einem goldenen Käfig wie Enzio in Bologna. Zumindest die Söhne wurden an Ketten in dunkle Verliese gesperrt, wo sie wie Tiere dahinvegetierten. Anselm starb 1299, Heinrich 1318. Einzig dem dritten Sohn Friedrich soll nach über 30 Jahren Haft um 1300–05 die Flucht nach Ägypten gelungen sein, wo er 1312 gestorben ist. Ihre Mutter Helena von Epiros starb nach fünfjähriger Haft, ohne jemals wieder die Freiheit erblickt zu haben. Ein etwas besseres Schicksal hatten die beiden jüngeren Töchter Manfreds: Beatrix wurde 1284 freigelassen, woraufhin sie nach Aragonien an den Hof ihrer Halbschwester Konstanze zog. Dort lebte auch die jüngste Tochter Flordelis, wobei nicht sicher ist, wann und wie sie dorthin gekommen ist. Keine andere mittelalterliche Dynastie hat ein derart schreckliches Ende genommen wie die Staufer, keine andere wurde von ihren Kontrahenten – in diesem Fall Karl von Anjou – mit einer solchen Brutalität und Grausamkeit verfolgt.

Dies zeigte sich auch, als der gleichnamige Sohn Konrads IV., meist als Konradin bezeichnet, 1268 nach Italien zog, um das Königreich Sizilien zu erobern. In der Schlacht von Tagliacozzo wurde er ebenfalls von Karl von Anjou besiegt. Zwar gelang ihm die Flucht, doch wurde er kurze Zeit später gefangen genommen. Sein Bezwinger machte ihm in Neapel unter dem Vorwurf des Hochverrats den Prozess und ließ den 16-Jährigen am 29. Oktober 1268 in Neapel hinrichten, »worüber alle Fürsten der Welt und alle Völker ihm großen Vorwurf machten«. In der Tat war dergleichen noch nie geschehen – ein König, der einen König wie einen Verbrecher köpfen ließ!

Doch wenn Karl von Anjou gedacht haben sollte, dass er der staufischen Herrschaft ein Ende bereitet hatte, indem er die Söhne Manfreds in den Kerker warf und Konradin hinrichten ließ, dann hatte er sich getäuscht. Auf der anderen Seite des Mittelmeers wurde die Rache schon vorbereitet – in der Gestalt Konstanzes (II.) von Aragonien, deren Hof zum Zufluchtsort der überlebenden weiblichen Staufer und der staufischen Parteigänger wurde. Den Anfang machte ihre gleichnamige Tante, die mit Johannes III. Vatatzes verheiratet gewesen war. Nach dem Tod des Kaisers von Nikaia am 3. November 1254 dürfte sich ihre private Trauer über den fremden Ehemann zwar in Grenzen gehalten haben, doch wurde sie ohne seine letztlich gleichwohl schützende Hand zu einem Spielball der verschiedenen Interessen.

Neuer Kaiser von Nikaia wurde Theodor II. Laskaris, ein Sohn aus der ersten Ehe Johannes' III. Vatatzes mit Irene, der Tochter Kaiser Theodors I. Laskaris. Erst durch diese Verbindung war Konstanzes Mann einst auf den Thron gelangt. Vor diesem familiären Hintergrund erstaunt es nicht, dass der neue Herrscher seiner Stiefmutter nicht eben wohlgesinnt war. Theodor II. Laskaris war ein hoch gebildeter Mann, der ebenso gut in eine Gelehrtenstube gepasst hätte, zugleich aber gewillt war, seine Macht mit niemandem zu teilen. Das bekamen die Adligen zu spüren, denen der Kaiser Berater aus niederen Schichten vorzog, und eben auch Konstanze, die überflüssig gewordene Kaiserinwitwe. Anders als sein Vater, der in seinen letzten Lebensjahren den Ausgleich mit der römischen Kirche gesucht hatte, setzte Theodor II. Laskaris auf eine eigenständige griechische Kirche. Auch das mag das Verhältnis zu der aus Italien stammenden Stiefmutter belastet haben, selbst wenn die Staufer mit der Papstkirche über Kreuz lagen. Vor allem aber fürchtete Theodor II. Laskaris die Aktivitäten König Manfreds von Sizilien, der sich nach der Heirat mit Helena von Epiros – wie erwähnt – im östlichen Mittelmeerraum eine weitere Machtbasis verschaffen wollte. Da war die ungeliebte Stiefmutter ein willkommenes Faustpfand in seinen Händen.

Zwar starb Theodor schon 1258, doch mit seinem Tod verbesserte sich Konstanzes Situation keineswegs. Nachdem er den kleinen Sohn Theodors II. Laskaris vom Thron gestoßen hatte, ließ sich Michael VIII. Palaiologos 1259 zum neuen Herrscher ausrufen. Michael war eine starke Persönlichkeit und ein fähiger Heerführer. 1261 eroberte er Konstantinopel und vertrieb den lateinischen Kaiser Balduin II. Konstanze hatte das Pech, dass sich ausgerechnet dieser Machtmensch in sie verliebte. Doch die Stauferin verspürte keinerlei Neigung, dem Werben des verheirateten Herrschers nachzugeben. Konstanze wollte nur noch weg, zurück in ihre Heimat Sizilien. Schließlich ließ Michael VIII. Palaiologos sie im Tausch gegen einen von

Manfred festgehaltenen byzantinischen General ziehen. Doch auch in Italien erwartete Konstanze kein ruhiges Leben. Durch den Tod ihres Bruders in der Schlacht von Benevent 1266 drohte auch ihr das Schicksal der Gefangenschaft in den Kerkern Karls von Anjou. Doch sie entkam rechtzeitig nach Aragonien, wo sie von ihrer Nichte und Namensvetterin an deren Hof in Valencia aufgenommen wurde. König Peter III. von Aragonien stattete sie mit einer ordentlichen Pension aus, damit sie unbeschwert von materiellen Sorgen leben konnte. Doch müde von den vielen Schicksalsschlägen, sehnte sich Konstanze nicht mehr nach äußerem Glanz, sondern nach innerer Ruhe.

Und so trat sie als Nonne in Valencia in ein Kloster ein. Als ob sie noch nicht genug hätte erdulden müssen, erkrankte sie bald darauf an Lepra und überwand die Krankheit »durch die Fürsprache der heiligen Barbara«. Im Alter von 80 Jahren starb Konstanze 1307 in ihrem selbst gewählten Exil auf der Iberischen Halbinsel. Beigesetzt ist die Tochter Friedrichs II. in der Kirche des Johanniterordens in Valencia, der ältesten Kirche der Stadt, erbaut nach der Wiedereroberung von den Muslimen. In einer Seitenkapelle, die der heiligen Barbara geweiht ist, ruhen ihre sterblichen Überreste in einer einfachen Holzurne mit der Inschrift »Hier ruht Doña Gostaça Augusta, Kaiserin von Griechenland«. In der Kapelle befindet sich ein barockes Gemälde, das eine vornehme Frau in betender Haltung vor der heiligen Barbara zeigt. In Valencia erzählt man sich, dass diese Frau Konstanze von Hohenstaufen sein soll, deren Leben nicht nur einmal wie durch ein Wunder errettet worden ist.

Doch drehen wir die Uhr noch einmal einige Jahre zurück: Im Juli 1276 war König Jakob I. von Aragonien gestorben, wenige Monate später wurden Peter, nunmehr der dritte König seines Namens in Aragonien, und

Konstanze in Zaragoza gekrönt. Dabei wurde dem neuen König zunächst vom Erzbischof von Tarragona die Krone aufgesetzt; Peter selbst krönte dann seine Frau. Acht Tage dauerte das Fest, mit dem dies Ereignis gefeiert wurde. Es war der glanzvolle Auftakt einer glücklichen Ehe – Peter verliebte sich tatsächlich in Konstanze, und auch die junge Stauferin schätzte ihren Mann hoch. Aus Liebe zu seiner Gemahlin »und um seiner Kinder willen« soll Peter sich sogar vorgenommen haben, nie mehr froh zu sein, ehe er Rache für die Verbrechen Karls von Anjou an der Familie seiner Frau genommen habe, wie Ramón Muntaner berichtet. Das mag zwar, wie vieles in seiner Chronik, übertrieben sein. Aber es gibt doch einen Hinweis auf den Einfluss, den die Stauferin auf ihren Mann hatte.

Wie ein Wunder mag es Konstanze erschienen sein, dass 32 Jahre nach dem Tod ihres Großvaters Friedrich II. und 16 Jahre nach jenem ihres Vaters Manfred die Bevölkerung der Insel Sizilien sich im März 1282 gegen die Herrschaft der Anjou erhob. Der Legende nach wurden die Unruhen von dem Gerücht ausgelöst, dass ein französischer Soldat während eines Vespergottesdienstes in Palermo eine junge Sizilianerin ungebührlich angefasst habe, als er sie angeblich nach Waffen durchsuchte – und dabei »an die Brüste tastete«. In den folgenden Wochen machte die Bevölkerung regelrecht Jagd auf alle Franzosen und massakrierte sie. Es ist viel darüber diskutiert worden, ob diese Erhebung spontan oder von langer Hand geplant war – einig ist man sich bis heute nicht darüber. Jedenfalls entlud sich der über Jahre aufgestaute Hass in einer Gewaltorgie. Giuseppe Verdi hat diesen wahrhaft tragischen Stoff 1855 zum Thema seiner Oper *Die sizilianische Vesper* gemacht – ein Zeichen auch dafür, wie lange die Ereignisse nachgewirkt haben. Ramón Muntaner sah dabei gar die höchste Macht im Spiel:

»Dies geschah durch Gottes Barmherzigkeit, denn unser Herrgott duldet zwar den Sünder, wenn er aber sieht, dass er sich nicht bessern will und in seinen Sünden beharrt, so gibt er ihn dem Schwert der Gerechtigkeit anheim. So strafte er auch die übermütigen Bösewichter, die das Volk Siziliens zerfleischten …«

Dabei waren die Karten Karls von Anjou auf Sizilien gar nicht so schlecht gewesen. Vor allem in den letzten Jahren seiner Regierung hatte Friedrich II. die Steuerschraube immer mehr angezogen, um seinen Krieg gegen das Papsttum zu finanzieren. Und die Tatsache, dass er Apulien der Insel vorzog, hatte ebenfalls für einen gewissen Missmut gesorgt. Doch Karl von Anjou, der durchaus ein gebildeter und kultivierter Mann war, betrachtete Sizilien ebenfalls als Melkkuh und bestimmte Neapel zu seiner bevorzugten Residenz. Und während zu Zeiten der Staufer wenigstens Recht und Ordnung herrschten, übergab Karl die Insel den Abenteurern, die für ihn in den Krieg gezogen und nun allein auf Beute aus waren. Um sie zufriedenzustellen, hatte er ihnen Land versprochen, das er nun den sizilianischen Baronen wegnehmen musste. Dass Karl von Anjou – anders als Friedrich II. – fast ausschließlich französische Beamte einsetzte, tat ein Übriges dazu, dass viele Sizilianer seine Regierung als Fremdherrschaft empfanden, die auf ihre Gepflogenheiten keinerlei Rücksicht nahm. Dieser Politik konnte nicht gutgehen.

In dieser Situation erschien die staufische Zeit in einem umso glänzenderen Licht. Dafür sorgten schon die sizilianischen Adligen am aragonesischen Königshof, allen voran Johannes von Procida, der einstige Leibarzt Friedrichs II., der die Fäden des sizilianischen Widerstands bis nach Konstantinopel spann und sogar Papst Nikolaus III. gegen den Anjou einzunehmen verstand. Doch Nikolaus starb 1281, und sein Nachfolger Martin IV., ein Franzose, wandte sich wieder Karl von Anjou zu. Die sizilianische Partei ließ sich davon nicht entmutigen, am allerwenigsten Konstanze, die politischen Einfluss auf ihren Mann nahm und diesen zur Rache für den Tod ihres Vaters drängte. Doch beließ sie es nicht bei der emotionalen Ansprache: Sie erinnerte Peter auch daran, dass Manfred ihn einst zum Fürsten von Tarent in Apulien gemacht hatte – wie konnte er zulassen, dass Karl von Anjou sich in seinem Fürstentum breitmachte? Aber natürlich war die Hochzeit mit Konstanze auch vom aragonesischen Königshof von Anfang an als Basis für eine Konsolidierung oder Erweiterung seiner Machtstellung im Mittelmeerraum gesehen worden. Insofern trafen Konstanze und die sizilianischen Emigranten auf offene Ohren.

Selbst wenn Konstanze II. und ihr Mann Peter III. von Aragonien mit dem Ausbruch des Aufstands unmittelbar nichts zu tun gehabt hatten und die Aufständischen zunächst nicht daran dachten, nach den Franzosen nun die Aragonesen ins Land zu holen, lag es vor allem für die Adligen der Insel nahe, die Rebellion in ebendiese Richtung zu lenken. Mit Zerstörung und Massakern hatten sie die Franzosen vertreiben können, doch darauf konnte man eine Neuordnung Siziliens nicht gründen, zumal damit gerechnet werden musste, dass Karl von Anjou versuchen würde, die Insel zurückzuerobern. Und so erging ein Hilferuf an den König von Aragonien. Drei Gründe seien es, die die Sizilianer veranlasst hätten, sich an ihn zu wenden: »Erstens, weil Ihr der frömmste und gerechteste König auf der Welt seid« – ein solches Lob kam sicher auch damals schon gut an. Doch viel wichtiger und interessanter ist der zweite Grund: »Weil die Insel Sizilien und das ganze Reich Eurer Gemahlin, der Frau Königin, und danach Euren Söhnen von Rechts wegen gehört, da sie aus dem Geschlecht des seligen Kaisers Friedrich und des seligen Königs Manfred stammen, die gesetzlich unsere Herren waren. So soll nach göttlichem Recht die Frau Königin Konstanze, Eure Gemahlin, unsere Herrscherin sein, und nach ihr Eure Söhne unsere Könige und Herren.« Drittens appellierten die Sizilianer wieder an die Ritterlichkeit Peters: »Weil es Pflicht eines jeden frommen Königs ist, Waisen, Witwen und Unmündige zu schützen« – denn schließlich seien die Bewohner Siziliens seit dem Tode Manfreds »verwitwet und verwaist«.

Es muss für Konstanze ein triumphales Gefühl gewesen sein, als die aragonesischen Schiffe sich tatsächlich auf den Weg nach Sizilien machten. Am 28. August 1282 kam die Armada an, wenige Tage später wurde Peter zum König von Sizilien proklamiert, wobei er sich hier Pietro I nannte, da er in Sizilien der erste König dieses Namens war. Damit war Konstanze nun Königin von Sizilien – die Enkelin Friedrichs II. und Tochter Manfreds, eine Hohenstaufin, trug nun wieder jene Krone, die der Papst im Verein mit Karl von Anjou ihrer Familie entrissen hatte! Ausdrücklich bezog sich Peter bei seinem Anspruch auf den sizilianischen Thron auf das Erbe seiner Frau. Unter jenen, die Peter III. in seinem Kampf unterstützten, war auch Konstanzes Cousin Konrad von Antiochia, der Sohn Friedrichs von Antiochia. Er war, um die Verwandtschaft komplett zu machen, verheiratet mit Beatrice Lancia, einer Nichte Bianca Lancias … Er hatte schon den unglücklichen Konradin bei dessen Zug nach Italien unterstützt, war mit viel Glück der Gefangenschaft entronnen und hatte sich geschickt durchlaviert – darauf wartend, dass die Stunde der Staufer wieder schlüge. Nun sah auch Konrad von Antiochia die Gelegenheit gekommen.

Konstanze hatte ihren Mann zunächst nicht nach Sizilien begleitet. Einerseits schien die Gefahr zu groß, andererseits brauchte Peter jemanden in Aragonien, auf den er sich jederzeit verlassen konnte – und das war Konstanze. Er ernannte seine Frau daher vor seiner Abreise zur Statthalterin des Königreichs. Im Frühjahr 1283 reisten dann aber auch Konstanze und ihre Kinder nach Sizilien. Es war ein bewegender Abschied – die Stauferin war beliebt in Aragonien, und so waren Adlige und einfache Bürger in Scharen in den Hafen von Barcelona geströmt. Konstanze segnete die Menschen, die daraufhin in Angst um ihre Königin in Tränen ausbrachen. Anfang April 1283 kam die Flotte mit Konstanze im Hafen von Palermo an:

»Als die Bewohner ... erfuhren, dass die Königin und die Infanten angekommen waren, was da für ein Jubel entstand, das brauche ich euch nicht zu sagen: denn die Bewohner der Stadt und der Insel, die sich vorher für verlassen hielten, glaubten nun erst sicher zu sein. Und alsbald schickten sie Eilboten durch die ganze Insel, und alle Einwohner von Palermo, Männer, Frauen und Kinder, strömten hinaus nach San Giorgio, wo sie landeten. Sowie nun die Königin mit den Infanten das Land betrat, bekreuzigte sie sich, richtete die Augen zum Himmel empor und küsste weinend die Erde, hernach ging sie in die Kirche San Giorgio und betete mit den Infanten.«

Auf dem Weg in die Stadt, den Konstanze auf einem »schönen Schimmel« zurücklegte, wurde die Stauferin von der Masse wie eine Heilige bedrängt: »Hierauf kamen die Barone und Ritter und die Vornehmen von Palermo, Frauen, Jungfrauen und Kinder zur Frau Königin und küssten ihr Füße und Hände ... Und der Jubel war so groß und der Lärm der Trompeten, Trommeln, Zimbeln und anderen Instrumente so laut, dass man meinte, Himmel und Erde würden erzittern.« Selbst wenn bei Muntaner immer etwas poetische Übertreibung abzuziehen ist, so bleibt doch in jedem Fall ein phänomenaler, ein triumphaler Empfang.

Die erste Nacht in Sizilien verbrachten Konstanze und ihre Kinder im alten normannischen Königspalast von Palermo, nachdem sie zuvor in der Kathedrale gebetet hatten. Über acht Tage sollen die Festlichkeiten zum Empfang Konstanzes in Palermo gedauert haben. Erst danach reisten die Königin und ihre Kinder weiter nach Messina, wo sich König Peter aufhielt.

Die Behauptung Muntaners, dass Peter damals bereits wieder in Aragonien weilte, lässt sich mit der tatsächlichen Abfolge der Ereignisse nicht in Einklang bringen. Die gerade erst einverleibte Insel völlig ohne Herrscher zurückzulassen wäre ja geradezu einer Einladung an Karl von Anjou gleichgekommen, sie wieder zu besetzen. Nun aber, nach der Ankunft Konstanzes, war es für den König von Aragonien tatsächlich geboten, möglichst rasch wieder in seine Heimat zurückzukehren, nachdem König Philipp III. von Frankreich einen Eroberungszug nach Süden gegen den exkommunizierten König von Aragonien nur zu gerne mit dem Deckmantel eines Kreuzzugs versehen hätte. Um den gordischen Knoten zu durchschlagen, hatte Peter sogar Karl von Anjou zu einem ritterlichen Zweikampf herausgefordert, als dessen Schauplatz man Bordeaux ausgesucht hatte – der aber schließlich doch nicht stattfand.

Gleichzeitig war die Herrschaft seines Hauses auf Sizilien natürlich noch keineswegs gesichert. Es war geradezu geboten, Konstanze als Statthalterin auf der Insel zurückzulassen. Sie kannte sich aus in den dortigen Verhältnissen und wurde von den Bewohnern nicht als Fremde betrachtet. Schon ihr Name und ihre Herkunft weckten Erinnerungen an große Zeiten und forderten Respekt ein. Dies schien umso wichtiger, als sich bei manchen Sizilianern Ernüchterung breitgemacht hatte, nachdem auch einige Versprechen, etwa im Zusammenhang mit der Befreiung von Steuern, nicht eingelöst worden waren. Peter vertraute auch in dieser schwierigen Situation auf die politischen Qualitäten seiner Frau. Am 25. April 1283 berief der König ein Parlament ein, um den Großen der Insel mitzuteilen, dass er selbst nach Aragonien zurückkehren werde. Zugleich setzte er Konstanze als Statthalterin auf Sizilien ein. Johannes von Procida ernannte er zum Großkanzler. Auch Peters und Konstanzes zweitältester Sohn Jakob blieb auf Sizilien in der Obhut seiner Mutter zurück. Konstanze übte ihre Regentschaft mit Tatkraft und großer Entschlossenheit aus und reagierte auch auf militärische Herausforderungen souverän.

Allerdings war es für Konstanze keine vollständige Genugtuung: Nur die Insel Sizilien war in der Hand von Aragonien, in Kampanien und Apulien herrschte noch immer Karl von Anjou. Ohne Zweifel träumte die Stauferin davon, auch die Gebiete des Königreichs auf dem Festland in ihre Gewalt zu bekommen und ihre in den Kerkern Karls von Anjou schmachtenden Geschwister zu befreien. So zögerte die Königin denn auch nicht, einem Hilferuf kalabrischer Städte nachzukommen und die »Stiefelspitze« der italienischen Halbinsel einzunehmen. Den Versuch Karls von Anjou, Sizilien zurückzuerobern, erstickte die Regentin bereits im Keim: Bei einer Seeschlacht im Golf von Neapel besiegte ihr Admiral Roger de Lauria die Flotte Karls. Dabei geriet auch der Sohn Karls von Anjou, Karl der Lahme, in die Gefangenschaft der Sizilianer, die vehement seinen Kopf forderten – so wie Karl von Anjou einst Konradin habe hinrichten lassen, so solle jetzt Karl der Lahme zum Tod verurteilt werden. Doch für Konstanze war der Sohn ihres Intimfeinds lebend sehr viel mehr wert. Mit ihm als Geisel gelang es Konstanze, ihre Schwester Beatrix auszutauschen. In Messina, wo die Bevölkerung Beatrix einen triumphalen Empfang bereitete, trafen sich die Geschwister. Von Sizilien aus reiste Beatrix dann – wie erwähnt – nach Aragonien weiter, wo sie um 1307 gestorben ist. Vielleicht wäre es Konstanze sogar gelungen, ihre Brüder aus der Gefangenschaft auszulösen. Dass dies nicht geschehen ist, könnte mehrere Ursachen haben: Entweder glaubte Konstanze, dass sie schon längst tot seien. Und Karl von Anjou dachte natürlich nicht im Traum daran, der Königin die Wahrheit über deren grausames Schicksal zu erzählen. Oder aber die Stauferin musste hier der eigenen aragonesischen Staatsräson folgen: Denn ihre Brüder konnten Ansprüche auf den Besitz Siziliens anmelden – und dass Peter III. von Aragonien bereit gewesen wäre, auf das gerade eroberte Königreich wieder zu verzichten, kann zumindest bezweifelt werden.

Konstanzes Ehemann Peter III. starb 1285. Seit seiner Proklamation zum König von Sizilien war er exkommuniziert gewesen, wie sein Vorgänger Friedrich II. – sollte sich auch hier die Geschichte wiederholen? Nicht ganz, denn Peter war nicht an einer solche Ausmaße annehmenden Eskalation des Konflikts mit Rom interessiert. Er hat daher in seinem Testament anerkannt, dass Sizilien ein päpstliches Lehen sei, und damit die päpstliche Absolution erreicht. Weil er zudem die unüberwindbaren Schwierigkeiten kannte, vor die sich Friedrich II. gestellt gesehen hatte – nämlich zwei Reiche zugleich zu regieren –, bestimmte er in seinem Testament, dass Aragonien und Sizilien fortan nicht von einem einzigen Mitglied der Familie regiert werden sollten. So folgte ihm in Aragonien sein und Konstanzes ältester Sohn Alfons III. und auf Sizilien ihr zweiter Sohn Jakob. Damit war die Mission

Konstanzes als Statthalterin beendet, und sie kehrte nach Aragonien zurück.

Allerdings tat sie dies auf einem – auf den ersten Blick – völlig unerwarteten Umweg: über Rom! Die Stauferin betete dort am Grab des heiligen Petrus und traf sich mit dem neuen Papst Honorius IV. Dieser war kein Franzose, sondern stammte aus der alten römischen Familie der Aldobrandeschi, war also nicht so sehr Partei, wie es sein Vorgänger Martin IV. gewesen war. Gleichwohl fragt man sich, weshalb Konstanze ausgerechnet mit jener Macht die Versöhnung suchte, die ihre Familie mit in den Untergang getrieben hatte. Die Antwort ist einfach: Eben weil Konstanze sah, wohin dieses Zerwürfnis geführt hatte, und nicht zuletzt, weil diese junge Stauferin eine fromme Christin war. Nachdem ihr Mann auf dem Totenbett die Absolution erhalten hatte, stand einem Treffen der Königin mit dem Kirchenoberhaupt nichts mehr im Weg. Auch Honorius war an einer Lösung des sizilianischen Problems gelegen. Daher erwies der Papst der Königin bei ihrem Aufenthalt in Rom »große Ehre und gewährte ihr alles, was sie begehrte«, ehe die Stauferin nach Aragonien zurückkehrte, um bald von Neuem inmitten politischer Turbulenzen zu stehen: Nach dem frühen Tod seines Bruders Alfons 1291 setzte sich Jakob von Aragonien-Sizilien über das Testament seines Vaters hinweg und trug fortan beide Kronen. Um den Preis des Ausgleichs mit dem Papst war er allerdings bald bereit, auf Sizilien zugunsten der Anjou zu verzichten und als Bekräftigung dieses Ausgleichs eine Tochter Karls zu heiraten. Doch die Sizilianer dachten nicht daran, unter die Fittiche der Anjou zurückzukehren, und ließen sich von dieser Haltung auch durch große Versprechen nicht abbringen. Vielleicht hat Jakob sogar selbst mit einer solchen Entwicklung gerechnet. Denn auf Sizilien hatte der König seinen jüngsten Bruder als Statthalter eingesetzt. Und der trug auch noch den fast schon programmatischen Namen Friedrich. Diesen jüngsten Spross Konstanzes erhoben die Sizilianer 1296 zu ihrem König.

Wie sehr sich der 24-Jährige in der Tradition seines Urgroßvaters sah, zeigte sich schon daran, dass er sich Friedrich III. nennen ließ; dabei war er erst der zweite sizilianische König dieses Namens. Friedrich III. war bereit, den Kampf gegen den Papst und gegen die Anjou aufzunehmen. Konstanze verfolgte diese Entwicklung mit zwiespältigen Gefühlen. Nach ihrer eigenen Aussöhnung mit dem Papst war ihr nicht an einer Neuauflage des Konflikts gelegen. Doch Friedrich betrachtete sich als legitimen Erben seines Urgroßvaters und weigerte sich, den frommen Bedenken seiner Mutter Rechnung zu tragen. Zwischenzeitlich führte er gar gegen seinen eigenen, mit den Anjou verbündeten, Bruder Krieg. In ihrem Bemühen, den Konflikt zu beenden, stimmte Konstanze der Ehe ihrer Tochter Violante mit einem Enkel Karls von Anjou zu. 1297 fand die Hochzeit in Rom statt. Konstanze starb 1301. Nur ein Jahr später wurde die Herrschaft Friedrichs III. auf Sizilien im Frieden von Caltabellotta auch von päpstlicher Seite bestätigt. Allerdings mussten die Aragón darin einwilligen, dass nie ein Mitglied ihrer Familie über beide Reiche herrschen sollte. Sizilien wurde damit zu einer Sekundogenitur des Hauses Aragonien.

Die Spaltung des Königreichs Sizilien zwischen den dort herrschenden Aragón und den auf dem Festland regierenden Anjou dauerte bis 1442. Damals gelang es Alfons V. von Aragonien, sich auch den Süden der italienischen Halbinsel einzuverleiben. Damit war das Königreich weitgehend in den alten staufischen Grenzen wieder hergestellt. Und so haben am Ende die aragonesischen Erben Kaiser Friedrichs II. doch die Oberhand behalten.

Epilog

Das Andenken an Friedrich II. und die Staufer ist in Apulien und Sizilien bis heute lebendig geblieben. Vor allem in Apulien wirkt der Hinweis, dass man ein »svevo«, ein Schwabe, und damit ein Landsmann der Staufer sei, bisweilen wie ein wundersamer Türöffner. Niemals zuvor und niemals danach stand Apulien so sehr im Mittelpunkt der Weltpolitik und war Zentrum eines so kultivierten Hoflebens gewesen wie zu Zeiten Friedrichs II. von Hohenstaufen. Das macht diesen Enthusiasmus verständlich und auch den Aufwand, mit dem in den letzten Jahren die Kastelle Friedrichs II. in Apulien saniert wurden. Nicht nur das geheimnisumwitterte Castel del Monte, sondern auch kleinere Burgen wie Trani oder Barletta. Und in Bitonto, dessen Beziehung zu den Staufern nicht immer ungetrübt war, zeigt man gern das Relief an der Kanzel, das Mitglieder des einstigen Königshauses zeigen soll. Dass Friedrich sich selbst als »puer Apuliae«, als »Knabe Apuliens«, bezeichnet hat, macht die Menschen in diesem abgelegenen Winkel Italiens stolz. Selbst im kampanischen Neapel, das Karl von Anjou nach dem Sieg über Manfred zur Residenz erkor, wird Friedrich II. hoch geschätzt: Denn es war der Staufer, der hier im Jahr 1224 die bis heute bestehende Universität gründete. Seit 1987 ist sie sogar offiziell nach Friedrich benannt – Università di Napoli Federico II – und sein Porträt auf ihrem Siegel abgebildet.

Auf der Insel Sizilien stehen die Staufer bisweilen im Schatten ihrer Vorgänger, der normannischen Könige, die stets in Palermo residiert haben und nicht den Verlockungen Apuliens oder Kampaniens erlegen sind. Auch ist die Erinnerung vor allem an den ersten staufischen König in Sizilien, Heinrich VI., alles andere als ungetrübt. Gleichwohl sind die Staufer auf Sizilien ebenfalls ein Pfund, mit dem man gerne wuchert. Das zeigte sich beispielsweise, als 1998 der Sarkophag Friedrichs II. in Palermo geöffnet wurde. Die Medienvertreter rückten in Scharen an, um bei dem großen Ereignis dabei zu sein. Zwar fielen die wissenschaftlichen Erkenntnisse der Aktion, bei der der Sarkophag kurzfristig in einen klinischen Reinraum verwandelt wurde, eher mager aus, auch konnten keine geeigneten DNA-Proben Friedrichs entnommen werden. Doch das tat dem allgemeinen Interesse (fast) keinen Abbruch. So darf weiterhin darüber spekuliert werden, wer die beiden anderen Toten in Friedrichs Sarkophag sind: Einer von ihnen soll Peter II. von Aragonien-Sizilien sein, ein Ururenkel des Staufers, der zwischen 1337 und 1342 regiert hat. Die andere Tote ist eine Frau – doch wer, das weiß bis heute niemand. Und die Sizilianer dürfen ebenfalls weiter darüber streiten, ob die gar nicht so seltenen blonden Inselbewohner Nachfahren der »svevi« aus dem

Gefolge der Staufer sind oder von Berbern aus Nord-afrika abstammen, die im Mittelalter ebenfalls als blond und relativ hellhäutig beschrieben wurden …

Bei dem Empfang, der anlässlich der Öffnung von Friedrichs Sarkophag im erzbischöflichen Palais von Palermo gegeben wurde, spielte diese Frage allerdings keine Rolle. Umso mehr wurde das Wirken der Staufer in Sizilien gewürdigt. Leoluca Orlando, damals Oberbürgermeister von Palermo und Abgeordneter des Europäischen Parlaments, meinte gar, dass es Sizilien niemals zuvor und niemals danach besser gegangen sei als unter der Herrschaft der Staufer. Wie viel von dieser Aussage pure Höflichkeit gegenüber den zahlreichen deutschen Gästen war und wie viel ernsthafte Überzeugung, das vermag nur Leoluca Orlando selbst zu beurteilen. Doch fest steht: Die Staufer sind bis heute ein Thema im Süden Italiens, allen voran natürlich Friedrich II. Und die Frauen in seinem Umkreis? Im allgemeinen Bewusstsein verankert ist auf der Insel Sizilien vor allem noch Friedrichs Mutter, Konstanze de Hauteville, und in Apulien Bianca Lancia, seine Geliebte und letzte Ehefrau. Womit der Kreis der Frauen um Friedrich II. fast schon wieder geschlossen wäre …

Anhang

Stammtafel der Staufer

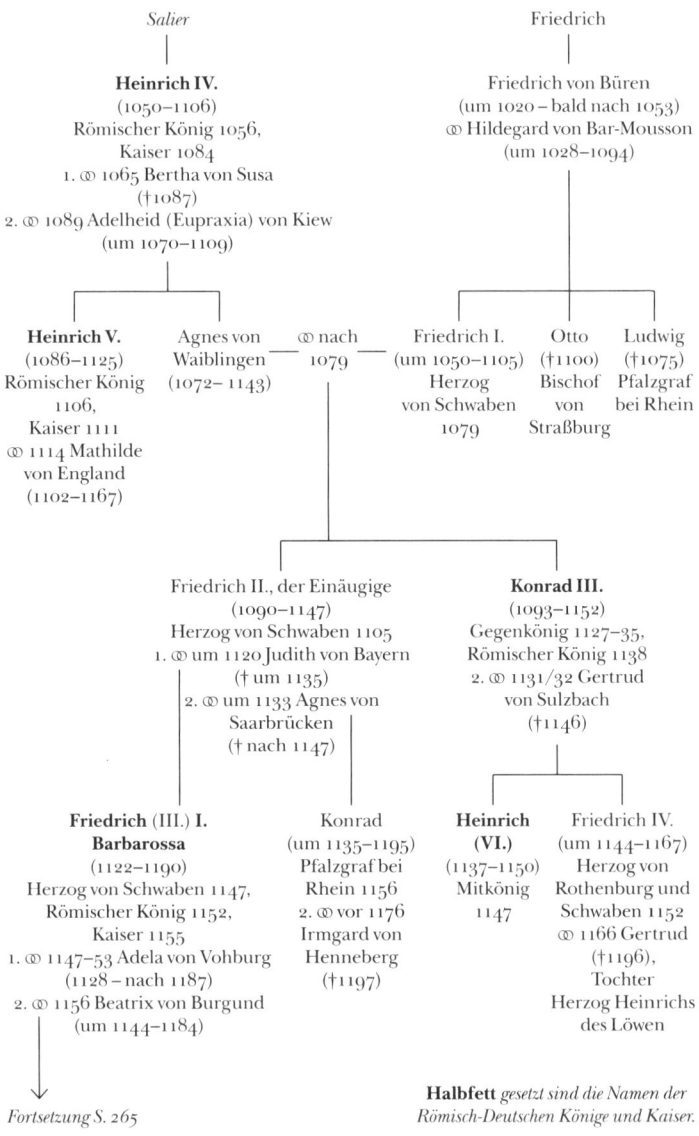

Salier
|
Heinrich IV.
(1050–1106)
Römischer König 1056,
Kaiser 1084
1. ∞ 1065 Bertha von Susa
(†1087)
2. ∞ 1089 Adelheid (Eupraxia) von Kiew
(um 1070–1109)

Friedrich
|
Friedrich von Büren
(um 1020 – bald nach 1053)
∞ Hildegard von Bar-Mousson
(um 1028–1094)

Heinrich V.
(1086–1125)
Römischer König
1106,
Kaiser 1111
∞ 1114 Mathilde
von England
(1102–1167)

Agnes von
Waiblingen
(1072– 1143)

∞ nach
1079

Friedrich I.
(um 1050–1105)
Herzog
von Schwaben
1079

Otto
(†1100)
Bischof
von
Straßburg

Ludwig
(†1075)
Pfalzgraf
bei Rhein

Friedrich II., der Einäugige
(1090–1147)
Herzog von Schwaben 1105
1. ∞ um 1120 Judith von Bayern
(† um 1135)
2. ∞ um 1133 Agnes von
Saarbrücken
(† nach 1147)

Konrad III.
(1093–1152)
Gegenkönig 1127–35,
Römischer König 1138
2. ∞ 1131/32 Gertrud
von Sulzbach
(†1146)

**Friedrich (III.) I.
Barbarossa**
(1122–1190)
Herzog von Schwaben 1147,
Römischer König 1152,
Kaiser 1155
1. ∞ 1147–53 Adela von Vohburg
(1128 – nach 1187)
2. ∞ 1156 Beatrix von Burgund
(um 1144–1184)

Konrad
(um 1135–1195)
Pfalzgraf bei
Rhein 1156
2. ∞ vor 1176
Irmgard von
Henneberg
(†1197)

**Heinrich
(VI.)**
(1137–1150)
Mitkönig
1147

Friedrich IV.
(um 1144–1167)
Herzog von
Rothenburg und
Schwaben 1152
∞ 1166 Gertrud
(†1196),
Tochter
Herzog Heinrichs
des Löwen

Fortsetzung S. 265

Halbfett *gesetzt sind die Namen der
Römisch-Deutschen Könige und Kaiser.*

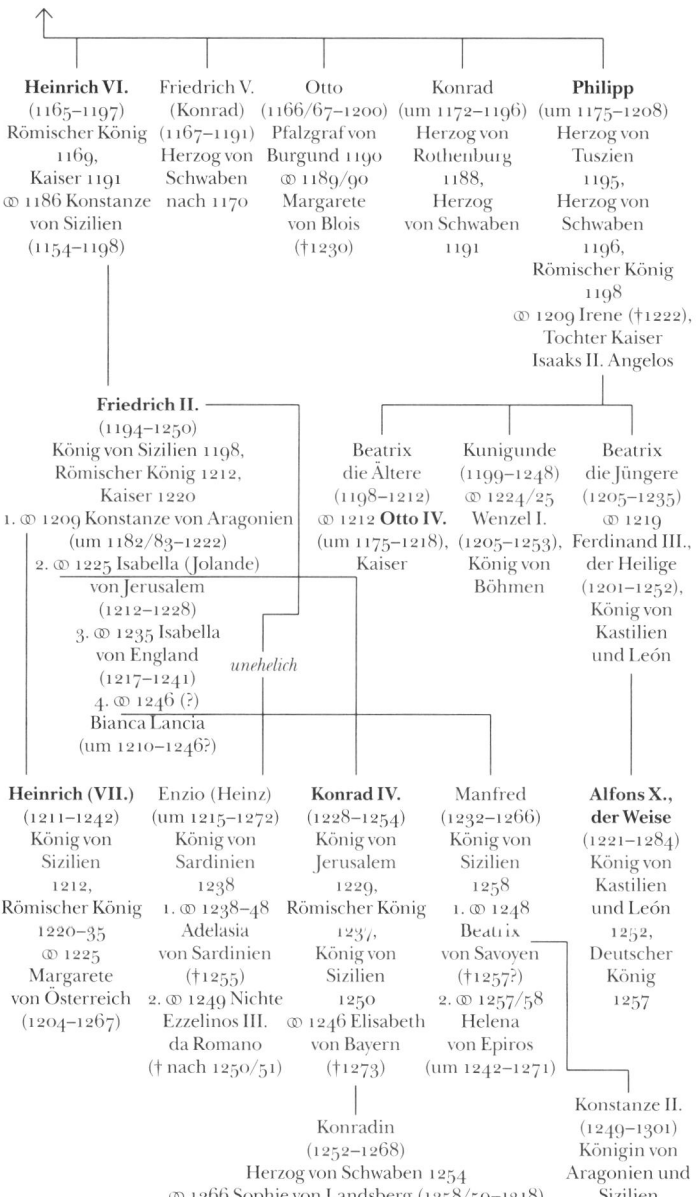

Heinrich VI.
(1165–1197)
Römischer König
1169,
Kaiser 1191
⚭ 1186 Konstanze
von Sizilien
(1154–1198)

Friedrich V.
(Konrad)
(1167–1191)
Herzog von
Schwaben
nach 1170

Otto
(1166/67–1200)
Pfalzgraf von
Burgund 1190
⚭ 1189/90
Margarete
von Blois
(†1230)

Konrad
(um 1172–1196)
Herzog von
Rothenburg
1188,
Herzog
von Schwaben
1191

Philipp
(um 1175–1208)
Herzog von
Tuszien
1195,
Herzog von
Schwaben
1196,
Römischer König
1198
⚭ 1209 Irene (†1222),
Tochter Kaiser
Isaaks II. Angelos

Friedrich II.
(1194–1250)
König von Sizilien 1198,
Römischer König 1212,
Kaiser 1220
1. ⚭ 1209 Konstanze von Aragonien
(um 1182/83–1222)
2. ⚭ 1225 Isabella (Jolande)
von Jerusalem
(1212–1228)
3. ⚭ 1235 Isabella
von England
(1217–1241)
4. ⚭ 1246 (?)
Bianca Lancia
(um 1210–1246?)

unehelich

Beatrix
die Ältere
(1198–1212)
⚭ 1212 **Otto IV.**
(um 1175–1218),
Kaiser

Kunigunde
(1199–1248)
⚭ 1224/25
Wenzel I.
(1205–1253),
König von
Böhmen

Beatrix
die Jüngere
(1205–1235)
⚭ 1219
Ferdinand III.,
der Heilige
(1201–1252),
König von
Kastilien
und León

Heinrich (VII.)
(1211–1242)
König von
Sizilien
1212,
Römischer König
1220–35
⚭ 1225
Margarete
von Österreich
(1204–1267)

Enzio (Heinz)
(um 1215–1272)
König von
Sardinien
1238
1. ⚭ 1238–48
Adelasia
von Sardinien
(†1255)
2. ⚭ 1249 Nichte
Ezzelinos III.
da Romano
(† nach 1250/51)

Konrad IV.
(1228–1254)
König von
Jerusalem
1229,
Römischer König
1237,
König von
Sizilien
1250
⚭ 1246 Elisabeth
von Bayern
(†1273)

Manfred
(1232–1266)
König von
Sizilien
1258
1. ⚭ 1248
Beatrix
von Savoyen
(†1257?)
2. ⚭ 1257/58
Helena
von Epiros
(um 1242–1271)

**Alfons X.,
der Weise**
(1221–1284)
König von
Kastilien
und León
1252,
Deutscher
König
1257

Konradin
(1252–1268)
Herzog von Schwaben 1254
⚭ 1266 Sophie von Landsberg (1258/59–1318)

Konstanze II.
(1249–1301)
Königin von
Aragonien und
Sizilien

265

Karten zur Stauferzeit

Das Heilige Römische Reich Deutscher Nation zur Stauferzeit

Italien zur Stauferzeit

Chronologie

1165–1197
Heinrich VI. (Römisch-Deutscher König 1169/1190, Kaiser 1191).

1183
Im Frieden von Konstanz erkennen die oberitalienischen Städte die Oberhoheit Friedrichs I. Barbarossa an, der Kaiser erkannt im Gegenzug deren Selbstverwaltung und den lombardischen Städtebund als Interessenvertretung an.

1186
Heinrich VI. und Konstanze de Hauteville heiraten in Mailand.

1190
Friedrich I. Barbarossa stirbt auf dem Kreuzzug bei einem Bad im Fluss Saleph in Kleinasien. Die meisten deutschen Kreuzfahrer treten daraufhin die Heimreise an. Das Ziel des Dritten Kreuzzugs – die Wiedereroberung des 1187 an die Muslime verloren gegangenen Jerusalem – rückt damit in weite Ferne.

1192
Herzog Leopold V. von Österreich lässt den englischen König Richard Löwenherz, der auf der Rückkehr vom Kreuzzug ist, in der Nähe von Wien gefangen nehmen. Der König wird zunächst auf der Burg Dürnstein, später auf dem Trifels in der Pfalz gefangen gehalten. Erst durch die Zahlung eines hohen Lösegelds und die Bereitschaft, sein Königreich als Lehen Heinrichs VI. in Empfang zu nehmen, kommt er 1194 wieder frei.

1194
Heinrich VI. wird in Palermo zum König von Sizilien gekrönt.

1194–1250
Friedrich II. (Römisch-Deutscher König 1196/1212/1215, Kaiser 1220).

1198

Nach dem überraschenden Tod Heinrichs VI. kommt es im Römisch-Deutschen Reich zur Doppelwahl des Staufers Philipp von Schwaben und des Welfen Otto IV.

1204

Der von venezianischen Handelsinteressen bestimmte Vierte Kreuzzug erobert Konstantinopel. Die Kreuzfahrer errichten am Bosporus ein lateinisches Kaisertum (bis 1261).

1208

Otto von Wittelsbach ermordet den erst 32-jährigen staufischen Thronprätendenten Philipp von Schwaben; ob aus persönlichen oder politischen Gründen, ist umstritten. Otto IV. wird allgemein als Herrscher anerkannt.

1209

Friedrich II. heiratet Konstanze von Aragonien (1179–1222).

1210

Otto IV. dringt in das Königreich Sizilien ein und wird von Papst Innozenz III. mit dem Bann belegt.

1214

In der Schlacht von Bouvines besiegt König Philipp II. August von Frankreich den englischen König Johann Ohneland und den mit ihm verbündeten Otto IV. Der Welfe scheidet damit im Rennen um die Macht im Römisch-Deutschen Reich endgültig aus, und Friedrich II. wird allgemein anerkannt.

1215

In Rom tagt das von Papst Innozenz III. einberufene Vierte Laterankonzil. Es ist die bis dahin größte Versammlung von Würdenträgern der Kirchengeschichte. Ziele sind innerkirchliche Reformen, die Bekämpfung der Ketzer und die Vorbereitung eines Kreuzzugs.

1220

In der »Confoederatio cum principibus ecclesiasticis« räumt Friedrich II. auf einem Reichstag in Frankfurt am Main den geistlichen Reichsfürsten zahlreiche Vorrechte ein und legt damit den Grundstein für die Entstehung der geistlichen Fürstentümer in Deutschland. Mit der Wahl seines ältesten Sohnes Heinrich (VII.) zum König gelingt es Friedrich, die Nachfolgefrage in seinem Sinne zu regeln.

Auf dem Rückweg nach Sizilien wird er von Papst Honorius III. zum Kaiser gekrönt.

1224

Gründung der Universität Neapel durch Friedrich II.

1225

Friedrich II. heiratet Isabella von Brienne, die Erbin des Königreichs Jerusalem.

1226

In der sogenannten Goldenen Bulle von Rimini überträgt Friedrich II. dem Deutschen Orden das Kulmer Land und beauftragt ihn mit dem Kampf gegen die heidnischen Pruzzen, deren Gebiete er ebenfalls er der Landeshoheit des Ordens unterstellt, Grundlage für die Entstehung des späteren Deutschordensstaats im östlichen Europa. Hochmeister des Deutschen Ordens ist Hermann von Salza, einer der engsten Vertrauten des Kaisers.

1228/29

Fünfter Kreuzzug. Der rechtzeitige Aufbruch Friedrichs II. wird durch eine Epidemie in Brindisi verhindert. Papst Gregor IX. akzeptiert diese Begründung nicht und exkommuniziert den Kaiser. Der gebannte Herrscher reist 1229 ohne den Segen des Papstes nach Palästina und erreicht in Verhandlungen mit Sultan al-Kamil die Rückgabe Jerusalems an die Christenheit.

1230

Papst Gregor IX. hebt die Exkommunikation Friedrichs II. auf.

1231

Heinrich (VII.), den sein Vater zum Regenten im Reich eingesetzt hat, sieht sich gezwungen, den weltlichen Fürsten im »Statutum in favorem principum« ähnliche Privilegien zu verleihen, wie dies sein Vater 1220 gegenüber den geistlichen Fürsten getan hat. Friedrich II. erkannt diese Privilegien 1232 an. – Er erlässt für sein Königreich Sizilien die Konstitutionen von Melfi. In der umfassenden Gesetzessammlung legt der Staufer die Grundlage für die zentralistische Verwaltung seines süditalienischen Königreichs.

1235

Friedrich II. zieht nach Deutschland und setzt seinen aufständischen Sohn Heinrich (VII.) trotz dessen Unterwerfung ab. Im Mainzer Landfrieden schränkt Friedrich das Fehderecht ein und regelt die

Ausübung der Gerichtsbarkeit im Reich. – Der Kaiser heiratet Isabella von England, eine Schwester König Heinrichs III.

1237
Krönung von Friedrichs Sohn Konrad (IV.) aus der Ehe mit Isabella von Brienne zum Römisch-Deutschen König. Triumphaler Sieg des Kaisers über den lombardischen Städtebund in der Schlacht von Cortenuova.

1239
Friedrich II. wird von Papst Gregor IX. neuerlich exkommuniziert.

1241
Um das Zustandekommen eines ihm feindlich gesinnten Konzils zu verhindern, lässt Friedrich II. zahlreiche Bischöfe und hohe Geistliche auf deren Anreise zu dem Kirchentreffen gefangen nehmen. – Nahe der schlesischen Stadt Liegnitz wird ein deutsch-polnisches Heer von dem mongolischen Khan Batu besiegt.

1245
Ein von Papst Innozenz IV. nach Lyon einberufenes Konzil beschließt die Absetzung Friedrichs II. als Kaiser und fordert die Fürsten des Reichs zur Neuwahl auf. Erster Gegenkönig wird 1246 der Thüringer Landgraf Heinrich Raspe, der aber schon im Jahr darauf verstirbt. Ihm folgt Graf Wilhelm von Holland (bis 1256).

1246
Mutmaßliche Hochzeit Friedrichs II. mit seiner langjährigen Geliebten Bianca Lancia.

1249
Friedrichs Sohn Enzio wird von den Bolognesern gefangen genommen. Er kommt bis an sein Lebensende im Jahr 1272 nicht mehr frei.

1250
Tod Friedrichs II. Sein Sohn Konrad IV. versucht das italienische Erbe für die Staufer zu retten und zieht über die Alpen.

1254
Konrad IV. stirbt im Alter von erst 26 Jahren an Malaria. In Sizilien lässt sich daraufhin Manfred, ein Sohn aus der Verbindung Friedrichs II. mit Bianca Lancia, zum König krönen. Trotz der Gegnerschaft durch das Papsttum kann sich der Staufer in weiten Teilen des Königreichs durchsetzen.

1257

Richard von Cornwall und Alfons von Kastilien werden zu Römisch-Deutschen Königen gewählt. Doch Alfons betritt niemals deutschen Boden, und auch Richard findet nur zeitweise und regional begrenzt Anerkennung beziehungsweise versucht, seine Herrschaft auch de facto auszuüben.

1266

Manfred fällt in der Schlacht von Benevent gegen Karl I. von Anjou, den Papst Klemens IV. 1264 mit dem Königreich Sizilien belehnt hat.

1268

Der Italienzug Konradins, des 16-jährigen Sohns Konrads IV., endet tragisch. Zunächst unterliegt er Karl von Anjou in der Schlacht von Tagliacozzo; später wird er gefangen genommen und nach einem Schauprozess hingerichtet.

1273

Mit der Wahl Rudolfs von Habsburg zum Deutschen König endet das Interregnum. Allerdings wird der Habsburger erst nach dem Sieg gegen seinen mächtigen Kontrahenten Ottokar von Böhmen in der Schlacht auf dem Marchfeld 1278 allgemein anerkannt.

1282

Aufstand gegen die Herrschaft der französischen Anjou auf Sizilien. Da die Rebellion ihren Anfang in einem Vespergottesdienst am Ostermontag genommen haben soll, wird sie auch als »sizilianische Vesper« bezeichnet. Der Aufstand beendet die Anjou-Herrschaft auf Sizilien, nicht aber im festländischen Teil des Königreichs. Im September wird König Peter III. von Aragonien, der mit Konstanze von Hohenstaufen, einer Enkelin Friedrichs II., verheiratet ist, in Palermo zum König von Sizilien gekrönt.

1442

Auch auf dem süditalienischen Festland endet die Herrschaft der Anjou. König Alfons V. von Aragonien (als Alfons I. zugleich König von Sizilien) zieht im Triumph in Neapel ein.

Die Päpste von 1154 bis 1303

Hadrian IV.	*1154–1159*		Hadrian V.	*1276*
Alexander III.	*1159–1181*		Johannes XXI.	*1276–1277*
Lucius III.	*1181–1185*		Nikolaus III.	*1277–1280*
Urban III.	*1185–1187*		Martin IV.	*1281–1285*
Gregor VIII.	*1187*		Honorius IV.	*1285–1287*
Klemens III.	*1187–1191*		Nikolaus IV.	*1288–1292*
Cölestin III.	*1191–1198*		*Sedisvakanz*	
Innozenz III.	*1198–1216*			
Honorius III.	*1216–1227*		Cölestin V.	*1294*
Gregor IX.	*1227–1241*		Bonifaz VIII.	*1294–1303*
Cölestin IV.	*1241*			
Sedisvakanz			*Gegenpäpste*	
Innozenz IV.	*1243–1254*		Viktor IV.	*1159–1164*
Alexander IV.	*1254–1261*		Paschalis III.	*1164–1168*
Urban IV.	*1261–1264*		Kalixt III.	*1168–1178*
Klemens IV.	*1265–1268*		Innozenz III.	*1179–1180*
Sedisvakanz				
Gregor X.	*1271–1276*			
Innozenz V.	*1276*			

Benutzte Quellen und Literatur

Da sich dieses biografische Porträt Friedrichs II. und der Frauen, die sein Leben beeinflusst haben, an einen breiten Leserkreis wendet, wurde bewusst auf wissenschaftliche Anmerkungen verzichtet. Die benutzten Quellen sind im Folgenden zusammenfassend aufgeführt. Für die Originalquellen sei vor allem auf die *Regesta Imperii* (Band V), hrsg. v. Johann Friedrich Böhmer, *Kaiser Friedrich II. in Briefen und Berichten seiner Zeit* von Klaus J. Heinisch und *Kaiser Friedrich II. Leben und Persönlichkeit in Quellen des Mittelalters* von Klaus van Eickels und Tania Brüsch hingewiesen.

Abel, Otto: König Philipp der Hohenstaufe, Berlin 1852.

Abel, Otto: Kaiser Otto IV. und König Friedrich II. (1208–1212), Berlin 1856.

Abulafia, David: Herrscher zwischen den Kulturen. Friedrich II. von Hohenstaufen, Berlin 1991.

Akermann, Manfred: Die Staufer. Ein europäisches Herrschergeschlecht, Stuttgart 2003.

Ánderle, Ádam: Constanza de Aragón en la historiografía española, in: Acta universitatis Szegediensis. Acta Hispanica. Band 1, Szeged 1996.

Arens, Peter: Wege aus der Finsternis. Europa im Mittelalter, München 2004.

Baaken, Gerhard: Die Verhandlungen zwischen Kaiser Heinrich VI. und Papst Cölestin III. in den Jahren 1195–1197, in: Deutsches Archiv für Erforschung des Mittelalters, 27. Jahrgang, Köln/Wien 1971.

Baaken, Gerhard: Ius imperii ad regnum. Königreich Sizilien, Imperium Romanum und Römisches Papsttum vom Tode Kaiser Heinrichs VI. bis zu den Verzichtserklärungen Rudolfs von Habsburg.

Forschungen zur Kaiser- und Papstgeschichte des Mittelalters. Band 11, Köln/Weimar/Wien 1993.

Baaken, Gerhard: Unio regni ad imperium. Die Verhandlungen von Verona 1184 und die Eheabredung zwischen König Heinrich VI. und Konstanze von Sizilien, in: Quellen und Forschungen aus italienischen Archiven und Bibliotheken (QFIAB). Band 52, Tübingen 1972.

Baethgen, Friedrich: Die Regentschaft Papst Innozenz III. im Königreich Sizilien, Heidelberg 1914.

Bedürftig, Friedemann: Taschenlexikon Staufer, München 2000.

Benoist-Méchin. Jacques: Friedrich II. von Hohenstaufen, Frankfurt am Main 1982.

Bisson, Thomas N.: The Medieval Crown of Aragón, Oxford 1986.

Böhmer, Johann Friedrich (Hrsg.): Regesta Imperii V., Innsbruck 1881/82.

Broekmann, Theo: Rigor iustitiae. Herrschaft, Recht und Terror im normannisch-staufischen Süden (1050–1250), Darmstadt 2005.

Centonze, Bobó: Federico II di Svevia e Bianca Lancia da Mazzarino, Barrafranca 1991.

Cirnigliaro, Giovanni: Costanza Imperatrice della casa d'Altavilla Palermitana, Florenz 1898.

Csendes, Peter: Heinrich VI., Darmstadt 1993.

Csendes, Peter: Philipp von Schwaben. Ein Staufer im Kampf um die Macht, Darmstadt 2003.

Deér, Josef (Hrsg.): Das Papsttum und die süditalienischen Normannenstaaten 1053–1212, Göttingen 1969.

Dinkelacker, Wolfgang: Ortnit-Studien. Vergleichende Interpretation der Fassungen, Berlin 1972.

Eickels, Klaus van / Brüsch, Tania: Kaiser Friedrich II. Leben und Persönlichkeit in Quellen des Mittelalters, Düsseldorf/Zürich 2000.

Engels, Odilo: Die Staufer, Stuttgart 1972.

Ertl, Thomas: Der Regierungsantritt Heinrichs VI. im Königreich Sizilien (1194), in: Frühmittelalterliche Studien. Jahrbuch des Instituts für Frühmittelalterforschung der Universität Münster. 37. Band, Berlin/New York 2003.

Esch, Arnold / Kamp, Norbert (Hrsg.): Friedrich II. Tagung des Deutschen Historischen Instituts in Rom im Gedenkjahr 1994, Tübingen 1996.

Fink, Humbert: Ich bin der Herr der Welt. Friedrich II., der Staufer, München 1986.

Finley, Moses J. / Smith, Denis Mack / Duggan, Christopher: Geschichte Siziliens und der Sizilianer, München 1989.

Fößel, Amalie: Die Königin im mittelalterlichen Reich. Herrschaftsausübung, Herrschaftsrechte, Handlungsspielräume, Stuttgart 2000.

Frenz, Thomas (Hrsg.): Papst Innozenz III. Weichensteller der Geschichte Europas, Stuttgart 2000.

Gesellschaft für staufische Geschichte (Hrsg.): Kaiser Heinrich VI. Ein mittelalterlicher Herrscher und seine Zeit, Göppingen 1998.

Gesellschaft für staufische Geschichte (Hrsg.): Die Staufer, Göppingen 2000.

Gesellschaft für staufische Geschichte (Hrsg.): Der Staufer Heinrich (VII.). Ein König im Schatten des kaiserlichen Vaters, Göppingen 2001.

Gesellschaft für staufische Geschichte (Hrsg.): Frauen der Staufer, Göppingen 2006.

Giesebrecht, Wilhelm von: Geschichte der deutschen Kaiserzeit, Meersburg 1930.

Görich, Knut: Die Staufer. Herrscher und Reich, München 2006.

Hageneder, Othmar / Haidacher, Anton: Die Register Innozenz' III., Graz/Köln 1964/1979.

Haller, Johannes: Kaiser Heinrich VI., München/Berlin 1915.

Haseloff, Arthur: Die Kaiserinnengräber in Andria. Ein Beitrag zur apulischen Kunstgeschichte unter Kaiser Friedrich II., Rom 1905.

Hauszmann, Janos: Ungarn. Vom Mittelalter bis zur Gegenwart, Regensburg 2004.

Heinisch, Klaus J.: Eheschließung und Verwandtschaft Kaiser Friedrichs II. und seiner Gemahlin, in: Archiv für Sippenforschung. Heft 39, Limburg a. d. Lahn 1970.

Heinisch, Klaus J.: Kaiser Friedrich II. in Briefen und Berichten seiner Zeit. Darmstadt 1968.

Heinisch, Klaus J.: Kaiser Friedrich II. in zeitgenössischen Berichten, München 1977.

Horst, Eberhard: Der Sultan von Lucera. Friedrich II. und der Islam, Freiburg i. Br. 1997.

Huillard-Bréholles, Jean Marie Louis Alphonse: Historica Diplomatica Friderici Secundi, Paris 1852.

Kantorowicz, Ernst: Kaiser Friedrich der Zweite, München 1927.

Kirchner, Max: Die deutschen Kaiserinnen in der Zeit von Konrad I. bis zum Tode Lothars von Supplinburg, Berlin 1910.

276

Kehr, Paul Fridolin: Das Briefbuch des Thomas von Gaeta, Justitiar Friedrichs II., in: Quellen und Forschungen aus italienischen Archiven und Bibliotheken, Band VIII, Rom 1905.

Kölzer, Theo: Die Staufer im Süden. Sizilien und das Reich, Sigmaringen 1996.

Kölzer, Theo: Die Urkunden der Kaiserin Konstanze. Monumenta Germaniae Historica (MGH). Die Urkunden der deutschen Könige und Kaiser, 11. Band, 3. Teil, Hannover 1990.

Kölzer, Theo / Stähli, Marlis (Hrsg.): Petrus de Ebulo. Liber ad honorem Augusti sive de rebus Siculis, Sigmaringen 1994.

Konrad I. bis zum Tode Lothars von Supplinburg. Historische Studien. Heft LXXIX, Berlin 1910.

Kohl, Horst (Hrsg.): Der Chronik des Bischofs Otto von Freising, sechstes und siebentes Buch, Leipzig 1894.

Kowalski, Wolfgang: Die deutschen Königinnen und Kaiserinnen von Konrad III. bis zum Ende des Interregnums, Weimar 1913.

Lanz, Karl Friedrich Wilhelm (Hrsg.): Chronik des edlen En Ramón Muntaner, Leipzig 1842.

Mardus, Arnold: Die Eheschließungen in den deutschen Königsfamilien von Lothar III. bis Friedrich II. hinsichtlich ihrer politischen Bedeutung, Greifswald 1909.

Maschke, Erich: Das Geschlecht der Staufer, München 1943.

Masson, Georgina: Das Staunen der Welt. Friedrich II. von Hohenstaufen, Tübingen 1958.

Meyer, Elard H.: Quellenstudien zur mittelhochdeutschen Spielmannsdichtung (II), in: Zeitschrift für deutsches Altertum und deutsche Literatur, Berlin 1894.

Moore, John C., Pope Innocent III (1160/61–1216), Leiden 2003.

Mühlberger, Josef: Lebensweg und Schicksale der staufischen Frauen, Esslingen 1977.

Müllenhoff, Karl: Das Alter des Ortnit, in: Zeitschrift für deutsches Alterthum. Dreizehnter Band, Berlin 1867.

Mur, Javier A.: Constanza de Sicilia en las cronicas de su tiempo, in: Rivista storica del Mezzogiorno I, Lecce 1966.

Neumann, Ronald: Parteibildungen im Königreich Sizilien während der Unmündigkeit Friedrichs II. (1198–1208), Frankfurt/Bern/New York 1986.

Oberste, Jörg: Der »Kreuzug« gegen die Albigenser. Ketzerei und Machtpolitik im Mittelalter, Darmstadt 2003.

Ottendorff, Hermann: Die Regierung der beiden letzten Norman-nenkönige, Tancreds und Wilhelms III. von Sizilien und ihre Kämpfe gegen Kaiser Heinrich VI., Bonn 1899.

Pernoud, Régine: Die Kreuzzüge in Augenzeugenberichten, Düssel-dorf 1961.

Pernoud, Régine: Frauen zur Zeit der Kreuzzüge, Pfaffenweiler 1993.

Platner, Karl (Hrsg.): Die Kölner Königschronik, Leipzig 1941.

Pou y Martí, José: Conflictos entre el pontificado y los reyes de Aragón en el siglo XIII, in: Miscellanea Historiae Pontificiae, Vol. XVIII, Rom 1954.

Riley, Henry T.: The Annals of Roger de Hoveden, Felinfach 1853 (Reprint London 1994).

Rill, Bernd: Sizilien im Mittelalter. Das Reich der Araber, Norman-nen und Staufer, Stuttgart/Zürich 1995.

Rösch, Eva Sibylle u. Gerd: Kaiser Friedrich II. und sein Königreich Sizilien, Sigmaringen 1995.

Rotter, Ekkehart: Friedrich II. von Hohnstaufen, München 2000.

Rowley, Trevor: Die Normannen, Essen 2003.

Runciman, Steven: Geschichte der Kreuzzüge, München 1957ff.

Russo, Renato: Federico II. Cronologia della vita, Barletta 2000.

Russo, Renato: Federico II e la Puglia, Barletta 1999.

Russo, Renato: Federico II e le donne, Barletta 1997.

Schirrmacher, Friedrich Wilhelm: Die letzten Hohenstaufen, Göt-tingen 1871.

Schmale, Franz-Josef (Hrsg.): Die Chronik Ottos von St. Blasien und die Marbacher Annalen, Darmstadt 1998.

Schneidmüller, Bernd / Weinfurter, Stefan (Hrsg.): Die deutschen Herrscher des Mittelalters. Historische Portraits von Heinrich I. bis Maximilian I., München 2003.

Schmidt, Ernst Alexander: Geschichte Aragóniens im Mittelalter, Leipzig 1828.

Schnith, Karl: England in einer sich wandelnden Welt (1189–1259). Studien zu Roger von Wendover und Matthäus Paris, Stuttgart 1974.

Smith, Damian J.: Innocent III and the Crown of Aragón, Aldershot 2004.

Stürner, Wolfgang: Friedrich II., Band 1: Die Königsherrschaft in Si-zilien und Deutschland. 1194–1220; Band 2: Der Kaiser. 1220–1250, Darmstadt 2000.

Stürner, Wolfgang (Hrsg.): Breve chronicon de rebus Siculis, Han-nover 2004.

Tangl, Georgine: Das Register Innozenz' III. über die Reichsfrage 1198/1209, Leipzig 1923.

Tillmann, Helene: Papst Innozenz III. Bonner Historische Forschungen. Band 3, Bonn 1954.

Toeche, Theodor: Kaiser Heinrich VI. Jahrbücher der Deutschen Geschichte (18), Leipzig 1867.

Van Cleve, Thomas C: Markward of Anweiler and the Sizilian Regency, Princeton 1937.

Varga, Gábor: Ungarn und das Reich vom 10. bis zum 13. Jahrhundert, München 2003.

Voltmer, Ernst: Mobilität von Personengruppen und der Raum der italienischen Geschichte: Das Beispiel der Süditaliener in Reichsitalien und der »Lombarden« im Regno (12.–13. Jahrhundert), in: Friedrich II. Tagung des Deutschen Historischen Instituts in Rom im Gedenkjahr 1994. Hrsg. v. Arnold Esch u. Norbert Kamp, Tübingen 1996.

Wattenbach, W. (Hrsg.): Die Kölner Königschronik, Leipzig 1941.

Wattenbach, W. / Grandaur, G. (Hrsg.): Auszüge aus der größeren Chronik des Matthäus von Paris, Leipzig 1941.

Wies, Ernst W.: Friedrich II. von Hohenstaufen. Messias oder Antichrist, Esslingen 1994.

Winkelmann, Eduard (Hrsg.): Acta Imperii Inedita. Urkunden zur Geschichte des Kaiserreichs und des Königreichs Sizilien, 2 Bände, Aalen 1964.

Winkelmann, Eduard: Kaiser Friedrich II., 2 Bände, Jahrbücher der Deutschen Geschichte, Leipzig 1889/1897.

Winkelmann, Eduard: Philipp von Schwaben und Otto IV. von Braunschweig, Jahrbücher der Deutschen Geschichte (19), Leipzig 1878.

Wolter, Heinz: Die Verlobung Heinrichs VI. mit Konstanze von Sizilien im Jahre 1184, in: Historisches Jahrbuch 105, Freiburg/München 1985.

Die neuhochdeutsche Übertragung des Gedichts auf S. 26f. ist entnommen aus: Minnesang. Mittelhochdeutsche Texte mit Übertragungen und Anmerkungen. Hrsg., übers. u. mit einem Anhang versehen von Helmut Brackert, Frankfurt a. M. 1983, S. 35.

Bildnachweis

Personenregister

PIPER

Uwe A. Oster
Wilhelmine von Bayreuth

Das Leben der Schwester Friedrichs des Großen. 384 Seiten
mit 16 Seiten Farbbildteil. Serie Piper

Ob als Bauherrin, Opernintendantin oder großzügige Mäze-
nin von Kunst, Musik und Wissenschaft: Die glanzvolle
Regentschaft Wilhelmines von Bayreuth rückte die kleine
fränkische Residenz ins Rampenlicht der europäischen Geschichte. Doch die Sehnsucht der kunstsinnigen Markgräfin
nach Liebe und Harmonie wurde von ihrer engsten Vertrauten bei Hofe grausam mißbraucht. Auf dem Höhepunkt
ihres Lebens muß sich Wilhelmine schließlich eingestehen,
daß sie den Kampf um die Liebe ihres Mannes gegen eine
schöne junge Hofdame verloren hat …

»Eine gut lesbare Biographie.«
Süddeutsche Zeitung

01/1648/01/R

PIPER

Robert Fossier
Leben im Mittelalter

Aus dem Französischen von Michael Bayer, Enrico
Heinemann und Reiner Pfleiderer. 496 Seiten mit 16 Seiten
Farbbildteil. Gebunden

Sein Leben lang hat sich der große französische Historiker
Robert Fossier mit dem Mittelalter beschäftigt. Jetzt legt
er, als Höhepunkt seines Lebenswerks, ein unkonventionelles
Buch über das Leben im Mittelalter vor.
»Ich rede von all dem, was sonst nicht zur Sprache kommt:
vom Regen und dem Feuer, vom Wein und den alltäglichen
Ritualen, vom Umgang mit der Natur und den Tieren, von der
Hacke und der Ernte: also von all dem, was den Menschen
im Mittelalter wirklich bewegt hat.«
Fossier zeigt uns ein Mittelalter, das alles andere ist als
finster, und macht uns bekannt mit Menschen, die gar nicht so
anders sind als wir, trotz des halben Jahrtausends, das uns
von ihnen trennt.

01/1697/01/L